I0634533

Princess of Manhattan

Audrey Féraud

Princess
of
Manhattan

PGCOM Editions

Princess of Manhattan
© PGCOM Editions 2014
Tous droits réservés
http://www.pgcomeditions.com/
ISBN : 978-2-917822-37-1

A ma mère, la Princess la plus importante :
celle de mon cœur.

Et bien sûr à toutes les Princess qui rêvent
d'une vie normale.

CHAPITRE 1 : « Merveilleux seize ans »

Les seuls moments où les Princess de New York – élite de filles riches, belles et blondes pour 99,99 % d'entre elles – sont autorisées à manger quelque chose de sucré dépassant les 90 calories comme des gâteaux ou du chocolat, sont au nombre de trois : les anniversaires, Noël et la St Valentin. Ce qui ne veut pas dire qu'elles ont le droit de se gaver, loin de là.

Justement, aujourd'hui en ce mois d'août, c'était mon anniversaire, moi Julie Rosenfield, une parfaite Princess aux cheveux d'or naturels, et aux yeux bleus azur. J'aurai bientôt officiellement seize ans, le meilleur âge de la jeunesse dorée, car c'est à moment que la vie commence vraiment (et pour toutes les américaines c'est l'anniversaire de toutes les folies). Jour inoubliable. En ce samedi, je faisais la grasse matinée. En tout cas, jusqu'à ce que ma mère, Ella-Rose Rosenfield, mon portrait craché avec vingt-deux ans de plus, me réveille.

- Chérie, lève-toi, c'est un jour exceptionnel.

Je grommelai. Ma mère tira les rideaux ; le soleil dardait déjà ses rayons et m'éblouit.

- Maman !

- Allez, lève-toi. C'est un jour autorisé, n'oublie pas. Tu ne veux pas rater ça ? me demanda-t-elle, certaine de la réponse.

- Bien sûr que non, mais il n'est que neuf heures, constatai-je à mon réveil.

- On va aller au C.C te faire toute belle, ça prend du temps.

« C.C » à traduire par centre commercial. Le C.C Rosenfield appartient à mon père, comme tous les autres à travers le pays.

Elle sortit de la pièce et j'en profitais pour me rendre dans la salle de bains attenante à ma chambre, composée d'un lavabo et baignoire en marbre, ainsi que d'une douche et de WC roses, afin de peigner mes longs cheveux blonds parsemés de mèches dorées.

Mon téléphone portable posé sur la table de nuit se mit à sonner. Je finis tout de même avant d'aller décrocher.

- Bonjour ma puce. J'espère que je ne t'ai pas réveillée.

- Ah Vince ! Bonjour.

- Je voulais te souhaiter un joyeux anniversaire, expliqua-t-il. Tu vas au C.C ?

- Oui, d'ailleurs il faut que j'y aille, m'excusai-je. Ma mère m'attend pour le petit-déj. Tu sais qu'elle stresse tant que tout n'est pas prêt pour mon anniversaire et que je ne suis pas coiffée, maquillée et habillée.

- Oui, pas de problème, vas-y. Je t'embrasse, à tout à l'heure.

Je raccrochai en souriant et je m'étirai. Ça me rendait heureuse, quand Vincent, mon petit ami depuis presque un an, avait des petites attentions, ce qui arriva assez souvent. Étant un des plus beaux garçons du lycée, j'avais tout de suite flashé sur lui et vice versa. Il est grand, blond, musclé et de plus a de magnifiques yeux bleu vert. Comment résister ? Moi en tout cas, je n'avais pas pu.

Je regardai attentivement ma chambre. Mes seize ans seraient une année de changement et de tas de nouvelles choses ; j'avais envie de changer la déco, mais je ne savais pas encore de quelle façon.

J'attachai mes cheveux en une queue-de-cheval et descendis à la cuisine où m'attendait ma mère. Maria, la cuisinière, venait juste de servir des pancakes tout chauds sur une assiette avec une larme de sirop d'érable. Elle est très mère poule avec moi et porte toujours ses cheveux noirs en un impeccable chignon, ainsi que son tablier blanc autour de ce qu'elle appelle ses généreuses poignées d'amour.

- Des pancakes ? m'étonnai-je en m'asseyant à la table de la cuisine. Avec du sirop d'érable ? Tu es sûre maman ? Je mange déjà le gâteau d'anniversaire cet après-midi.

- C'est le matin, tu vas brûler toute les calories que tu vas manger.

Je mangeai mes trois pancakes et bus un verre de jus de fruits mixés plein de vitamines. Ma mère prit la même chose, les pancakes en moins.

- Daphné m'a demandé de l'appeler pour l'avertir quand on part. Elle peut venir ? m'enquis-je.
- Bien sûr, dis-lui qu'on la prend sur le chemin.

*

Nous sommes allées avec Daphné chez un coiffeur du C.C Rosenfield. Ma meilleure amie et moi sommes inséparables depuis le bac à sable, on partage tout ensemble, même les mecs parfois avant que je ne sorte avec Vince. Inutile de préciser qu'elle est blonde aux yeux bleus. Pas de brunes chez les Princess, les très rares concernées se teignent les cheveux et mettent des lentilles si elles n'ont pas la bonne couleur d'yeux.

- Non, un ton plus foncé, dit ma mère.

Rita, la coiffeuse attitrée des Princess, mais plus particulièrement des filles Rosenfield forcément, lui montrait des teintes sur un catalogue pour mes mèches. Elle nous laissa cinq minutes et revint avec un bol et un pinceau, accompagnée d'Elise, l'experte des soins des ongles.

- Bonjour Julie, Ella-Rose, Daphné, nous salua-t-elle. Alors Julie, ça va ? C'est un jour spécial pour toi. Pas trop stressée… pour ton copain ?

Il y a beaucoup de traditions chez les Princess, et celle-là doit être une des premières.

- Je ne crois pas que ce soit pour ce soir, avouai-je.

Une chose à savoir chez les Princess, elles sont censées perdre leur virginité à seize ans, voilà cette sorte de tradition. Elles ont un an moins un jour à compter du jour de leur anniversaire pour le faire, ça fait partie de tous les changements et du début de la vie de jeune femme.

- Alors, je vous fais quoi ? French manucure ou couleur ? proposa Elise.
- Moi, je voudrai du rouge sang, répondit ma mère. C'est à toi de décider, ma chérie, en ce qui concerne Vince. De toute façon, nous avons prévu de te laisser la maison, nous avons réservé une suite au New York Palace avec champagne, fraises et compagnie.

Une fois maquillées, coiffées et manucurées par des pros, nous étions de retour à la maison, et il était déjà quatorze heures. Ma mère s'occupa des préparatifs, stressée comme d'habitude. Daphné et moi sommes restées dans ma chambre. Elle était pressée de voir la robe que j'avais choisie.

Je pris dans ma penderie géante une robe protégée sous un plastique et la sortis. Une robe rouge en soie avec du tulle de la même couleur à partir de la taille qui créait du volume. Et selon ma mère toutes les couleurs qui dérivent du rouge sont attractives.

- Incroyable ! s'exclama Daphné. Ça fait très femme fatale, tu vas être à croquer dedans.

- Dis-moi… Tu penses que je devrai le faire ce soir ? soupirai-je.

- L'essentiel c'est ce que tu veux toi, après tout tu as trois cent soixante-quatre jours, ce n'est pas le temps qui manque ! rappela mon amie. Il en pense quoi Vince ?

Oui ce sujet est toujours aussi complexe, même dans les quartiers huppés on ne peut pas y échapper.

- On n'en parle pas trop en fait. Tu sais où est B ?

- Avec un Aaron ou un Carter, mais elle a promis d'être à l'heure à la fête, m'assura-t-elle.

B (Blair), mon autre meilleure amie. Sa grande passion : les mecs, comme toutes les filles de seize ans. À quoi bon vous faire sa description, vous la connaissez déjà. Elle est juste beaucoup plus audacieuse que nous.

Ma mère frappa à la porte. Son sourire disparut quand elle vit que j'étais encore en jupe et petit haut. Naturellement rien que cette vision la stressa, si j'avais pu être prête des pieds à la tête depuis six heures du matin, elle n'aurait pas pu être plus heureuse. Il fallut bien la rassurer, mais la connaissant ça ne suffirait pas.

- Quel stress ! Quel stress !... Mais quel plaisir de s'occuper de tes seize ans, rajouta-t-elle en entrant avant de refermer la porte, un petit panier à la main.

Elle s'assit sur le lit près de nous et me montra ce qu'il contenait : un CD de chansons romantiques, une bougie parfumée, un parfum sensuel.

- Et le plus important, précisa ma mère en me tendant une boite de préservatifs.

- Tu as de la chance, ma mère ne m'avait donné que ça, soupira Daphné.

- Oh, c'est juste une idée de dernière minute, répondit ma mère avec un sourire. Et puis l'essentiel c'est de se protéger, le reste c'est du surplus pour sublimer l'ambiance. J'ai pris la taille standard, je ne pense pas que Vince soit surdimensionné, si vous voyez ce que je veux dire. Les hommes aiment bien se vanter, mais la réalité les rattrape souvent.

- Souvent, approuva Daphné.

Ma mère se mit à rire de bon cœur avec nous. Je ne faisais pas encore partie des filles qui avaient cette expérience pour le savoir, mais ça ne m'empêcha pas de bien rire.

Ma mère s'assura que j'avais bien pris ma pilule cette semaine, et que mon épilation était au top. Rassurée, elle nous laissa nous habiller.

Ce soir ou pas ce soir ? Je ne le savais pas encore, mais je me dis que ça ne servait à rien d'être tendue, si ça devait arriver ça arriverait tout simplement. Et puis, Vince avait toujours été doux et plein de tendresse avec moi, rien de plus rassurant. Maintenant je me languissais de savoir quand se passerait ce moment inoubliable et j'étais impatiente d'utiliser la bougie achetée par ma mère.

∗

Quinze heures sonnèrent à l'horloge du salon et les invités commencèrent à affluer, la plupart étaient des amis, les quelques rares autres des parents, exceptionnellement puisque c'était l'un des anniversaires les plus importants.

L'appartement des Rosenfield était rempli de ballons rouges et blancs gravés de « seize », et de rubans. La grande table de la salle réservée pour les réceptions était dressée et un parchemin de table doré allait d'un bout à l'autre, créant une symétrie parfaite entre les assiettes en porcelaine et les verres à pied en cristal. Une autre plus petite était couverte de dragées, de gâteaux, d'apéritifs cocktails et de boissons, auxquels seuls les garçons touchaient. Les filles dévoraient des yeux cette table délicieuse, mais se réservaient pour « le » gâteau d'anniversaire.

Tout le monde venait me saluer et me souhaiter des « merveilleux seize ans ». Les parents restaient au salon à l'écart pour le moment.

Vince arriva, me cherchant du regard. Il croisa le mien et je souris.

- Salut, dit-il, avant de me donner un long baiser qui ne me laissa pas de marbre. Tu es très jolie, aujourd'hui.

En clair, très bon choix de maquillage. Et surtout de robe, merci maman.

Chad, un ami à nous, le salua de loin. Blond aux yeux bleus ? Oui, bien sûr, c'était le fils d'une Princess, quoi d'étonnant ? Vince le rejoignit, me laissant avec Daphné qui regardait avec attention la table couverte de cadeaux empilés.

- Tu crois que c'est le plus gros le cadeau de Vince ? s'enquit-elle. Oh regarde, Richard est là, tu l'as invité ?

- Non. C'est sûrement ma mère, me désolais-je.

- Elle ne veut pas lâcher l'affaire ? comprit mon amie. Profite-en, il est super charmant et il a vingt-et-un ans, quoi de plus attirant ?

- Bonjour Julie, me salua-t-il en arrivant.

Il me donna un baiser sur la joue. Soyons polies, pas le choix. Je pris de ses nouvelles en n'écoutant que distraitement ses propos. Quant à Daphné, depuis que Richard était arrivé, ses joues s'étaient colorées légèrement de rose. Ce mec lui plaisait, je le savais. Il était plus que convoité avec sa blondeur, ses yeux azur, son sourire charmeur, et détail non négligeable, fils d'Éric McArfield, propriétaire de plusieurs hôtels de luxe au niveau international. Richard en gérait déjà certains.

Il tenait un sac *Chanel*. Daphné avait le regard rivé dessus. Était-ce mon anniversaire ou le sien ?

En tout cas, la seule chose qui m'intéressait était de savoir si c'était bien ma mère qui l'avait convié à la fête, pour ensuite foncer la tuer.

- C'est très gentil de ta part d'être venu, remerciai-je. Je ne pensais pas que tu viendrais, tu dois être très occupé par ton travail.

Quelle blague, ça devait lui prendre trois heures maximum par jour. Mais il fallait que je trouve un moyen pour parler de son invitation pour être sûre, avant de filer tuer ma mère.

- Je ne pouvais pas refuser quand ta mère m'a invité, et puis j'espérais sincèrement l'être, confia-t-il.

- Oui, euh… tu veux bien m'excuser une minute ?

Je me hâtai au salon où se trouvaient ma mère et les parents, et je la priai de venir dans la cuisine.

À voir ma tête, elle s'inquiéta d'avoir oublié quelque chose. Elle avait plutôt rajouté une chose indésirable à ma fête. Je pouvais bien me forcer à faire semblant pour tout et n'importe quoi, mais pas pour ça, pas pour lui.

- Maman, je suis avec Vince. Personne d'autre ne m'intéresse, affirmai-je.

- C'est parce que tu n'as pas encore connu ce que pourrait t'apporter Richard, assura-t-elle.

- Un compte rempli à ras bord ? hasardai-je.

- Oui. Et il a tellement plus d'expérience que Vince, ce serait mieux pour toi. Que veux-tu de plus ?

Hum… Qu'il s'en aille… ?

Énervée, je me dirigeai vers la sortie.

- Chérie ? m'appela-t-elle avant que je sorte. N'oublie pas de sourire.

- Attention, attention ! Le moment attendu va arriver, avertit ma chère mère.

Les invités s'assirent à la table dans la salle de réception. Près de moi se trouvaient Daphné, Blair, Vince, mes parents, et Richard bien évidemment, pour mon plus grand déplaisir.

Maria apporta un énorme gâteau posé sur une desserte. Une seule bouchée de ce gâteau à la crème couvert de fraises et de cerises ferait patienter les Princess jusqu'à Thanksgiving.

- Il a plus d'étages que le Plazza ! s'exclama Daphné.

- Ta mère a bien fait les choses, comme d'habitude, complimenta Richard.

- Que c'est gentil Richard ! répondit ma mère.

Non, mais je rêvais ! Il essayait de se mettre ma mère dans la poche, comme si elle ne l'adorait pas assez comme ça. S'il croyait que c'était en charmant ma mère qu'il me charmerait moi, il se mettait le doigt dans l'œil.

Ma mère commença à entonner la chanson traditionnelle, les autres suivirent.

Qu'est-ce que Richard avait à me regarder comme ça ? Pourvu que Vince ne s'en aperçoive pas.

Une pluie de « merveilleux seize ans » tomba une fois la chanson terminée, comme de coutume chez les Princess.

- Merveilleux seize ans ma puce, me dit Vince, d'une façon si tendre qu'il me fit fondre.

- Merveilleux seize ans Julie, ajouta Richard en me regardant droit dans les yeux.

Il voulait en rajouter une couche ou quoi ! Ça se voyait comme le nez au milieu de la figure que je lui plaisais. Cette robe était censée attirer mon fiancé, pas les riches et potentiels maris indésirables. Ne comprenait-il pas qu'il n'avait aucune chance ?

Mes bougies éteintes et mes seize ans officiels, les invités applaudirent. Quel bonheur les anniversaires, c'est le seul moment où l'on est au centre des attentions et qu'il n'y a aucune prétention – visible du moins.

Maria découpa le gâteau en une infinité de parts, la pauvre, je crois que c'était la seule à redouter ce jour à cause de ce moment éreintant.

Quel délice en tout cas ce gâteau. Richard avait l'air du même avis que moi, mais je me demande si c'était sa part qu'il trouvait délicieuse ou moi. Il me regardait d'un air mystérieux.

L'heure était venue d'ouvrir mes cadeaux, il y en avait tant que je ne savais pas par lequel commencer.

- Ouvre donc celui de Richard en premier, proposa ma mère qui me tendait déjà le sac.

Je l'ouvris et déballai le présent.

- Seigneur ! s'exclama ma mère en écho à mes pensées. Quelle belle fourrure !

Ça pour être belle elle l'était. C'était un manteau de fourrure beige parsemé de taches chocolat, de plus un Chanel. Daphné avait raison, il avait un goût sûr pour s'habiller lui autant que les autres. Si Richard était en compétition pour me séduire, c'est certain, il marquerait déjà beaucoup de points. Mon esprit s'égara quelques secondes à imaginer que s'il était mon mari, il m'habillerait magnifiquement… Mais que me prenait-il ? Ce manteau avait de drôles d'effets sur moi, qu'est-ce que ce serait quand je l'enfilerai…

Je lui fis un baiser sur la joue, il en méritait plutôt deux et c'est sûrement le contact prolongé qu'il cherchait en m'offrant ce genre de cadeau, mais un seul était suffisant.

- Je ne voulais pas que tu aies froid, les jours d'automne vont être de retour. Tu seras bien au chaud ainsi, expliqua-t-il.

Ma mère souriait. Ses lèvres étaient figées en un sourire depuis qu'il était là. Elle tenait à ce que je l'essaie, elle avait beau insister, je ne préfèrerais pas.

- Il lui ira à la perfection, c'est un trente-six, la rassura Richard.

Comment le savait-il ? Tout simplement parce que toutes les Princess font du trente-six ou du trente-huit. Et puis Richard avait dû caresser mes courbes de ses yeux tellement de fois qu'il n'avait aucun doute.

- Bien, et toi Vince, qu'as-tu acheté à ma fille ? demanda mon père.

Merci papa, je t'adore. Il se dit sûrement que ce cirque avait assez duré, et puis à ce rythme-là on en avait jusqu'à vingt heures.

Vince me tendit un petit sac en carton imprimé des lettres d'or de ma bijouterie préférée. Quel bonheur, un bijou. J'ouvris l'écrin bleu marine qu'il contenait et un sourire se dessina sur mes lèvres.

Ce que contenait cette boite m'avait fait oublier les invités, et le manteau de fourrure, enfin presque. C'était un pendentif forgé en chiffres romains représentant le seize en argent incrusté de diamants et de rubis.

- C'est la plus belle chose qu'on m'ait offerte, dis-je.
- J'étais sûr que ça te plairait. Laisse-moi te le mettre.

Pendant que les mains de Vince attachaient le pendentif autour de mon cou comme une caresse, je remarquai l'expression de Richard : il avait l'air à la fois content, mais déçu. Peut-être avait-il perdu un peu de son assurance.

Je tirai Vince par sa cravate pour que son visage s'approche du mien et lui donnai un baiser. La fête continua, je reçus des tas de cadeaux, comme sept paires de lunettes de soleil Dior de chaque couleur, une par jour, avec un seize inscrit de la part de mes parents ; une boite de maquillage plus que complète *YSL* de Daphné, qui avait fait graver le gloss à mon nom et mon chiffre en lettre d'or ; de magnifiques escarpins *Louboutin* de la part de Blair, et des tas d'autres choses que je ne savais pas encore où mettre.

CHAPITRE 2 : Tradition et libre arbitre

À dix-huit heures mes parents et les autres partirent en me souhaitant encore de merveilleux seize ans, et j'allai dans ma chambre avec les filles, les garçons restèrent dans la salle.

C'est le moment où les filles offrent des choses sexy, des conseils et racontent leurs expériences à se tordre de rire la plupart du temps.

- Voici venu le meilleur moment, s'extasia Blair. Ouvre notre cadeau.

C'était de la lingerie sexy composée d'un soutien-gorge push-up et un tanga imprimé panthère, avec une nuisette transparente à froufrous, le tout incrusté de vrais diamants. Les Princess se réunissent souvent pour acheter des sous-vêtements hors de prix pour ce genre de moment.

- C'est… très sexy, dis-je.

- Je t'ai pris un petit supplément, ajouta Blair. Des préservatifs excentriques : banane, pomme, fruits de la passion, fraise, tu as tout ce que tu veux. Il y en a même des phosphorescents, juste au cas où Vince ne trouverait pas le chemin dans l'obscurité.

Voilà entre autres, en quoi elle peut être audacieuse, elle n'a jamais été du genre à avoir peur de dire ou faire quelque chose. Ou acheter ce genre de chose pour quelqu'un d'autre. Enfin blague à part j'étais sûre que mon petit ami s'y prendrait très bien, mais selon mes amies, pas autant que Richard.

- Ah, Richard ! soupira Blair. Il est trop sexy, j'aimerais trop le voir en maillot de bain.

- Moi je préfèrerais le voir sans son maillot de bain, rit Daphné.

À croire que mes deux meilleures amies étaient folles de lui. Comme toutes les filles de la ville en fait. Oui, toutes. Sauf moi.

- Ma mère adorerait que je me marie avec lui et qu'on ait des tas de petits Richard tout blonds, pensai-je en riant.

Eh oui… Le rêve de certains parents c'est qu'on devienne médecin ou avocat. Celui de ma mère c'était ça. Quelle horreur. Enfin, l'heure tournait, et après des conseils très utiles et des fous rires, je les raccompagnai à la porte.

Pendant ce temps, les garçons discutaient de leur côté. Richard ne participait pas trop à la discussion à cause de l'écart d'âge, et restait de son côté. Au bout d'un moment il les salua et attendit l'ascenseur privé, où je le croisai. Les filles étaient déjà parties.

- Richard, tu t'en vas ? Je vais attendre l'ascenseur avec toi.
- Merci c'est gentil.

Oui, venant de moi pour lui, c'était plus que gentil.

Les portes s'ouvrirent sur un « ding » discret. L'attente me parut interminable, comme un couloir sans fin.

- Fais attention à la route, si c'est toi qui conduis, il fait nuit, l'avertis-je.
- Je te retourne le conseil. Veille à ce que Vince ait pris ses précautions… Il a de la chance.

Oh j'avais assez de préservatifs pour les deux mois à venir au moins, la pénurie ne serait pas pour demain. Mais enfin, ce n'est pas cette partie de la phrase qui me gêna, chose qui dut se voir dans mon regard.

- Je voulais dire d'être ton petit ami, reprit-il, je ne parlais pas de cette soirée, je ne me permettrais pas.
- Je sais.

Je n'étais pas tout à fait sûre en fait, mais c'était quelqu'un de très bien élevé, il n'aurait pas osé parler de ça froidement avec moi.

Il me fit une bise et s'en alla. Je ne sais pas pourquoi, il avait l'air triste en partant, ça me donnait une drôle de sensation dans l'estomac, est-ce que ça me touchait ? Peut-être était-il amoureux de moi et que je n'avais rien vu de profond dans ses sentiments. Il n'avait pas juste envie de coucher avec moi, je lui plaisais réellement. Il n'était pas déçu de ne pas faire l'amour avec moi, mais triste de ne pas être avec moi. Sa tristesse me touchait et même m'envahissait. Ce n'était pas le moment idéal, Vince ne serait pas ravi que je fasse la tête. À moins que le plan de Richard était de faire exprès de me faire sentir qu'il n'était pas bien afin qu'il ne se passe rien avec Vince ce soir…

Mais où j'allais chercher tout ça, moi ? Je ne savais plus quoi penser, ça me donnait mal à la tête de réfléchir autant.

- Ma puce ? m'appela Vince.
- Oh ! Tu m'as fait peur.
- Désolé, tu avais l'air perdue dans tes pensées. Je vire les autres ?
- D'accord, vas-y. Et rejoins-moi là-haut, ajoutai-je en souriant.

Quels préservatifs choisir ? Il y avait tant de boites ! À moins que Vince en ait apporté, ça faciliterait les choses. Je sais qu'il aime la fraise et la banane, mais peut-être ceux qui étaient phosphorescents l'amuseraient. Ou alors ceux que ma mère m'avait donnés étaient peut-être mieux, tout simples. Vince frappa à la porte qui était ouverte.

- Qu'est-ce que tu fais ? me demanda-t-il amusé, ayant vu toutes les boites étalées sur le lit.
- Je ne sais pas lesquels choisir. Tu veux lesquels ? demandai-je.
- Ceux que tu veux, ça n'a pas d'importance.

Je choisis un paquet au hasard et je virai les autres du lit. Il s'assit à côté de moi.

- Je suis censée me mettre en tenue affriolante, dis-je.
- Fais-le comme tu le sens, me répondit-il.

Décidément, Vince n'était pas très encourageant. Moi qui me faisais une joie de ce moment… Possible qu'il était juste tendu.

Bon, j'avais décidé que j'étais bien comme ça. Et on ne peut pas faire plus séduisant. J'enlevai mes escarpins, Vince commença à m'embrasser dans le cou.

Cette histoire de préservatifs me fit penser à Richard. Il était très gentil de s'inquiéter pour moi, il avait eu le courage de m'en parler pour s'assurer que ça se passerait bien. Finalement, il n'était pas exactement comme je le pensais, en même temps j'essayais de l'éviter donc je ne le connaissais pas vraiment le pauvre…

- À quoi tu penses ? me demanda Vince. Tu as l'air ailleurs… Tu n'en as pas envie, comprit-il.

- Je crois que je ne suis pas dans l'ambiance, avouai-je, et toute cette pression… Ma mère, mes amies, les tiens, attendent qu'on le fasse. C'est censé être intime.

- Je ressens la même chose.

- Tu m'en veux si on ne fait rien ? m'inquiétai-je.

- Non, pas du tout, m'assura Vince. On a trois cent soixante-quatre jours, c'est mieux qu'on le fasse rien que pour nous, sans penser aux autres.

Il était un amour d'être aussi compréhensif, la plupart des mecs m'auraient plantée là méchamment, vexés.

Il me prit dans ses bras et on s'allongea.

364 jours…

CHAPITRE 3 : Jour de rentrée

Choisir entre une jupe *D&G* et une autre *B-ga* (*Balenciaga*). Voilà ce qu'est la difficulté d'être une Princess. Chaque matin on doit faire un choix, mais pas n'importe lequel, car la faute de goût serait très mal vue et les gens s'en souviendraient pour les siècles à venir. De plus, on ne peut pas mettre les mêmes vêtements deux fois dans la semaine, autrement on pourrait croire que notre lave-linge est tombé en panne ou que la bonne nous a quittés, quelle rumeur, les ragots iraient bon train !

C'est pour ça qu'il vaut mieux y réfléchir le soir pour éviter une migraine chaque matin. Sauf qu'hier j'étais fatiguée, je m'étais couchée tôt, et je sentais déjà la migraine arriver. Celle-là était plus grosse que d'habitude, car c'était la rentrée et tout le monde au lycée aurait les yeux grugés sur ce qu'on portait de la tête jusqu'aux pieds en passant par le vernis et les bijoux.

Bien entendu, le port de l'uniforme était obligatoire, mais le conseil des parents d'élèves avait accepté de nous laisser un jour par semaine des vêtements au choix. Décidément, les mecs ont vraiment une vie plus facile ! Quoi de plus simple que d'avoir un minimum de sept jeans et hauts en fonction de la saison ? Surtout qu'ils n'étaient pas aussi regardés que les filles. Mais détrompez-vous, j'adorais être admirée et être un modèle pour les autres, tout le monde ne pouvait pas faire partie de cette élite très fermée, mais quelle fatigue !

Bon, B-ga, c'était décidé ! J'enfilai ma jupe et mis des bracelets dorés à mon poignet. J'adore le bruit qu'ils font quand ils s'entre-choquent, et quelle meilleure façon de se faire remarquer ? Des talons hauts Marc Jacobs vernis ? Oui, je glissai mes pieds dedans avant de descendre à la cuisine.

- Bien dormi ? demandai-je à mon père, assis devant ses œufs brouillés et ses toasts.

- Ta mère n'a pas arrêté de gigoter, elle ne se rappelait pas si elle avait déjà mis son tailleur *Yves Saint-Laurent*, et comme je n'étais pas là mardi je ne le savais pas.

Qu'est-ce que je vous disais ? Je lui confirmai qu'elle ne l'avait pas mis, soulagement pour mon père, autrement elle serait rentrée de mauvaise humeur ce soir.

Maria me prépara un smoothie et un bol de céréales nature. Sûrement le petit-déj préféré des Princess !

- Tu es bien la fille de ta mère, rit mon père. Et ta soirée avec Vince ? Je n'ai pas eu le temps de t'en parler, ça s'est bien passé ? Vous avez pris vos précautions au moins ?

- Ce n'était pas la peine, il ne s'est rien passé, le rassurai-je.

Mon père est adorable et protecteur avec moi. Il n'est pas comme la plupart des pères absents des Princess, toujours en voyage d'affaires et s'occupant peu de leurs enfants. Pour eux, tant que leur progéniture a de quoi se nourrir, une carte de crédit illimitée et des amis du même niveau pour bien partir dans la vie, ils considèrent qu'ils sont heureux.

- Ah bon ? s'étonna-t-il. Eh bien, je dois avouer que je suis soulagé, je n'aime pas trop cette coutume. Écoute ton cœur plutôt que ce principe stupide. Tu es sûrement plus à l'aise avec ta mère sur ce sujet, mais sache que je suis là si tu veux en discuter.

- Merci papa, j'y penserai.

*

- Tu es superbe chérie ! s'exclama Daphné. Je voulais t'appeler hier soir pour mettre nos tenues au point, mais Chad est passé, désolée.

- Hum pour ne pas se mettre d'accord sur nos vêtements c'est que ça devait être intéressant…

- Il a passé la nuit à la maison, et il est parti au petit matin sur la pointe des pieds pendant que mes parents dormaient encore, raconta-t-elle en éclatant de rire.

Une folie selon moi. Si ses parents l'avaient surprise… Ils n'auraient pas mis Chad dehors bien sûr, après tout sa mère à elle aussi lui cherchait obstinément un futur mari idéal, elle lui aurait plutôt proposé des croissants. Mais se faire surprendre dans un tel moment, un cauchemar qu'on voudrait toutes éviter.

- Et pour ta mère, c'est celui-là que tu dois épouser ? avançai-je.

- Oui, après tout il est séduisant et son futur métier sera assez prenant pour que je puisse me faire faire des manucures, des balayages, des soins du visage…

À quoi bon avoir un mari dans ce cas ? Eh bien chez nous, ça assure la sécurité de l'avenir, et la carte de crédit illimitée qu'il nous offre. Une Princess ne regarde pas en premier lieu si l'homme qu'elle convoite (ou l'inverse) peut assurer son bonheur sentimental, mais s'il peut assurer son futur.

Pour moi les sentiments comptaient un minimum. Voire même beaucoup. Ce que mes amies trouvaient superflu.

- Je te croyais amoureuse de Chad, non ? demandai-je à Daphné.

- Amoureuse ? Non, il me plaît, mais… chut, il approche, m'avertit-elle.

*

Je rentrai à la maison chargée des livres de cours portés par mon chauffeur – et pleine de l'ennui du lycée dans la tête. Quel intérêt de s'y trouver si ce n'est pour se pavaner habillée de vêtements haute couture. Les filles bavent sur les nouvelles tendances que vous portez, les garçons sur tout ce qui n'est pas couvert et tout ce qui est près du corps.

En allant à la cuisine, je trouvai Maria en train de préparer le dîner.

- Bonsoir Julie. Tu veux un cookie ?

- Non merci, je voulais juste un verre d'eau, précisai-je.

- Mange un peu mon chou, tu es toute maigre. Ce n'est pas ça qui te fera grossir. Et puis tu sais que je ne le dirai pas à ta mère, promit-elle. Chez nous, les filles minces sont plus grosses que toi, ils croiraient que je ne te nourris pas.

Comment ne pas rire ? Maria, d'origine espagnole, est toujours inquiète pour moi ; plus ma mère essayait de me faire garder la ligne, plus Maria était désespérée. Ça me faisait mourir de rire. Mais elle ne pouvait pas comprendre, c'est important, capital même pour les Princess de faire un trente-six/trente-huit.

Être belle et mince est essentiel 1) pour être une Princess, 2) pour trouver un mari.

Parce que forcément tous les mecs tournent autour des filles comme ça, et elles n'ont plus que l'embarras du choix. Faire un quarante peut être toléré si vous êtes jolie, que vous avez du charme, du style, du caractère, un compte en banque avec plein de zéros derrière, ou que vous promettez à votre futur mari de perdre vos kilos superflus (ce qui peut être une clause du mariage et une cause de divorce si elle n'est pas respectée, ce que j'ai toujours trouvé stupide une fois adulte). Ah, le monde cruel de la jeunesse dorée.

- Ah, j'allais oublier, dit Maria en quittant son couteau. Un paquet pour toi est arrivé cet après-midi.

Elle me donna un colis marron. J'ouvris le carton : il contenait un sac de la boutique Hermès. Qui avait pu m'envoyer ça ? À l'intérieur il y avait un sac *Birkin* en cuir grainé de couleur chocolat (une vraie merveille !), accompagné d'une carte écrite à la main.

Je sais que la rentrée est un jour important.
En espérant qu'il te plaise.
Je t'embrasse,
Richard

Waouh ! Il ne lésinait pas sur les cadeaux. C'était... gentil de sa part, oui c'est ça, gentil.

Maria lit par-dessus mon épaule le message.

- C'est un galant homme, ce monsieur, se ravit-elle.

- Oui, sauf qu'on n'est plus au seizième siècle. Bon, je monte, j'ai des choses à faire.

26

J'emportai mon cadeau, rangeai mes livres déposés par mon chauffeur, et je m'allongeai sur le lit. En fait, j'avais menti. J'adore tout ce qui se rapporte aux siècles des Louis rois de France : les livres, les robes, la décoration, mais surtout le comportement des hommes qui étaient tellement prévenants envers les femmes, les règles de « l'honnête homme », c'était si romantique ! Mais personne ne le savait, mon image de Princess accro à *Dior*, bijoux pas en dessous de sept cents dollars, et talons hauts, en prendrait un coup. Je fixais le plafond, perdue dans mes pensées. Ma chambre… trop de rose, il fallait vraiment que je change la déco. Quelque chose dans le style du seizième siècle pourrait être joli, à la fois original et romantique. Que j'adore ce mot !

Mais si je le faisais, tout le monde le saurait… À moins que je dise que c'était une idée de Freddy (mon décorateur, super célèbre, super excentrique et super gay, que toutes les Princess s'arrachaient). Il suffisait de dire d'une déco étonnante qu'elle avait été réalisée par Freddy et ça passait, tout le monde voulait la même alors que quelques secondes avant ils trouvaient ça hors tendance. Mais le chic du chic ce n'est pas de suivre la mode, mais de la lancer.

À ce moment mon téléphone sonna, me faisant redescendre de mon nuage. Je ne connaissais pas le numéro, un nouvel ami ?

- Bonjour Julie, c'est Richard. J'appelais pour savoir si le sac te plaît. Si tu n'aimes pas la couleur, je peux la changer.

Comment avait-il eu mon numéro ?

- Non, elle est super, affirmai-je. Je viens de le recevoir.

Il rajouta qu'il était à Paris pour affaires, en étant passé devant une boutique il avait vu ce sac et a voulu me l'offrir. Il pensait à moi ? Même à des milliers de kilomètres avec un décalage inimaginable, impensable. D'ailleurs, il tombait de sommeil.

- Bien, ravi qu'il te plaise, et désolé pour le retard. Bonne soirée, je t'embrasse.

Ça faisait deux fois qu'il « m'embrassait » cette journée.

- Moi aussi, répondis-je après un silence.

Que pouvais-je faire ? Je ne pouvais pas répondre autre chose, ça aurait été hors de propos, ni raccrocher, c'était très mal élevé.

Il était donc à Paris. Peut-être que ma déco « seizième siècle » (PS : romantique) était une bonne idée finalement. C'était peut-être un signe.

CHAPITRE 4 : La pyjama party

Les bons côtés à avoir seize ans (mais y en a-t-il de mauvais ?) ce sont les soirées entre filles, parce que, vous connaissez des mères qui font ça ? On choisit chez qui, et ensuite c'est vernis, magazines, films, coiffures, discussions sur les mecs, et potins bien sûr. Les soirées pyjama, un vrai bonheur.

Ce soir, c'était chez moi. On était samedi soir et j'avais invité Blair et Daphné. Généralement, on invite beaucoup plus de filles, un minimum de cinq ou six en fait, mais j'avais voulu éviter ça à Maria, elle se remettait à peine du découpage de gâteau d'anniversaire, alors préparer un dîner, un petit déjeuner, et quelques fois même un déjeuner pour sept personnes… Donc ça voulait dire moins de potins, de trousses à maquillage échangées, mais plus d'intimité et de vraies confidentes, car elles sont mes meilleures amies.

Après une assiette de crudités, nous sommes montées dans ma chambre, pas encore redécorée, mais dès que possible, promis. Je mis le CD de la B.O de Cruel Intention, un film qu'on adore toutes les trois. Ça parle d'un pari entre un mec et sa demi-sœur : il doit faire l'amour avec une fille qui veut se préserver pour le grand amour. Il y arrive, mais tombe vraiment amoureux ; la fin est triste, on prévoit toujours un paquet de mouchoirs chacune. Une fin triste, mais si romantique, un peu comme Roméo et Juliette. Joués par le très sexy *Ryan Phillippe* et la très belle *Reese Witherspoon*, qui ont d'ailleurs fini ensemble.

Un des principes de ce genre de soirée, c'est de se mettre en pyjama, mais pas ceux du genre où on avait huit ans, non, plutôt du genre sexy et chic. Nuisettes, shorty et caraco assortis, même l'hiver sont possibles, puisque chauffage à disposition.

Pendant que je mettais du vernis corail sur les ongles de Blair, Daphné feuilletait un magazine people.

- Quoi de neuf sur Nicole ? s'enquit Blair.

Nicole Richie était notre modèle, on l'adorait. Sauf que faire du trente-six/trente-huit c'est joli, mais faire du trente-quatre c'est être anorexique. Nos mères nous prêchaient la ligne pas la maigreur. On copiait plutôt son style et ses coiffures, car elle a beaucoup de goût.

- Elle portait un total look léopard vendredi, nous informa Daphné.

- Non, arrête ! m'exclamai-je. J'avais justement prévu de mettre ma robe léopard la semaine prochaine, mais le total look par contre, je n'oserai pas. Et Chace ?

Chace Crawford alias Nate Archibald, un mec super beau, brun aux yeux bleus qui joue dans Gossip Girl, une série géniale à ne pas rater, ou à revoir.

Malheureusement, une rumeur courrait selon laquelle il serait avec celui qui joue Chuck.

- Je suis trop triste, là, souffla Daphné.

Oui, on sait bien qu'on n'a pas beaucoup de chance de le rencontrer, encore moins de sortir avec lui, mais dès qu'une star sexy est en couple ça nous désespère, alors imaginez si on apprend qu'il est peut-être gay.

- Qu'est-ce que je ne donnerais pas pour passer une nuit avec lui, se mit à rêver Blair.

- Tu serais prête à donner tes boots en cuir ? avança Daphné.

- Non ! Je les adore mes boots. Mais je veux bien acheter les mêmes à la personne qui me donnera son adresse perso.

On éclata de rire. À chacune ses priorités, et les chaussures d'une Princess c'est sacré.

Ça me fit penser au sac de Richard, j'avais complètement oublié d'en parler aux filles, sûrement parce que personnellement je n'en avais rien à faire. Mais elles avaient évidemment trouvé ça super, un sac direct from Paris.

- Oh, se réjouit Blair, c'est trop…

- Romantique ? proposai-je.

À croire que j'étais la seule à pouvoir dire ce mot. Car même si on est une fille, et qu'on a seize ans, une Princess n'est pas fan de tout ce qui est romantique en général, seulement de ce qui est luxueusement beau.

- Oui, c'est ça. La ville la plus cool et romantique du monde, c'est très romantique ! approuva-t-elle

Oh, deux fois dans une même phrase ! Si demain il pleut, vous saurez de qui ce sera la faute.

Enfin vu mon peu d'enthousiasme, à l'évocation de Richard, autant dire même inexistant, les filles voyaient que je l'avais toujours en horreur, super sac offert ou pas.

- Je veux bien échanger ma place avec toi, proposa Daphné.

- Tu es déjà prise, il est à moi, protesta Blair. Julie, tu ne vois pas d'inconvénients à ce que je le séduise ?

À son âge elle avait déjà bien compris les hommes, leur fonctionnement, mais surtout comment les séduire. Et les quitter.

- Non, bien sûr.

C'était l'occasion pour qu'il se détache de moi.

CHAPITRE 5 : Une nuit à l'hôtel… avec Richard

Deux semaines plus tard, ayant reçu un sac *Birkin* blanc d'*Hermès* en cuir souple et un foulard en cachemire de la même couleur, envoyés cette fois-ci de Londres, pas la peine que je vous dise de qui, je me dis que Blair n'avait pas encore eu l'occasion de le séduire. Chacun de ses cadeaux avait été suivi d'un appel pour prendre de mes nouvelles et s'assurer (un peu fébrilement) qu'ils étaient à mon goût.

C'était samedi soir et j'étais avec Blair et Daphné au bar de l'hôtel McArfield, endroit très prisé et très chic. Nous avions décidé de boire notre premier (suivi au final de beaucoup d'autres) verre d'alcool, et nous avions de fausses cartes pour l'occasion. C'était excitant et à la fois stressant d'avoir peur de se faire démasquer.

Je portais ma robe bustier léopard que je n'avais en fin de compte mise que ce soir et de hauts talons sobres et noirs, ainsi que le foulard, le manteau et le premier sac offerts par Richard. Daphné était en jupe noire et chemise bordeaux *Chanel*, et Blair avait mis sa robe fuchsia *D&G*. Nous étions plus maquillées que d'habitude ce qui nous donnait quelques années de plus.

- Quatrième ou cinquième ? demanda Daphné, le sourire aux lèvres.

- Quatrième, non ? questionnai-je à mon tour.

Nous commencions à voir des éléphants roses. Quels jolis petits éléphants !

- Jamais quatre sans six, dit Blair. Un autre martini, s'il vous plaît, jeune homme.

Selon le barman nous n'étions pas très saoules pour des filles de vingt-et-un ans. Sauf que nous n'avions pas vingt-et-un ans.

- Julie ?

Je me retournai. Un mec plutôt mignon, avec des yeux bleus qui donnaient envie d'y plonger, s'avançait vers moi. Il ressemblait à Richard. Je plissai les yeux, c'était lui, oui il me semblait que c'était lui.

- Qu'est-ce que vous faites là ? s'étonna-t-il. Vous avez bu ?
- Pourquoi ? On sent l'alcool ? s'enquit Daphné.

« Un peu » aurait été un euphémisme. Il ne répondit rien tellement c'était évident. Il refusa les verres que le barman nous avait resservis, et les mit sur sa note personnelle. Il ne demanda pas combien de verres nous avions bus, il se doutait que nous ne savions plus faire les additions.

- Vous ne savez donc pas que c'est dangereux ? s'exclama-t-il plus inquiet qu'énervé. Bon… Venez, je ne peux pas vous laisser rentrer chez vous dans cet état, vous allez dormir ici.

On le suivit à la réception sans protester, décuver à la maison ou à l'hôtel ne changeait pas grand-chose. On récupéra une clé avant de monter dans l'ascenseur. Je posai ma tête contre son épaule. Qu'il en avait des étages cet hôtel !

L'ascenseur s'arrêta enfin et on arriva dans le couloir avec une infinité de portes de chaque côté. Ma tête commençait à tourner. Il nous fit entrer dans une suite, aida Blair et Daphné à s'allonger sur le premier lit et leur conseilla de dormir. Puis il m'accompagna dans la deuxième partie de la chambre, retira mon manteau et m'aida à me mettre sur le lit. Je ne marchais plus très droit.

- Je vais devoir appeler vos parents, dit Richard en m'enlevant mes chaussures. Il faut que je leur dise que vous êtes là, et je vais être obligé de leur dire pourquoi.
- Ils pensent qu'on passe la nuit chez une copine. S'il te plaît Richard, ne dis rien, le priai-je en cherchant sa main.

Il prit la mienne, et accepta à la condition qu'on ne recommencerait pas. Je promis. Vu comment j'étais mal, j'y consentis de bon cœur.

Le lendemain matin je me réveillai avec un mal de crâne inimaginable et l'impression que tous les sons étaient décuplés. Je m'assis dans le lit, un plateau avec le petit déjeuner était posé sur la table.

Richard ouvrit doucement la porte, tenant un petit sac en papier. Il s'enquit de mon état, qui je l'avoue, n'était pas très glorieux. Il s'en doutait et avait acheté des comprimés à la pharmacie que j'avalai avec un verre d'eau. Quant à Blair et Daphné, il les avait vues juste avant, et elles allaient bien.

Si on échappait au sermon de nos parents, je ne m'attendais pas à celui de Richard.

- Vous avez été irresponsables, hier. Je ne veux plus que tu boives avant ta majorité, les filles non plus. Et vous vous limiterez à un verre.

Quelle possessivité, je ne lui appartenais pas ! Par contre, cette alcoolisation n'avait pas été une grande réussite, et c'est seulement ça qui m'avait convaincue de faire dorénavant attention. Je lui jurai de ne plus recommencer, si ça pouvait abréger son discours moralisateur.

- Croissant ou pain au chocolat ? demanda-t-il en me tendant le panier de viennoiseries.

- Aucun des deux, répondis-je. Je ne pourrai pas avoir un smoothie ?

- Non, je voudrais que tu manges.

Il me tendit un croissant avec un regard décidé. Je n'avais pas le choix. Si ma mère savait que j'avais bu et qu'en plus j'allai manger un croissant, je crois que d'abord elle me ferait un lavage d'estomac et ensuite elle me tuerait.

Je pris le croissant que je commençais à grignoter à contrecœur. Je sais qu'il voulait juste m'aider, mais son arrogance commençait à m'énerver.

- Euh… Richard, dis-moi, il ne s'est rien passé hier ?

- Entre nous, tu veux dire ? Bien sûr que non, pour qui me prends-tu ?

Ouf ! Je ne voulais plus jamais ne pas parvenir à me rappeler ce qui s'était passé la veille. J'aurais gâché ma première fois avec Richard dans une chambre d'hôtel, et sans rien me souvenir en plus. Quelle horreur ! De plus, je crois bien que je l'avais dragué hier soir. Plus une goutte d'alcool, jamais, "never"!

CHAPITRE 6 : Une drôle de journée

- Bon, c'est pour quand ? me demanda Blair. Ça fait un mois et demi que tu as seize ans.

- Donc quarante-six jours exactement, poursuivit Daphné.

Il y avait un compte à rebours sur ma tête ou quoi ?

On passait la pause aux toilettes du lycée pour une petite séance de retouche de maquillage. Une vraie fille ne se déplace pas sans sa trousse de make-up.

- Mais qu'est-ce que je dois faire ? Réserver une chambre à l'hôtel, mettre des sous-vêtements sexy et un parfum envoûtant ? avançai-je.

- Oui, tout simplement, répondirent en cœur Blair et Daphné.

- Tout simplement ? répétai-je. Je n'ai pas envie d'une nuit d'amour préparée de A à Z, quelque chose de prévu. Je voudrais qu'on en ait subitement envie, et que ça se passe chez lui ou chez moi, ce serait… romantique.

Je n'étais pas du tout fleur bleue, mais le préparer comme si c'était un évènement déjà marqué sur un calendrier ne m'enchantait pas. La chambre d'hôtel avait beau être le plus pratique à tous niveaux, ça n'avait rien de très tentant, c'était même un environnement totalement impersonnel pour moi.

*

- Où en es-tu avec Vince ? Tu veux peut-être qu'on s'absente avec ton père ce week-end.

Ça faisait à peine dix minutes que j'étais rentrée. Décidément, tout le monde me prenait la tête avec ça aujourd'hui, à croire que ma vie sexuelle les intéressait tous.

- Non, maman.

- Tu préfères que je te réserve une suite au *New York Palace* ? offrit-elle.

Mais pourquoi un hôtel à la fin ?! Les amoureux ne font-ils pas l'amour dans leur chambre ?

Naturellement je refusai. J'avais ma propre idée à ce sujet et je tenais à la garder.

Enfin, ma mère m'informa qu'elle avait croisé Richard ce matin chez « Cappuccino ! ». New York est pourtant une grande ville, apparemment pas assez.

Elle se servit un verre de vin. Ça me rappela mon enivrement et mon mal de crâne du lendemain matin. Et l'arrogance de Richard. Quel mauvais souvenir.

- Et... qu'est-ce qu'il t'a dit ? m'inquiétai-je.

- Que ça fait un petit moment qu'il ne t'a pas vue, et il te passe le bonjour.

Ouf, il ne lui avait rien dit. Après le soulagement, la colère monta en moi. Pourquoi avait-il fallu qu'il soit là ce jour-là à l'hôtel et qu'il gâche notre soirée ? Et tous ces ordres qu'il nous avait donnés, pour qui se prenait-il ? Notre sauveur tombé du ciel ? Rien qu'entendre son nom m'énervait.

- Il va vraiment venir ici ce soir ? me renfrognai-je.

- Bien sûr, alors fais-toi belle ma chérie.

Je n'avais jamais monté les marches de l'escalier aussi vite. Et je claquai ma porte. Ça m'avait un tout petit peu soulagée. Je me jetai sur mon lit et j'enfouis ma tête dans le coussin. Pourquoi ne pas me marier carrément de force à Richard ? Argh ! J'en avais marre ! Ma mère voulait que je me fasse belle ? J'allai faire tout le contraire, je trouverai les vêtements les plus immondes du placard et me démaquillerai. Il ne me trouverait plus attirante et me laisserait tranquille et ma mère aurait beau faire tout ce qu'elle pouvait il ne voudrait plus jamais entendre parler de moi.

Richard arriva à l'heure, moi très en retard, ma mère m'en voulait déjà pour ça, elle m'avait appelée au moins une quinzaine de fois. Mais lorsqu'elle me vit descendre les marches vêtue d'un vieux jogging noir informe en velours trop grand pour moi et d'un t-shirt blanc « little miss sunshine », ce fut pire. Pas de maquillage bien sûr. Ils tombèrent tous des nues en me voyant.

- Qu'est-ce que tu fais habillée de cette manière ? me demanda ma mère.

Elle n'osait pas m'envoyer me changer, je m'étais assez fait remarquer comme ça.

- Et pourquoi t'es-tu démaquillée ? siffla-t-elle entre les dents.

- J'ai fait une réaction allergique à mon nouveau fard à paupières, mentis-je.

On se mit à table. Richard ne savait pas quoi me dire et ne pouvait évidemment pas me dire que j'étais ravissante. Pour changer de sujet, sentant ma mère tendue, mon père s'enquit auprès de Richard de l'avancée de sa vie professionnelle. Comme à son habitude il était en négociation pour implanter un nouvel hôtel, cette fois à Paris, mon père se réjouit pour lui de son enrichissement, pendant que Maria nous servait le repas.

Est-ce que ma mère avait demandé à mon père de questionner Richard sur le plan financier en pensant que ça attirerait mon attention ? Il n'était pas du genre à la suivre dans ce genre de plan, et puis elle l'aurait fait elle-même.

Quand on arriva à la fin du dessert, ma mère commençait les questions indiscrètes, subtilement bien entendu.

- Si vous le désirez, vous pouvez nous laisser, je ne voudrais pas que par politesse vous soyez obligé de faire attendre votre fiancée.

- Il n'y a aucun problème, je ne suis pas fiancé, sourit Richard.

Ma mère le savait bien, mais elle avait envie de l'entendre dire.

- Oh, vraiment ? Moi qui vous croyais casé depuis longtemps et presque marié. C'est surprenant, un si beau jeune homme comme vous.

- C'est que je n'ai pas encore trouvé la perle rare qui fera de moi un mari comblé, expliqua-t-il.

- Oh, tu entends ça Julie ? me demanda ma mère. Richard est un incorrigible romantique.

Oui maman, j'avais entendu, moi aussi j'ai des oreilles. Mais ce que j'avais surtout entendu c'est autre chose. Il avait bien dit que son cœur n'était pas pris ? Donc il jouait bien la comédie avec moi et son seul but était de me mettre dans son lit. Alors non, je ne trouvais pas ça romantique, Richard et moi n'avions pas la même définition de ce mot.

Je me levai en m'excusant, prétextant des devoirs à faire. Très bonne excuse pour m'échapper de ce dîner selon moi, mais je le regrettai tout de suite après. Ma mère pensa que Richard pourrait m'aider. J'aurais encore préféré faire mes devoirs avec un mec binoclard à double foyer et portant un appareil dentaire. Enfin, peut-être pas. Et malheureusement pour moi, il était totalement libre ce soir, impossible d'y échapper.

- Bien, dans ce cas montez, dit ma mère, Julie a un bureau dans sa chambre, et vous serez au calme.

Ce qu'elle pensa c'est plutôt que j'avais un lit (au passage très confortable). Je ne pouvais hélas pas refuser. Nous sommes donc montés. Richard regarda ma chambre attentivement.

- Ta mère m'a dit que tu comptais la redécorer. Que comptes-tu faire ?

Quel curieux ! Ça me fit très bizarre quand je me rendis compte que c'était la première fois qu'il entrait dans ma chambre.

- Je voudrais quelque chose dans le style du seizième siècle en France, quelque chose de…

- Romantique ? compléta-t-il. Ta chambre sera atypique et jolie, c'est un bon choix.

Oh Seigneur ! Dites-moi que j'avais mal entendu. Temps mort ! Mon cerveau s'arrêta quelques secondes, en manque d'oxygène. Qui pouvait aimer ce style-là à notre époque à part moi ? Cherchait-il à me surprendre ou disait-il la vérité ? En temps normal ma tête était remplie de questions quand j'avais un devoir d'algèbre, mais là, il y en avait deux fois plus. Dur de croire que Richard créait plus de questions qu'une équation.

J'allai chercher mon cahier et mon livre et on s'installa au bureau. Plus vite nous aurions fini, plus vite il serait parti. Je lui tendis ma feuille en me disant qu'il n'y comprendrait rien non plus, après tout ça faisait trois ans qu'il avait quitté le lycée.

- Hum, ce n'est pas trop ton truc l'algèbre, n'est-ce pas ? sourit-il.

- Je suis si nulle que ça ? m'étonnai-je.

- Non, ce n'est pas toi qui es nulle, ce sont tes équations, rectifia-t-il. Néanmoins, il y en a une de juste.

- Alors, c'est plus désespéré que je pensais.

Il se mit à rire puis reprit son sérieux. Il me montra ce qui n'allait pas et fut très patient. Au bout d'une heure, j'avais enfin compris ce que mon prof essayait de me faire comprendre depuis un moment. Je n'avais jamais imaginé que Richard soit aussi intelligent. Je pensais qu'il ne s'était pas investi dans ses études puisqu'il savait que son père lui réservait une place de choix pour diriger ses hôtels.

Une demi-heure plus tard nous avions terminé et grâce à lui je me sentais plus intelligente.

- Je suis content d'avoir pu t'aider, dit Richard en se levant. Bien, je vais rentrer. Ah, j'allai oublier, ajouta-t-il, j'ai apporté des fleurs pour ta mère et toi. Comme tu avais un peu de retard, elle les a mises dans un vase.

Quelle gentillesse ! Un peu de retard ? Quarante minutes de retard, très difficile à réaliser d'ailleurs : analyse de trois magazines people, choix de la tenue à porter lundi et obligation d'écouter en boucle ma chanson préférée du moment.

- Tu sais, ça m'a surpris quand je t'ai vue arriver comme ça, me confia-t-il. Je pensais que tu faisais partie de ces filles qui sont toujours pomponnées, je trouve ça bien que tu sois naturelle quelques fois.

Je rêvais ! Ce n'était pas possible ! Quel garçon aimerait qu'une fille soit fringuée comme moi ? Moi qui m'étais donné du mal pour le faire fuir, ça avait provoqué tout le contraire, quelle poisse !
Agacée, mais polie, je proposai de l'accompagner à l'entrée, mais il me conseilla d'aller me coucher car il se faisait tard. Mais qu'avait-il

à donner des ordres ? Ne pouvait-il seulement pas dire « non, merci » ? Ce que j'allai faire après son départ ne le regardait pas. J'eus un éclair de génie tout à coup.

- Je n'ai pas sommeil, et puis Vince va passer.

Je le vis se figer quelques millièmes de seconde puis il sourit comme si de rien n'était. C'était un tout petit mensonge pour un gros effet.

- Bien, alors je ferais mieux de filer.

Il me souhaita bonne nuit après m'avoir fait un baiser sur la joue, et partit.

Mes sentiments à propos de lui étaient partagés, il n'était pas égal dans son attitude, et si une partie de lui était plutôt plaisante, l'autre décevait.

CHAPITRE 7 : Le rituel du week-end

Quel bonheur le week-end, on peut enfin faire la grasse matinée et du shopping. Si j'adorais le mot « romantique », il n'était qu'en deuxième position et « shopping » le dépassait largement.

Nous étions donc samedi et c'était le jour de dévaliser les magasins avec Daphné et Blair, les plus chics bien sûr. Au programme du jour : *Jimmy Choo*, *Dior* et *Marc Jacobs*. Ensuite nous prenions une tasse de thé vert sans sucre ni lait puis on allait faire vérifier notre manucure au C.C ou on se faisait faire un massage à l'institut, voire les deux. Ça pouvait varier, mais les bases étaient toujours les mêmes.

Nous étions dans la troisième boutique. La Fashion Week approchait, il fallait être au top et trouver LA tenue qui ferait pâlir d'envie et nous mettrait en valeur.

- J'ai envie de mettre une tenue masculine-féminine, confia Blair, vous savez avec le gilet et les *Richelieu* ? Mais j'ai peur que cela ait été vu et revu, vous imaginez, ce serait le fashion faux pas à la Fashion Week !

- Oui, ce ne serait pas top, pensai-je, tu serais "down" plusieurs semaines. Et plus d'invit' ni de fêtes pour toi.

- Oh regardez ça ! s'écria-t-elle en arrachant presque un article d'un présentoir. Cette robe serait trop top pour séduire Monsieur Richard alias mon futur mari.

C'était une robe mauve courte, vraiment très courte, à la limite de la décence, donc au maximum de la séduction. C'était le genre de robe qui est très bien quand on est debout, mais avec laquelle il ne faut pas se baisser ou s'asseoir (à moins que le mec à envoûter soit juste derrière). Toujours penser à mettre une veste sur ses jambes en position assise, ou bien une serviette ou profiter d'une nappe très longue si vous êtes au restaurant.

- Madame Blair McArfield, ça sonne bien, vous ne trouvez pas ?

- Et Daphné McArfield sur un chèque, ça ferait bien, non ? reprit Daphné.

- Eh, c'est *mon* futur mari ! protesta Blair. Toi, tu en as déjà un ! Tu les veux tous ou quoi ?

À cette seconde Richard aurait pu représenter un vêtement que deux femmes se disputaient. Assez marrant... Voilà ce que représentait Richard : l'homme à séduire absolument, de n'importe quelle manière. Le but à atteindre n'était pas lui bien entendu, mais ce qu'il pouvait apporter.

Daphné me dépeignit avec enthousiasme, selon elle, ce que je manquais : un Richard plein d'expérience, plein de bébés blonds beaux comme un cœur, et des voyages aux quatre coins de la planète grâce à tous ses hôtels, sans parler de son compte en banque avec lequel il offrira à l'élue une bague de fiançailles plus grosse que New York ! Le rêve quoi. Enfin, toujours selon elle.

- Allô ? On est là pour nos robes, rappelai-je.

- Non, je suis là pour trouver une robe qui lui donnera envie de me l'enlever, dit Blair. Cette robe est mon ticket d'entrée à la chambre privée de Richie, je la prends.

44

CHAPITRE 8 : Richard et ses cadeaux, un vrai leitmotiv

- On monte dans ma chambre.
- Oh, je vois.
- Non, tu ne vois rien du tout.

J'étais rentrée des cours avec Vince et ma mère s'imaginait déjà des choses.

On monta donc à l'étage dans ma chambre, où l'on s'embrassa. Et c'est tout.

- Tu viens à la fête dimanche ? me demanda Vince.

La fête, hum c'était un grand mot. La « garden party » est un genre de fête chez nous, j'ai bien dit un genre, parce qu'il n'y a rien d'amusant. C'est plus une « fête » pour les parents que pour leurs enfants, bien qu'ils soient là. Il y a des petits fours et des boissons, ils passent tout l'après-midi ensemble à partir du déjeuner, et en plus on doit être habillé comme si on allait au golf, comme des gentils petits garçons et petites filles, quelle horreur !

- Je préfèrerais plutôt me couper un bras, dis-je en guise de refus.

Mon téléphone sonna : appel de Richard. Ce n'était pas vrai, il avait pris un abonnement pour mon numéro ? Numéro d'ailleurs que je ne savais toujours pas comment il l'avait eu.

- Bonjour Julie. Tu vas bien ?
- Oui, que veux-tu ? Je suis occupée.

Je me dis que j'avais jeté un froid. Et… c'était tant mieux. Il s'ennuyait dans son grand hôtel à neuf cents dollars la nuit (pour la chambre la moins chère bien entendu) pour payer une communication aussi chère ? Tout ça pour me dire qu'il rentrait de Paris demain, et qu'il aurait aimé passer me voir, car il avait un cadeau pour moi. Oui, encore un. Il avait un compte spécial « cadeaux Julie » ou quoi ?

- S'il te plaît ma puce, me redemanda Vince en m'embrassant dans le cou, viens.

Bien sûr Richard avait entendu, mais il ne pouvait pas savoir que Vince parlait de la « garden party », il pouvait par exemple, croire que Vince voulait que je raccroche pour qu'on fasse des câlins. Je décidai d'en profiter, si des vêtements informes et l'absence de maquillage ne pouvaient pas le faire fuir, le rappel sans cesse de mon super copain (et futur mari au passage) le ferait sûrement.

Richard voulait passer vers dix-neuf heures (idéal pour dîner avec moi n'est-ce pas), j'allai prétexter quelque chose pour y échapper, mais une idée me traversa l'esprit. J'acceptai et je raccrochai sans attendre qu'il réponde.

- Vince, tu dînes à la maison demain ?
- Avec plaisir.

Super, Richie comme dit Blair, ne resterait pas.

*

Dix-neuf heures cinq, j'étais avec Vince dans la salle à manger, mes parents dînaient dehors.

Maria m'avertit que « quelqu'un » était à l'entrée pour moi. Richard était presque pile à l'heure comme à son habitude. Je le rejoignis sans enthousiasme.

- Bonsoir, Julie.

J'adorais quand Vince prononçait mon prénom, mais quand c'était Richard, je détestais ça.

- Salut. Alors, qu'est-ce que tu as pour moi ? Un sac venant tout droit de Paris ?

Non, en fait c'était un livre, rempli de décorations et mobiliers français du seizième au dix-huitième siècle. Si je m'attendais à ça, pour moi évidemment ce livre avait plus de valeur qu'un *Birkin*. Pendant que je le feuilletais, il remarqua que le repas était prêt et qu'il avait l'air délicieux.

Évidemment, je le remerciai, mais ce cadeau ne suffisait pas pour qu'il dépasse le hall.

- Julie, ma puce, ça va refroidir, dit Vince en nous rejoignant. Oh, Richard, salut, ça va ?

- Bien, merci… Je dois y aller, rajouta-t-il, j'ai des choses à faire.

Il nous salua et partit.

Des choses à faire hein ? J'étais certaine que c'était tout le contraire. Pourquoi pas : 1) Offrir le livre à Julie, 2) Dîner avec Julie, 3) Coucher avec Julie.

Eh bien, non.

CHAPITRE 9 : Une chambre tellement… romantique, ah oui, c'est ça

C'était samedi. Bon, je sais, je devrais passer la journée avec D et B, mais je devais refaire la déco de ma chambre, un vrai cas d'urgence !

J'étudiai le livre offert par Richard plus sérieusement qu'un cours pour un examen. Ensuite c'est ma chambre que j'étudiai pour voir si les mesures des meubles convenaient, bien qu'elle fût tellement spacieuse que ce n'était pas la peine, mais ça m'amusait.

La tapisserie serait bleu marine imprimée de fleurs de lys, emblème héraldique de la royauté en France, un grand et haut lit à baldaquin, contre le mur à gauche lorsqu'on entrait, deux tables de chevet finement sculptées à la main, un miroir psyché près de la fenêtre, une sublime coiffeuse blanche face à l'entrée, avec un siège couvert d'un tissu assorti aux murs, cousu main.

Pour travailler, un bureau en bois massif à droite de la porte, composé de quatre tiroirs avec des poignées en argent couvertes d'une peinture or, et les rideaux seraient pourpres et en velours, attachés d'un cordon torsadé or lorsqu'ils seraient ouverts. Le banc moelleux contre la fenêtre et ma moquette serait désormais bleu pâle.

Freddy arriva quand j'avais décidé de tout, il fit un croquis avant de voir les détails ensemble. Celui auquel je n'avais pas pensé était les draps. Il me conseilla donc.

- Bleu pour la volupté, blanc pour la pureté et l'apaisement de l'esprit, rouge pour la séduction, bordeaux pour plus d'intensité.

- Je crois que je n'ai pas envie de couleur, hésitai-je, il y en a déjà, ça ferait chambre de catin. Blanc ce serait bien, non ?

- C'est sublime ma chérie, approuva Freddy. Vraiment exquis. Ça fait vraiment…
- Romantique ?
- Oui, c'est exactement ça.

CHAPITRE 10 : Fashion Week un jour, Fashion Week toujours

- Chérie, tu es ravissante, me complimenta la mère de Daphné.

Je portais une jupe blanche, un petit pull et un gilet noué autour de mes épaules, ce n'est pas ce que j'appellerais ravissant, mais au moins j'étais en accord avec la « garden party ». C'était un vrai supplice pour B, D et moi, et tous les autres jeunes…

Rester sages et polis tout l'après-midi et répondre « très bien », ou « à merveille » pour varier un peu, aux sempiternelles questions « comment vas-tu depuis la dernière fois qu'on s'est vu ? » et « comment vont les études ? » comme si les adultes n'avaient rien d'autre à la bouche.

- Comment vas-tu depuis la dernière fois que nous nous sommes vues ?

C'était la mère de quelqu'un, ne me demandez pas de qui, je ne me rappelle pas, il y avait tant de monde.

- À merveille, répondit Daphné, le sourire jusqu'aux oreilles. Je vais devoir arrêter de parler pendant au moins vingt-quatre heures, rajouta-t-elle quand la mère de X nous quitta, ce que ça fait mal.

- Deux injections de B-T comme elle et tu ne seras plus obligée de penser à sourire, s'amusa Blair. Tu aurais dû lui dire « Et vous ? Comment vont vos pattes-d'oie depuis la dernière fois que nous nous sommes vues ? Toujours à deux injections par mois ? »

- Imagine qu'elle te réponde « très bien », dis-je.

Nous éclatâmes de rire, mais en oubliant de le faire sobrement. Ce qui attira l'attention de Richard (oh non), mais heureusement aussi de Vince (merci Seigneur).

Richard nous salua d'un hello… «Hello» ? Qu'est-ce qui lui prenait, il voulait faire un peu plus jeune ? Bref, il nous fit la bise et

serra la main de Vince. J'embrassai mon chéri aussi langoureuse-
ment que possible, Richard baissa les yeux, gêné.

Nous nous assîmes à table, mourant de faim. L'entrée était un
potage de légumes verts allant plutôt vers le fluo que vert haricot.
Beurk, le chef ne savait pas que nous avions encore toutes nos
dents ? Enfin, c'était quand même des légumes. Nous finîmes par y
goûter, et ce n'était pas si mauvais que ça.

- Tu as eu le temps de jeter un coup d'œil au livre ? me questionna Richard.

- Plutôt les deux, plaisantai-je. Je m'en suis inspirée pour redécorer ma chambre, merci. Freddy a adoré… D'ailleurs, Vince, je
nous ai préparé un petit nid d'amour.

Richard faillit s'étouffer avec le pain. Vous croyez que c'était à
cause de moi ?

- Pauvre chéri… s'émut Blair. Dis-moi, tu viens à la Fashion
Week le week-end prochain ?

- Bien sûr, toi aussi je suppose.

- Tu supposes très bien, dit-elle à Richard en souriant.

L'entrée fut suivie d'une entrecôte sauce béchamel avec un gra-
tin de pommes de terre parsemées de parmesan, et d'un diplomate.
Mon Dieu, ce genre de journée est horrible pour la ligne ! C'est
pour ça que le rituel chez les Princess est de passer ensuite par le
pipi-room à l'aide d'une tasse de thé laxative. Ce n'est pas très
glamour, mais prendre trois kilos ça ne l'est pas non plus. Les seuls
jours où on peut manger librement sont les fêtes, je vous rappelle.

Nous passions donc toutes par cette étape et nous nous appe-
lions avant de nous coucher pour nous tenir au courant des
derniers potins des magazines, troisième mot préféré, à moins que
ce soit « bijoux ».

Blair nous appela, tout excitée, avec la meilleure des nouvelles.
La conversation à plusieurs via téléphone, une invention merveilleuse pour les Princess.

- Bon, alors ouvrez bien vos oreilles : Richard vient de me téléphoner ! Et il m'a demandé si j'avais un cavalier, en plaisantant bien sûr - quel humour ! – pour la F.W. Vous imaginez ? Alors, j'ai dit non et il m'a dit « ça te plairait d'y aller avec moi ? ». J'ai pensé « tu ne peux pas savoir à quel point ! » et j'ai failli crier de joie. Mais je me suis retenue et je lui ai dit «eh bien, pourquoi pas».

Richard pensait enfin à avoir quelqu'un d'autre dans son radar que moi. C'était presque un miracle. J'en restais muette de bonheur, et la conversation se passait plus à deux finalement.

- J'en connais une qui va passer la nuit à faire des bêtises samedi, s'amusa Daphné.

- J'espère bien. À votre avis : préservatifs à la fraise ou à la mangue ?

*

Juste au moment où j'allais m'habiller pour la F.W, Maria m'apporta une boite blanche. Je l'ouvris pour découvrir son contenu... une robe blanche *Prada*. Je me demandai qui avait pu m'envoyer ça (je plaisante bien sûr). J'aurais tellement préféré que ce soit Vince, mais non. C'était Mr. Richie alias futur mari de B, alias futur amant de folie de B.

J'étais super contente, la nouvelle m'avait donné la pêche, il allait enfin m'oublier dans les bras de Blair ; et là il m'envoyait une robe. À votre avis, j'étais censée être joyeuse parce qu'elle était belle, ou me vexer parce qu'à force de m'envoyer des cadeaux pour m'habiller j'allai finir par croire que je n'avais pas de goût et qu'il ne voulait pas que je me fasse la honte au défilé ?

- Je sortis la robe que j'avais achetée. Elle était sublime : bleu nuit, elle étincelait et sublimait les mouvements. Juste au-dessus du genou bien sûr, pas plus, il commençait vraiment à faire froid.

La sienne, la mienne ? La sienne, la mienne ?

La mienne. J'allai poursuivre mon programme « repousser (les avances de) Richard ». Je mis ma superbe robe avec des escarpins assortis ouverts au bout, mon manteau de fourrure et hop, je filai.

Les filles ne sont jamais trop en avance, car en fait elles sont toujours en retard.

Je descendis au rez-de-chaussée. Ma mère préparait un smoothie (oui, les femmes qui ont assez de cartes de crédit pour se payer dix cuisinières savent utiliser un mixer).

- Waouh ! Tu es sublime !

- Je sais, je sais, plaisantai-je. Je file, à tout à l'heure.

*

- Fashion Week ! s'écria Daphné.

Nous étions à l'extérieur, le bâtiment allait ouvrir d'une minute à l'autre. Chad et Vince étaient là. Richard et Blair arrivèrent. Elle avait le sourire jusqu'aux oreilles. Je crois que malgré tout son possible, elle ne parvenait pas à cacher son excitation.

Mon manteau était entre-ouvert, pas beaucoup, mais assez pour qu'il voit que le tissu n'était pas blanc, mais bleu nuit.

- Tiens, tu n'as pas mis la robe que je t'ai fait envoyer ? lâcha-t-il, surpris.

- Alors, tu lui as envoyé une robe ? demanda Daphné.

- Oui, je voulais d'ailleurs t'en envoyer également une, mais j'ai été pris de court, je suis désolé.

- Ce n'est pas grave, c'est l'intention qui compte.

B et moi savions qu'elle n'en pensait pas un mot, mais politesse oblige.

- Tu sais, les filles sont du genre à prévoir ce genre de choses à l'avance, tu aurais dû lui offrir avant, conseilla Blair toujours aux anges.

- Exactement. J'ai été très occupé ces jours-ci avec les hôtels, mais je le ferai la prochaine fois.

Il n'y aurait pas de prochaine fois. Pense-bête : penser à le lui dire.

Le défilé fut superbe, tout en couleurs et tenues à tomber par terre. À la sortie je me retrouvai seule avec Richard, B et D étaient au pipi-room et on avait perdu Chad et Vince dans la foule des invités.

Nous étions dans le hall et Richard n'arrêtait pas de me regarder et de me sourire. J'avais hâte que Vince revienne.

- Pourquoi n'as-tu pas mis la robe ? demanda-t-il en souriant. Elle ne te plaisait pas ?

- Qu'elle me plaise ou pas, ce n'est pas le problème. Richard, arrête de m'offrir des choses, ce n'est pas correct, m'agaçai-je. Je suis avec Vince. Je sais ce que tu veux, mais ça ne marchera pas. Cesse de me couvrir de cadeaux, tu ne m'intéresses pas.

Je voyais bien qu'il était blessé, mais il resta humble. Ce n'était pas si grave, B allait très bien le réconforter, non ? Justement, elle arriva avec Daphné.

- Bon, alors, qu'est-ce qu'on fait ? Tu me raccompagnes ? supposa-t-elle.

- Pourquoi rentrer si tôt, on est samedi. La soirée n'est pas finie, si on allait prendre un verre tous les deux ? lui proposa-t-il.

- Pas si vexé que ça.

- Elle nous fit un clin d'œil avant de partir à son bras.

*

- Fraise ou mangue ? m'interrogea Vince.

C'était bizarre, j'avais déjà entendu ça quelque part. Nous étions dans sa chambre, ses parents étaient en voyage à Tahiti pour la semaine (c'est le chic de partir dans un pays où il fait toujours chaud alors que chez soi il fait -5°C). Nous n'avions pas envie de nous quitter après la F.W et il avait été super attentionné toute la soirée, c'était le bon moment. Alors mangue ou fraise ? Euh…

- Mangue, répondis-je au hasard.

Il me semblait que je n'avais jamais senti le parfum de ce fruit et je n'étais pas sûre de savoir à quoi ça ressemblait, mais bon…

Il mit la lumière la plus faible pour faire plus intime. Puis il a commença à déboutonner sa chemise ultra white… Oh, la température montait, je n'avais pas de fièvre au moins ? Tout à coup je me figeai : j'étais tellement moulée dans ma robe que j'avais peur qu'il ne puisse pas me l'enlever. Vous nous imaginez à galérer au déshabillage ? Ça gâcherait tout.

C'est le genre de pensée qui ferait mourir de rire Daphné. D'ailleurs, elle aussi était avec son chéri, ce soir c'était love pour tout le monde.

Vince se mit à m'embrasser en m'allongeant sur le lit et… chanson de *Rihanna* ! Mon portable sonna : Daphné. Qu'est-ce qu'elle voulait ? Ce n'était pas le moment du tout ! Je répondis quand même.

- J'espère qu'on ne vous dérange pas… Le chauffeur a pris sa soirée et Chad pense avoir perdu sa Carte bleue au défilé, me raconta-t-elle. Vince pourrait venir nous chercher ? On est coincé.

- D'accord.

Comment annoncer ça à Vince ? Il n'y avait pas beaucoup de chances qu'il me dise « OK, aucun problème ». Est-ce que le dicton qui dit que quand on pense à une personne elle se manifeste, existe vraiment ?

*

Je sais de source sûre (B) ce que je vais vous raconter. La soirée n'était pas terminée pour tout le monde. B et Richard avaient bu quelques verres - sans alcool pour B - et ils avaient fini à un des hôtels - McArfield bien entendu. Ils avaient pris une suite et avaient l'intention de passer un bon moment.

Il l'embrassait avec désir. Elle avait fait le « non, on ne devrait pas… Bon, d'accord », mais là elle ne cachait plus son envie. Il lui enleva sa robe et il était torse nu. Ils allaient le faire d'une minute à l'autre, quand soudain il eut la bêtise de dire…

- Non, attends.

Pénurie de préservatifs ?

- Je suis désolé, je ne peux pas. Je suis amoureux de quelqu'un, confia-t-il, gêné.

- C'est Julie, c'est ça ? comprit-elle.

- Oui. Je suis navré.

- Pas autant que moi.

Ce qu'ils firent après ? Ils se rhabillèrent gentiment et il la raccompagna. Grrrrrr ! B enrageait !

CHAPITRE 11 : Le plan FSR

- Je suis dégoûtée ! Ça m'a super frustrée ! Puis ta nouvelle déco me déprime encore plus, poursuivit Blair. Elle est tellement…

- Romantique, complétai-je.

On était chez moi, dans ma chambre fraîchement décorée.

- Ouais. Le seul truc bien c'est que ma déprime va me faire perdre deux ou trois kilos.

Eh oui. Vous, quand vous êtes triste, vous vous gavez de chocolat et de glace en regardant de vieux films romantiques. Les Princess, non. Elles ne mangent plus (sauf si trois petits haricots verts comptent).

On se sourit avec Daphné pendant que B sombrait dans son désespoir temporaire (quarante-huit heures tout au plus).

- J'aurai dû le faire boire deux fois plus, songea Blair, il aurait oublié Julie… Oh ! Ne m'en veux pas, c'est juste que j'aurai tant aimé.

- Ne t'inquiète pas, je comprends. Moi aussi j'aimerais qu'il m'oublie, pensai-je.

Vraiment. Totalement. Qu'il ne sache même plus qui je suis, ça aurait été le plus beau cadeau d'anniversaire.

J'essayai de lui remonter le moral, c'est vrai après tout elle avait déjà réussi à l'emmener dans une chambre d'hôtel, l'embrasser et le déshabiller. Un peu d'alcool et ça devrait se faire tout seul.

- Elle a raison, consentit D, il est du genre à réfléchir à ce qu'il fait. Il connaît toutes les règles de la bienséance, il a l'air plus anglais qu'américain, c'est peut-être le petit-fils caché de la Reine Mère.

On rit, oui B aussi. Il faut le connaître pour réellement comprendre tous nos fous rires à propos de lui.

J'avouai à Blair que j'avais un peu jeté Richard à la soirée. Elle était donc deux fois plus apte à le réconforter. Ce qu'elle ne comprit pas comme ça...

- Alors, c'est pour ça qu'il a pris une chambre, se rendit-elle compte en fronçant les sourcils. Il voulait t'oublier avec moi, je suis deux fois plus dégoûtée.

Oups ! Je rajoutai donc vite que plus il serait déprimé plus il aurait envie d'elle, plus il passerait de nuits avec elle plus il me lâcherait la grappe. Assez bien rattrapée, puisqu'elle se réjouit et dit qu'à partir de trois câlins c'est une vraie relation, et qu'il ne pourrait pas la quitter comme ça. Encore mieux que ce qu'elle voulait.

- Oui, s'exclama B, son visage s'illuminant tout à coup comme si elle avait bu un grand verre de vitamine C. Il me faut un programme soins avant le programme « Faire Succomber Richard ».

*

Samedi après-midi. Pour préparer le programme FSR de B, elle était à l'institut Plus Belle du C.C, on en avait profité pour être nous aussi plus belles. Après le hammam et le gommage, on se faisait masser au chocolat. Un vrai bonheur, pouvoir profiter du chocolat sans prendre un gramme ! En plus, on sent délicieusement bon, ça donne envie à votre Jules de vous croquer toute crue, vous devriez essayer.

- Je sais ! s'écria B, qui au passage réveilla D. Je vais faire un massage à Richie, avec des mains comme les miennes il ne pourra plus se passer de moi.

Il n'avait pas de problème de dos à ma connaissance, ce qui aurait facilité la tâche de B. Mais ça ne la dérangeait pas du tout, elle trouverait sûrement un autre moyen avec son imagination débordante. Pendant qu'on se faisait masser, elle pensait à plusieurs scénarios à la fois. Ce qui eut pour conséquence de lui faire beaucoup trop penser à lui. Et ce qui eut pour autre conséquence d'avoir envie de lui sauter dessus dès qu'elle le verrait.

- Monsieur petit british serait outré, plaisantai-je.
- C'est un super surnom ça, pensa D, on pourra parler de lui sans qu'il le sache.
- C'est ainsi que Richard McArfield fut rebaptisé le petit british.

*

Tandis que mon plan « repousser Richard » pouvait se résumer en une règle : ne pas rester seule avec lui, ainsi il ne pourrait pas me faire des avances, le plan FSR était un vrai programme comme je pus le voir dans le mail que B nous avait envoyé.

Hello, toi ! Le programme FSR est établi :

Phase 1 : me retrouver par hasard à une soirée pour renouer le contact avec Richie (le petit british)
Phase 2 : me faire inviter à déjeuner, au pire l'inviter
Phase 3 : me faire inviter à dîner
Phase 4 : me rapprocher (physiquement et moralement) de Richard
    a) Aller avec lui à la soirée de l'association pour enfants
    b) Le fameux massage
Phase 5 : passer « par hasard » devant sa chambre d'hôtel et en profiter pour aller le voir, et…
Après être séduit pour une nuit il sera séduit pour la vie.

Voilà, dis-moi ce que tu en penses.

Bises, B

Ce que j'en pensais ? Je le trouvais un peu trop long et trop précis, presque irréalisable à vrai dire. La phase 1 était logique, la 2 pas mal, la 3 sublime, la 4 délicate, et la 5 le happy end de la succession logique. L'association à laquelle il participe était une bonne idée, mais le massage - bien qu'acte très sensuel et dérivatif vers d'autres pensées - était difficile à accomplir. B est très imaginative et sait y faire avec les hommes, néanmoins elle devait bien réfléchir à comment s'y prendre. C'était précis comme un scénario, s'il se passait un imprévu elle pourrait être perdue.

Une communication à trois s'imposait.

- C'est génial, non ? s'extasia-t-elle.
- Un peu trop génial peut-être, dis-je.
- Comment ça ?
- Trop millimétré, je pense, compléta D.

En tant que meilleures amies nos cerveaux sont connectés, on peut dire qu'on a un cerveau pour trois si vous préférez. Attention ça ne veut pas dire qu'on est stupides, loin de là, blondes, mais intelligentes et rusées c'est possible (si, si).

On lui fit comprendre que ce n'était pas un film et qu'elle ne pouvait pas tout prévoir. Ça la déçut un peu, elle promit d'y réfléchir. En attendant, elle décida de finir sa disserte de littérature. Sa mère avait eu une soudaine envie de shopping le matin, et l'avait entraînée faire les magasins les plus chics, ce qui avait retardé B dans ses devoirs. Aucune fille normale n'aurait refusé.

*

- Les soins de Plus Belle ont fait de nous des filles encore plus sublimes, mais moi particulièrement.

Réunion avec D, B et moi chez future madame McArfield. Après le massage au chocolat à l'institut, on s'était offert un masque à l'abricot spécial éclat, une épilation super précise et un brushing.

B avait décidé de ne pas changer ses projets concernant le petit british. On avait beau lui dire que ça lui prendrait des semaines pour atteindre son but, elle était sûre qu'ils seraient ensemble pour janvier.

- Sublimes, sublimes, les BDJ. B comme braise, D comme délicieuse et J comme jolie, dit B.

Elle nous avait appelées pour les tenues qu'elle avait choisies pour séduire Richard. Pardon le petit british.

Elle avait étalé les vêtements sur son lit. Pour la phase 1 elle avait prévu une robe cocktail *Chanel* couleur corail (ou saumon si vous ne parvenez pas à situer la nuance) ; pour la phase 2 une jupe sage Dior et un pull qu'elle réservait aux « garden parties » ; pour la 3 une robe bleu ciel ajustée à la taille *YSL* avec des volants et de la dentelle (qu'elle appelait sa robe poupée de porcelaine) ; pour la 4a une robe fourreau noire *D&G*, la 4b un jean noir moulant Chloé et un pull rouge qui tombait sur une épaule (pratique pour le massage et sexy) ; la 5 une robe *Gucci* vert d'eau en soie.

- Tu ne crois pas qu'elle devrait inverser la tenue de la phase 2 avec celle de la phase 4a ? me questionna D. La jupe et le pull seraient mieux pour l'association

- Attends, je n'ai pas envie de ressembler à Hilary Clinton, avertit notre amie, je vous rappelle que je dois allumer le petit british.

- De toute façon, répondis-je après une courte réflexion, il faut être bien habillé pour ce genre de soirée, si elle met cette robe au déjeuner il va comprendre qu'elle veut le draguer.

Il finirait bien par le comprendre. Mais il devait être un minimum dans ses filets quand tel serait le cas, pour ne pas avoir envie de lutter, bien autre contraire.

*

Pour amorcer la phase 1, Blair avait trouvé la soirée idéale : un vernissage auquel elle était convaincue qu'il serait (comme toute la moitié de New York). Le passage le plus important suffira - toujours selon ma source (B).

- Blair… Bonsoir.

Il était gêné et ne savait pas quoi dire. Il aurait certainement réfléchi s'il avait su qu'elle serait là. Mais Blair, elle, y avait bien pensé. Et feindre l'embarras était une idée géniale, ça faisait croire qu'ils pensaient la même chose à propos de ce qui s'était passé. Après les politesses d'usage, il s'est empressé de mettre les choses au clair.

- Pour ce qui est arrivé, ou qui aurait dû arriver en tout cas, je pense que ce serait mieux que ça reste entre nous, et qu'on oublie.

- Je suis tout à fait d'accord, mentit-elle.

- Bien…

Il parut plus détendu. En fin de soirée, B glissa discrètement dans la discussion qu'un nouveau restaurant chic ouvrait la semaine d'après. Il dit qu'il irait peut-être, et ne comprit pas la perche qu'elle lui tendait. Elle dut insister un peu, mais finement en disant qu'elle adorerait y aller, mais que seule ce n'était pas drôle - D et moi étant soi-disant prises ce jour-là. Politesse oblige, n'oublions pas que c'est notre ami le petit british, il lui proposa d'y aller en sa compagnie.

Phase 1 terminée et super bien accomplie.

*

En ce qui concernait ma nuit d'amour avec Vince, on avait décidé d'attendre le printemps. Primo parce que c'est la saison des amours, et secundo parce que nos maisons respectives seraient toujours remplies dans les semaines à venir, et mes parents partent toujours en voyage au début du printemps pour fêter la fin de l'hiver.

J'étais en train d'imaginer comment m'habiller dessus, et dessous bien sûr, quand on frappa à la porte de ma chambre. La tête de Blair apparut dans l'entrebâillement. Elle entra et referma la porte derrière elle, secret en vue ?

- Tu t'es trompée dans ton plan avec Richard ? demandai-je en voyant son air incrédule.

- Non, répondit-elle en s'asseyant sur le lit près de moi, c'est encore pire… Je ne sais pas où est Daphné et tu ne répondais pas au téléphone, il fallait absolument que je te parle. Richard m'a invitée à dîner.

- Mais c'est super ! Pourquoi tu fais une tête pareille ? m'étonnai-je.

- Avec des amis, autrement dit quatre ou cinq personnes.

- Ah…

Voilà pourquoi il ne faut jamais tout prévoir de A à Z pour quelque chose. On peut toujours prévoir ce qu'on va dire ou faire, mais on ne peut pas en dire autant pour la personne en face.

Elle pensait naturellement qu'ils dîneraient seuls. Richard croyait qu'elle voulait être amie avec lui, pour de vrai. Et mettre sa robe poupée de porcelaine ce soir-là aurait mis la puce à l'oreille aux autres invités sur ses réelles intentions.

Bon, essayons tout de même de rattraper cet imprévu de taille… Réfléchissions : peut-être que ça ne gâchait pas son plan pour un dîner à plusieurs, s'il pensait qu'ils étaient vraiment amis il l'inviterait à dîner seule avec lui puisque c'est ce qu'on fait entre amis… Finalement, ce n'était pas si horrible que ça, mais toujours crescendo. Il s'attacherait à elle sans s'en rendre compte, surtout après la soirée de l'association pour enfants.

Il ne manquait qu'un détail : trouver à B sa nouvelle tenue.

- On va t'acheter une robe sobre à imprimés, décidai-je, et tu mettras des collants blancs opaques et un trench noir.

Oui, les Princess préfèrent faire du shopping que de regarder dans leur penderie de 50 m2 si elles ont ce qu'elles cherchent, c'est plus fatigant, mais plus amusant.

- Je ne montre pas mes jambes ? se déconcerta-t-elle.

- Non, D te dirait que les jambes nues c'est une arme de séduction. « Habits sobres » égal « repas entre amis », égal « le petit british est un ami », égal « l'effet que tu souhaitais ».

- Okay. Heureusement que tu étais là, j'étais au bord de la crise.

CHAPITRE 12 : Une soirée mère-fille

Le soir du dîner, B nous appela. Ça avait été un succès, le petit british avait passé une bonne soirée et il était ravi qu'elle s'entende avec ses amis. À défaut de l'avoir séduit lui, elle avait totalement séduit ses proches. B avait été la plus polie et agréable des jeunes filles de bonne famille. Le programme FSR était en bonne voie.

Ce soir-là ma mère était dans la cuisine et préparait de la crème dans un bol. Non, elle n'allait pas la manger, c'était pour un masque maison. Elle me proposa de regarder un film ensemble. J'étais heureuse de passer la soirée avec ma mère, une vraie soirée entre filles, c'était génial. Tant qu'elle ne parlait pas du petit british.

Elle rajouta de la crème dans le bol et remua.

- Le temps d'un automne, ça te dit ? s'enquit-elle.

- Oui, dis-je en souriant. Je vais chercher des mouchoirs.

À mon retour elle coupait des rondelles de concombre. On alla dans le salon et on s'assit confortablement sur le canapé beige bien moelleux.

- Ferme les yeux, me dit ma mère en me mettant le masque sur le visage à l'aide d'un pinceau. Alors, quoi de neuf au lycée ? Raconte-moi les potins, ça me manque tellement les soirées entre copines quand j'avais ton âge.

- Eh bien, Ashley Simson serait enceinte. Elle sortait avec Casey un footballeur, racontai-je, et elle est assez tête en l'air tu sais, et entre le cinq et le sept de chaque mois elle retrouve B aux toilettes pour lui demander de lui « sauver la vie ». Mais ce mois-ci elle n'est pas venue.

- Mon Dieu… Mais Ashley n'est-elle pas la fille d'Edouard Simson, le pasteur ? se stupéfia-t-elle.

- Si. Voilà pourquoi c'était la rumeur à la une.

Un scandale qui ne parle que de vous c'est une chose, mais quand ça entraîne votre famille, ça finit en tourbillon médiatique version Princess.

Ma mère se désola, tous les protestants de New York ne jurent que par lui, avoir une fille enceinte quand on prône la virginité jusqu'au mariage...

Les rumeurs allaient bon train. Y a-t-il de pire endroit au monde que le lycée pour ce genre de choses ? Les gens sont de nature à s'intéresser à la vie des autres, surtout aux détails croustillants, et surtout quand la leur est insipide. Et critiquer à plusieurs une personne, c'est la meilleure des causes de devenir amis à seize ans.

- Aussi, repris-je, tout le monde dit qu'un prof de littérature, monsieur Collins et une élève sont ensemble.

- Hum... Ça me rappelle quand je suis sortie avec mon prof d'histoire de l'art. Quel bon souvenir. Ceci dit ça n'a duré que trois mois, c'était une histoire sans avenir et puis j'ai rencontré ton père ensuite.

Quelle histoire ! Ma mère - d'accord, qui avait eu un jour dix-neuf ans, ce que les enfants ont toujours du mal à imaginer - avait eu une histoire avec un prof !

Elle me raconta alors que ce fameux prof avait les cheveux noirs, des yeux pétillants, vingt-sept ans maximum, et parole de maman, qu'il était très attirant. Toutes ses copines craquaient sur lui, et elle ne le lâchait pas du regard en cours. Ce qui finit par attirer l'attention de ce prof, si séduisant, et son sourire s'attardait un peu plus à chaque fois. Contre toute attente, il lui demanda un jour de rester après la fin du cours...

Je commençais à regarder ma mère autrement ! Une aventure avec un prof, c'est la chose la plus surprenante que j'ai apprise sur elle cette année-là, je crois. Et même depuis.

- Waouh !... Il aurait pu être mon père, m'abasourdis-je.

- Non chérie. Il était pauvre, précisa ma mère, et c'était une histoire basée sur le physique, il n'y avait pratiquement pas d'amour entre nous, juste de l'attirance. Nous n'avions pas d'avenir ensemble.

- C'est incroyable, tu ne m'as jamais raconté ça, dis-je, surprise.

- Tu étais trop jeune. Et puis je te l'aurai raconté quand ? Entre le caviar et le potage, devant ton père ?

Je ris. Alors, papa ne savait pas et ma mère disait qu'il n'y a pas de raison qu'il le sache. Selon elle, ça le rendrait jaloux alors que ça s'était passé il y a une vingtaine d'années, et les hommes sont puérils parfois, il serait capable d'être jaloux d'un souvenir. Super, un vrai secret de taille entre ma mère et moi.

À ce propos, elle se désolait de ne me voir qu'avec Vince, et que je ne « butine » pas un peu. Je lui assurai être bien avec lui, mais ma mère s'affligea que je sois aussi sage, à mon âge. Au mien, elle changeait de petit ami tous les deux mois. Oui, comme Blair et Daphné pensai-je, ce qui me fit sourire, mais maintenant D avait trouvé son futur mari.

Le « butinage » est un des plaisirs de la jeunesse. Toute Princess qui se respecte doit en passer par là. Leur deuxième passion : les mecs ! Quant à mon couple, il était loin d'être en crise. Mais il n'y avait plus la fougue du début, peut- être qu'elle reviendrait au galop après notre première nuit, quand nous serons « vraiment » ensemble.

- Et Richard ? me demanda ma mère.

- Il va épouser Blair.

Elle manqua de s'étouffer avec son assiette de crudités.

- Quoi, elle veut l'épouser ? s'affola-t-elle. Qu'est-ce que tu attends ? Tu ne peux pas la laisser faire. C'est Blair, elle va forcément le séduire.

- Tu veux toujours que je sorte avec lui ? me consternai-je.

- Si tu l'épouses, je mourrais heureuse.

Là, je crois que je ris deux bonnes minutes. Comment mener sa vie en fonction des désirs de sa mère, ça aurait été un très bon exemple. Si je l'avais fait.

Richard était toujours le meilleur parti de la ville aux yeux de tous, et le gendre idéal à ceux de ma mère. Bon, finalement elle avait parlé de lui. Mais peu importait, on avait passé une bonne soirée.

CHAPITRE 13 : Le lycée et ses rumeurs

Une fille doit toujours faire un tour minimum dans la journée au pipi-room pour vérifier son maquillage et sa coiffure – bien que pendant environ six heures son visage soit face au professeur et pas aux trois cents élèves – (NB : toujours être impeccable au déjeuner, mais aussi à 8 h à l'arrivée, comme à la fin des cours, moments où les élèves sont le plus attentif). De plus, le pipi-room est le lieu d'où partent la plupart des rumeurs.

Mais bon, aujourd'hui c'était maquillage, à la base en tout cas. J'entrai avec Daphné afin de retoucher notre gloss. Deux filles discutaient, chacune aux toilettes, comme ça arrive souvent.

- Je sais, c'est horrible, dit l'une d'elles.

Sa voix me disait quelque chose.

- Mais comment tu as pu en prendre autant ? demandé l'autre.

- Tu sais comment c'est : ma mère a passé la journée à me dire de manger de la salade, et le soir je suis passée devant une excellente pâtisserie. J'ai vu une part de moelleux au chocolat, je n'ai pas pu m'empêcher de l'acheter.

Daphné et moi nous regardâmes. Elles ne nous avaient pas entendues entrer, aucune fille ne parle de cette nourriture-là en public. Il y a deux univers, les légumes et fruits d'un côté dont on peut discuter sans problème, et de l'autre les gâteaux, pâtisseries et compagnie qu'il ne valait mieux pas mentionner.

- Maintenant, je me retrouve avec une robe immonde, se désespéra la première, et je fais presque du quarante-deux.

Daphné ouvrit la bouche, abasourdie. Un train aurait pu y passer. Je mis mon doigt sur mes lèvres pour lui dire de ne pas faire de bruit. On rangea notre maquillage silencieusement et on se cacha

71

derrière les toilettes sur la gauche où il y avait un espace vide et d'où même des lavabos on ne vous voit pas. Endroit que les filles utilisent de temps à autre pour flirter.

Cette voix c'était celle d'Ambre Carlson. Depuis quelques semaines, elle mettait des robes ajustées à la poitrine et amples en dessous, portait également sa jupe d'uniforme plus longue et remontée à la taille. Et elle nous faisait croire que c'était la mode en ce moment à Milan où son père était allé pour affaires. Quelle menteuse ! (Mais d'un autre côté c'était bien imaginé).

- Alors, tu as pris des fesses aussi ! s'horrifia la confidente.

Contrairement aux autres, moi je n'aimerais pas ne pas avoir de fesses. J'adore les miennes qui sont joliment rebondies, un cadeau du ciel.

- Heureusement que tu n'as pas pris du visage, comme ça personne ne le sait, poursuivit-elle.

Personne, c'était vite dit. D dégaina son nouveau portable à la pointe de la technologie et écrit le message suivant :

Message concernant Ambre Carlson : <u>Ceci n'est pas une rumeur</u>
Miss Carlson alias le péché gourmandise : hypocrite qui a pris 10 kilos et cache ses rondeurs derrière ses robes soi-disant haute couture.

Mentir à une personne c'est une chose, mais mentir à tout le lycée était une grave erreur. On se devait de le dire aux autres.

Elles sortirent, vérifièrent leur make-up et allèrent dans le couloir. Inutile de vous dire qu'à peine sortie, tout le monde dévisageait Ambre. Eh oui, la technologie c'est rapide de nos jours. Et puis « les autres » ce n'était pas cinq ou six personnes, mais plus de la moitié du lycée. Il suffit d'appuyer sur « envoyer à : liste d'amis » et c'est fait (ne pas appuyer sur « tous les destinataires », vos parents et votre arrière-grand-mère qui joue au bingo n'ont pas besoin de savoir).

Après ça, lancer une nouvelle tendance, c'est du gâteau. Et pour Ambre, avoir des amis serait plus difficile que de nager avec des poids attachés aux chevilles, peut-être qu'il lui resterait sa confidente du pipi-room. Et encore.

CHAPITRE 14 : Le plan FSR en bonne voie

- C'était incroyablement touchant.

B touchée par une association, c'était nouveau. N'allez pas penser qu'elle n'a pas de cœur, c'est juste qu'à seize ans on se sent plus concernée par les fringues et la dernière coupe tendance.

Elle nous avait invitées chez elle pour une soirée entre filles qui contrairement à la mienne était faite de meubles modernes et de couleurs choisies dans le bordeau et blanc.

- Tous ces enfants avec un regard tellement triste quand ils sont arrivés, ils étaient tellement mignons quand ils ont reçu leurs cadeaux et qu'ils ont mangé le repas préparé spécialement pour eux. Ils souriaient, leurs yeux pétillaient et ils étaient tellement heureux.

Waouh, trois « tellement ». Blair était vraiment émue. C'est à partir de ce moment qu'elle est devenue une ambassadrice d'associations pour enfants.

B était réellement dans son trip, on était ravies pour elles, mais on voulait les détails en ce qui concernait son plan FSR.

- Il était comblé que ça me touche autant, dit enfin Blair. Il me prenait sûrement pour une fille superficielle. On a parlé longtemps, et ce soir il m'a regardée différemment.

- De quelle façon ? Genre attendri ? proposa D.

- Ou genre attiré ? rajoutai-je.

- Un peu les deux je crois, répondit-elle. Attendri au début, et puis après il me regardait avec insistance... oui, il avait l'air attiré.

Ah... Qu'on appelle le père Noël, j'avais déjà eu mon cadeau cette année. Le seul que je désirais vraiment. J'avais dû être bien sage.

Il était enfin séduit, dans trois semaines il serait dans son lit. Et avec un peu de chance, dans six mois elle aurait la bague au doigt.

D'ailleurs, elle voulait un diamant aussi gros qu'un bouchon de bouteille d'eau minérale. Ça, c'était notre Blair. Elle revenait petit à petit sur terre.

Blair la braise avait encore frappé. Maintenant, phase 4b.

*

Un peu avant Thanksgiving, le cercle des Princess se réunit pour fêter en avance - mais sobrement bien sûr, autrement ce ne serait pas correct - ce jour si spécial. La plupart aiment bien partir en vacances, à la montagne au ski, sur des îles paradisiaques au soleil, ou dans leur famille peu importe où dans le pays. C'est l'occasion de se souhaiter de bonnes fêtes. Pas de cadeaux, mais un repas et une soirée agréables, bien souvent.

Le rouge, le noir et le vert sont les couleurs privilégiées, mais les autres ne sont pas exclues tant que les robes sont jolies et dans l'ambiance. Pour les hommes, smoking de rigueur. Tout le monde est beau et élégant, et détendu, les vacances étant bientôt là. Daphné était en *D&G* noire, B en *Chanel* de soie rouge, et moi en *YSL* de mousseline bleu nuit qui allait très bien avec le blond miellleux de mes cheveux.

- Que j'adore l'avant Thanksgiving, dit Daphné avec joie, les plats et le chocolat...

- Surtout le chocolat, rajouta B. Oh Seigneur, que Dieu me pardonne cette pensée impure.

D et moi éclatâmes de rire. Oui les Princess aiment les friandises, comme les filles normales. Ça me fit penser qu'il y a deux sortes de Princess : celles qui connaissent toutes les pâtisseries, bonbons et chocolats par cœur pour savoir combien chacun contient de calories, mais aussi par passion (à défaut de les manger, on peut les connaître ou les cuisiner pour les autres) ; et celles qui ne savent même pas ce que c'est et qui n'en ont jamais entendu parler (de cette façon, on n'est pas tenté).

Mon regard croisa celui du petit british - ne vous inquiétez pas, ce n'était pas le mien qu'il cherchait, mais celui de B. C'est pour ça qu'il regardait dans notre direction.

- B, le petit british te cherche du regard, avertis-je. Ne te retourne pas tout de suite.

- Je n'ai pas l'intention de me retourner. À vrai dire, je vais l'éviter toute la soirée. C'est une nouvelle tactique pour arriver à mes fins, expliqua notre amie.

Elle nous parla alors de cette nouvelle tactique : elle l'ignorerait, mais juste ce soir pour souffler le chaud et le froid très vite. Ça le déstabiliserait un peu et il se rendrait compte qu'il tenait à elle, s'il ne le savait pas déjà, et aurait l'impression qu'elle lui échappe. Tactique d'ailleurs qui a souvent fait ses preuves auprès des hommes.

Nous allâmes nous mettre à table, notre ventre criait famine. Le petit british nous aperçut et nous rejoignit. B ? Elle ne dit rien, ne le regarda pas et avait l'air captivée par les couverts.

- Blair, ravi que tu sois là, la salua-t-il.

- Mais moi aussi je suis ravie, d'être là.

D et moi avons dû étouffer un rire.

Au moment du plat principal, Blair avait à peine desserré les lèvres pour les politesses d'usage, pendant que Mister McArfield essayait d'engager la conversation et d'attirer son attention.

- Blair, ça va ? s'inquiéta-t-il. Tu n'as pas dit grand-chose depuis le début du dîner.

- Tout va bien. Julie, j'ai oublié de te dire, Edouard m'a invitée à dîner, tu imagines ?

- Oui, je vois, répondis-je. Fais attention, le petit british pourrait être jaloux.

Edouard ? Je ne savais pas qui c'était, je crois même qu'il n'existe pas, mais j'entrai dans le jeu de B.

- Vous connaissez un anglais ? s'enquit Richard.

- Oh oui, dit B, c'est un anglais typique avec toutes les bonnes manières. Excusez-moi, rajouta-t-elle en quittant la table.

Je la retrouvai, et à mon retour, le petit british avait l'air inquiet. Il se leva de sa chaise en me demandant si elle était malade. Daphné était calme et profitait de la soirée, elle savait que c'était le plan de Blair. Je prétextai de la fatigue.

Waouh… Le petit british s'en faisait vraiment pour B. Elle l'avait conquis plus qu'elle ne l'avait prévu. Ce n'était pas de la politesse qui dominait, mais des sentiments. À savoir lesquels, ça…

Enfin, il promit de l'appeler le lendemain pour savoir si elle allait mieux.

CHAPITRE 15 : Un chocolat des Choc Gold… mais un seul…

En effet, il l'appela. B fut plus chaleureuse et « touchée » qu'il s'inquiète pour elle (en vérité, non, mais c'est le mot qu'elle employa). Selon elle, rien ne la toucherait jamais autant que les enfants de l'association.

Rassuré qu'elle soit vivante, il se rendit en centre ville pour faire les achats de Noël. C'est là que je tombai sur lui. Il m'offrit de faire les magasins ensemble et on marcha quelques minutes.

- Une bijouterie, me fit-il remarquer. Tu as un bijou à acheter ?

Je ne savais même pas ce que je voulais offrir à mes proches, je n'avais pas fait de liste. J'étais juste là pour un après-midi shopping pour une seule personne : moi. Finalement, je n'achetai rien dans la première bijouterie, mais je trouvai de très jolies boucles d'oreilles couvertes de rubis pour ma mère dans la deuxième. Et un collier en or pour moi, j'avais le droit de me faire plaisir. Pour D j'avais choisi des escarpins fraîchement sortis de l'usine et de toute dernière tendance. À ce prix-là il y en avait une centaine dans tout le pays, D ne serait pas jalouse de tomber sur une autre fille avec les mêmes, à moins qu'elle aille au Texas.

Quant à Richard il avait vu une paire de bottes pour B. J'avais une folle envie de sauter sur place : il s'intéressait à ma meilleure amie et de plus il me regardait seulement comme une amie désormais. Miracle.

- Blair fait du trente-sept ? s'enquit-il.
- Trente-huit.
- Heureusement que tu es là, elles auraient été trop petites. J'espère que ça lui plaira.

Ça, c'était sûr. Mais le problème, c'était que B n'avait pas prévu de faire de cadeau au petit british dans son programme. Il fallait absolument que je me rappelle de lui dire.

En sortant de la boutique, il me dit :

- J'ai acheté des bottes pour...

- Qu'elle n'ait pas froid, je sais, poursuivis-je.

J'y avais eu droit moi aussi, version manteau de fourrure. Les bottes de B aussi n'étaient pas mal : Noires en cuir avec des talons de sept centimètres transparents.

Il tint à entrer chez un chocolatier très connu à NY pour ses chocolats merveilleusement bons et originaux. Sauf que le petit british avait l'air d'avoir eu un petit trou de mémoire : vouloir faire entrer une Princess chez un vendeur de chocolats est un sacrilège. Vous ne verrez jamais une Princess pousser la porte d'un chocolatier, elles envoient toujours la bonne ou la cuisinière. Autrement, il faut y aller chapeau enfoncé jusqu'aux sourcils, lunettes de soleil noires sur le nez et écharpe montée jusqu'au menton (heureusement qu'on en achète qu'en hiver).

Je lui dis donc que j'avais un coup de fil à passer et il y alla seul. En ressortant, il me tendit une boite dorée. Ce n'était quand même pas des chocolats ?

- Je t'ai pris des Choc Gold.

Et les plus raffinés en plus ! Il recommençait à m'agacer.

- J'ai pensé que ça te ferait plaisir.

Mais qu'est-ce qu'il avait avec cette phrase ! En plus, deuxième sacrilège, il m'en offrait. Une Princess pouvait contempler la boite parce qu'elle est jolie, l'ouvrir à la limite, mais pas en manger, jamais au grand jamais ! On offre une boite à la famille, pas à une personne en particulier, sinon ça voulait dire qu'elle devait la manger toute seule.

Tant pis, je la donnerai au chien... Sauf qu'on n'avait pas de chien... Bon à Maria, j'étais sûre qu'elle serait contente (même si elle allait me dire une fois de plus que les femmes minces de son pays sont plus grosses que moi).

- Non.

- S'il te plaît.

Croyez-moi, j'avais essayé de donner ces chocolats à Maria, mais elle ne voulait rien entendre.

- C'est un cadeau de Monsieur Richard, tu dois le garder, protesta-t-elle.

- Ce n'est pas un cadeau, ce sont des chocolats. Tu sais que je ne les mangerai pas.

- Tu devrais, ça te ferait prendre un peu de poids.

Qu'est-ce que je disais ? Ceci dit, si les friandises faisaient prendre du volume là on le voudrait, comme la poitrine (ou les fesses – je dois être la seule fille de Manhattan à penser ça), toutes les Princess se gaveraient. Le problème, c'est que ce n'est qu'un rêve, et lorsque vous mangez du chocolat il y a plus de chance que vous preniez des centimètres au niveau du ventre ou des cuisses. Alors, non merci, vraiment.

- Hors de question, ils sont pour toi et tu les mangeras, insista-t-elle.

Dans une autre vie peut-être.

- D'accord, cédai-je après un soupir.

Avec cette boite de vingt chocolats, et trois jours autorisés par an, j'en avais pour 6,6 années exactement. Je le montai donc dans ma chambre. Posée sur ma coiffeuse ça faisait "so romantic", la couleur dorée de la boite ressortait bien sur le blanc.

J'admirais ce merveilleux accord de couleurs quand mon téléphone sonna : Vince. Super, il me manquait et je devais passer la soirée avec lui.

- Oui, mon cœur, dis-je en décrochant. Je me languis de te voir, on pourrait dîner au restau végétarien.

- Je suis désolé, je ne peux pas venir.

Waouh, sa phrase avait fait s'envoler toute mon excitation et m'avait refroidie d'un coup. Pire qu'un glaçon.

- Mon frère a besoin de mon aide pour une disserte qu'il doit rendre demain, m'expliqua-t-il. On va y passer une bonne partie de la soirée. Je suis vraiment désolé, tu sais qu'il ne peut pas se permettre d'avoir un C.

Les parents de la jeunesse de Manhattan attendent beaucoup des notes qui doivent toujours être excellentes – A, A- au pire – prévoyant leur entrée dans une université prestigieuse (Yale, Harvard par exemple), pour assurer l'avenir de leurs petits trésors. Si ce n'est pas le cas, ils utiliseront certainement leurs dollars pour payer leur entrée. Bien sûr, si votre enfant se marie après le lycée avec une personne très riche et prestigieuse, ils y voient rarement un inconvénient. Le seul désavantage ce serait de ne pas profiter de la liberté et des fêtes de la fac.

- Bien sûr… Bon, tant pis, soupirai-je, à demain.
- Bonne soirée, je t'embrasse.

Je raccrochai. Un « je t'aime » c'était trop demandé ? 1) Il annulait, 2) J'avais juste eu droit à un « bonne soirée ». J'étais passée de la joie à la déprime en quelques secondes. Ma moquette rose me redonnait le moral habituellement parce que c'est une couleur tellement douce et elle me rappelait que j'étais amoureuse. Mais là, elle était bleu pâle et me rappelait juste que je n'avais pas eu droit à mon « je t'aime », c'est la moindre des choses quand on annule une soirée. O.K, les filles en font des tas parfois, mais il devrait le savoir.

C'est là que mon regard s'arrêta sur la boite dorée. J'étais irrésistiblement attirée. Ma main l'ouvrit comme si mon cerveau ne contrôlait plus mes membres. Est-ce que j'aurai l'audace d'en approcher un de ma bouche ? Ah, si je pouvais me brûler en touchant un de ces merveilleux chocolats. Mais non. La surface était douce et lisse et une odeur délicieuse embaumait ma chambre. Chaque rangée était différente, lequel allai-je prendre ? Chocolat noir nature, chocolat au lait fourré à la praline, chocolat blanc fourré au caramel… Il y en avait tant.

Mon doigt se dirigea vers un au caramel enrobé de chocolat noir… Quel délice, j'adore cette combinaison de parfums. Je le croquai, un tout petit morceau au début, du bout des lèvres, huuum… Puis je le mangeai tout en entier ensuite. Pourvu que ma mère n'entre pas à ce moment.

Avoir mangé un chocolat avant Noël, ce serait un secret que je garderai pour moi, que j'emporterai dans ma tombe, motus et bouche cousue, chut ! Ah... On se sent mieux quand même après une friandise qu'on n'aurait jamais dû manger et qu'on est déprimée. Et puis le chocolat ça rend heureux, non ? Bon... Refermage de boite de Choc Gold et direction bureau pour les "exos" d'algèbre (mon cerveau allait tellement être en surchauffe qu'il brûlerait toutes les calories de ces deux centimètres carrés de pur bonheur, c'est obligé).

CHAPITRE 16 : Un nouvel ami… différent

Le lendemain, fatalement on culpabilise, même après une heure et demie d'algèbre. Alors pour ne pas accumuler les toxines (et les calories) je bus un grand verre d'eau au petit déjeuner et un autre de jus d'oranges fraîchement pressées pour mon cerveau qui avait un peu fatigué la veille. Maria m'en fit bien sûr la remarque, elle aurait évidemment préféré que je prenne des œufs brouillés, des toasts et du bacon grillé. Mais quand je lui confiai que j'avais mangé une friandise la veille elle sauta presque de joie, pensant que je commençais à changer mes habitudes.

C'est donc le cerveau éveillé et l'organisme détoxifié que j'allai au lycée. Au fait, ça faisait combien de calories un chocolat au caramel de Choc Gold… ? Aie ! Je rentrai dans un garçon. Tous les livres que je tenais tombèrent, les siens aussi.

- Excuse-moi, je suis désolé, j'étais perdu dans mes pensées, s'excusa-t-il.

Lui aussi ? Peut-être qu'il pensait à combien un cheeseburger contient de calories. Beaucoup trop en tout cas. Il m'aida à ramasser mes affaires. Je lui tendis un livre.

- Ah non, celui-là c'est le tien, me dit-il avec un sourire.

Un seul chocolat pouvait réellement vous faire mélanger les pinceaux.

On se releva. Il était brun aux yeux bleus. Était-il nouveau ? Les bruns se remarquaient vite ici. Les gènes de son père avaient dû prendre le dessus, ce qui est rare, mais il était plutôt mignon.

- Encore désolé, reprit-il.
- Ce n'est rien, je t'assure.
- Bon, bye.

Après deux heures de littérature et une heure d'histoire (que je détestais ce jour-là) je me rendis à la cafétéria pour le déjeuner. B m'envoya un message :

Peux pas venir déjeuner, devoir à finir d'urgence, désolée.
D est avec Chad en pleine séance de bisous. À tout.

B avait l'habitude de faire ça, entre deux phrases rédigées elle mangeait une pomme, ça lui permettait de perdre 25 grammes. Quand à D, elle viendrait dès qu'elle aurait fini, il fallait bien qu'elle s'occupe de son futur mari. Bon, mais à qui j'allai parler du livre assommant qu'on étudiait en ce moment ? J'avais des amies évidemment, mais elles ne pourraient jamais remplacer B et D.

- Tant pis, je garderai ça pour plus tard, je lirai un magazine.

Je pris une salade composée, un yaourt au citron, et je m'assis à une table où il n'y avait personne. En général, ça veut dire : 1) que vous êtes déprimée, 2) que vous êtes bannie du cercle privé. Mais non, j'avais juste envie de calme pour me plonger dans les articles sur Posh (Victoria Beckham), Lilo (Lindsay Lohan), et Nicole (Richie), sans oublier les pages make-up et sacs. Alors, je choisis une table *vraiment* à l'écart, dans la deuxième salle où il y avait peu de personnes, cinq tout au plus, aujourd'hui c'était deux.

Je feuilletais mon magazine en mangeant ma salade, mémorisant les dernières nouvelles des stars pour B et D. Bizarre… on retient mieux ces choses-là que les cours… J'en étais à la page des sacs, quand je vis du coin de l'œil quelqu'un s'asseoir au bout de ma table de huit personnes. Je tournai la tête et il me regarda. C'était le garçon qui m'avait bousculée, ou l'inverse, je ne savais pas.

- Salut. C'est moi qui te suis rentré dedans tout à l'heure.

Il se leva et s'assit en face de moi. Il aurait peut-être pu me demander…

- Moi, c'est Maxime, se présenta-t-il en me serrant la main.
- Julie Rosenfield, répondis-je.

Il s'était bien rattrapé. En attaquant son assiette de pâtes à la carbonara, il remarqua que je lisais un magazine, ce qui nous amena à discuter littérature et plus précisément du livre qu'on lisait en ce moment : *Guerre et Paix.* Je sais qu'au lycée on essaie de nous faire découvrir des œuvres qui ont marqué leur temps. C'est intéressant c'est sûr, mais il y a certains dont on se passerait bien…

Heureusement, on passerait bientôt à un autre roman, mais il fallait que le « bientôt » arrive vite.

- Tu as regardé le film ? me demanda-t-il.

- Bien sûr, approuvai-je, quand j'ai vu l'épaisseur du livre, j'ai juste lu la première et la dernière page pour qu'il soit ouvert au moins une fois.

Remarque qui le fit rire. Je crus qu'il se moquait de moi.

- Moi aussi, avoua-t-il.

- En fait non.

- J'ai loué le film, et ça m'a décidé à le lire, poursuivit-il. C'est un défi à faire. Une seule fois dans sa vie bien sûr, ce serait mortel autrement.

Là, c'est lui qui me fit rire. Il faut avoir du temps à perdre pour lire un truc pareil, et entre manucure, pédicure, balayage et shop-ping - mais aussi les devoirs et les révisions bien entendu, tant qu'ils ne concernaient pas *ce* livre - je ne l'avais pas.

Il était adorable. Quand je suis déprimée, c'est lui que je devrais appeler, moins calorique (mais aussi moins cher) qu'un chocolat de Choc Gold. Ce serait impoli de lui demander son numéro ?

- Maxime… comment au fait ? m'enquis-je.

- Wallford.

- Wallford ? Ta famille est dans la joaillerie ?

- Pas du tout, me détrompa-t-il, mon père travaille dans une banque et ma mère dans une boutique de vêtements.

Oh… Ses parents étaient pauvres, il ne faisait pas partie des fils de Princess. C'est pour ça qu'il était brun. Il y en avait quelques uns qui avaient le privilège d'étudier dans notre lycée.

J'étais en train de plaisanter avec un pauvre… enfin, quelqu'un qui avait des moyens limités. Si les autres me voyaient, ils se demanderaient ce qui me prenait, mais je me rappelai que j'étais dans la seconde salle. Le problème, c'est que bien que je ne le connaissais pas beaucoup, je l'appréciais. S'il avait été un Archibald ou un Bergdof, j'en aurais fait un ami sans souci. Alors que faire ?

- À quoi tu réfléchis ? questionna-t-il.

- Euh… à rien. C'est cool.

Je pouvais être son amie sans que personne ne le sache, on n'avait pas besoin de rester ensemble la journée. Il était si drôle. Ce serait mon secret. C'était si excitant de faire quelque chose en cachette !

- Je dois bientôt retourner en cours, l'informai-je. Je pourrai avoir ton numéro ? Il y a tant de personnes ici, il y a peu de chances qu'on se croise avant Pâques.

Il me le donna, prit le mien. Un nouvel ami secret, modeste, mais tellement amusant.

Je retrouvai B en chimie. Pendant que le prof expliquait un mélange au tableau, elle m'expliqua à voix basse comment réaliser la très délicate phase 4b : soit renverser du vin intentionnellement pour qu'il enlève sa chemise, ce qu'elle se refusait en amoureuse des vêtements, soit attendre les vacances puisqu'on devait les passer ensemble sur une île. Richard serait en maillot, ce serait donc beaucoup plus facile. Elle opta donc pour cette dernière solution. C'était une très bonne idée, il se pourrait même qu'au final ce soit lui qui lui rende visite dans sa chambre d'hôtel. On s'en réjouissait d'avance.

- Maintenant que vous avez compris, dit le prof, prenez vos livres page quatre-vingt-douze et faites-le à votre tour.

- On ne pourrait pas faire autre chose, me glissa B le plus bas possible, du genre un masque à l'abricot ?

*

Trois jours plus tard, je me prélassais dans mon bain, de la mousse parfumée à la vanille jusqu'au menton et deux galets effervescents à la framboise. Des bougies pour un effet relaxant et une lumière tamisée. Le seul élément qui clochait : mon portable posé sur le bord. Eh oui, une fille a besoin de rester en contact avec le monde extérieur, comment vivre sans ? Imaginez qu'il arrive un accident à quelqu'un… ou que Chace Crawford soit vu en compagnie d'une fille (ce qui voudrait dire au passage qu'il est hétéro, nouvelle à fêter au champagne).

Il y avait aussi la boite de chocolats… C'est sûr, elle était mieux sur ma coiffeuse, et encore mieux loin de mes mains. Mais depuis ce fameux soir de déprime, j'avais l'habitude d'en manger ou plutôt déguster (à ce prix-là) un le soir. Très mauvaise habitude. Tout ça, c'était la faute de Richard, offrir du chocolat à une Princess, quelle idée…

Bleu, vert, rouge, fuchsia, mon téléphone clignotait, ça voulait dire que j'avais un appel. Mettre la sonnerie aurait gâché mon moment détente.

C'était Maxime, mon carré de chocolat zéro calorie. Allait-il me faire rire ?

Il me proposa de le rejoindre faire un tour en ville le lendemain pour se promener ou faire des emplettes, naturellement j'acceptai.

- Quatorze heures devant « Cappuccino ! » ? demanda-t-il. Par contre, tu seras vraiment là à quatorze heures ou je prévoie un battement d'une heure ?

- Ne t'inquiète pas, je serai déjà maquillée, habillée et pomponnée à midi, le rassurai-je.

- Bien, mais si tu as un empêchement du genre Brad Pitt a une poussée d'acné, préviens-moi.

Impossible de faire plus rire que lui. Je passai ma main dans l'eau.

- Oh tu prends un bain, remarqua-t-il, évite de faire tomber le téléphone je risquerai de me noyer. Bon, à demain, bonne baignade !

Un vrai clown ce mec. Il m'avait tellement fait rire que je n'avais plus envie de mon chocolat. Maxime est un vrai verre de vitamine C. Maxime Wallford… Je compris pourquoi je l'avais pris pour un enfant de joailliers : il suffit de remplacer le « a » par un « e » et ça donne Wellford, nom très connu chez les Princess. Il était à une voyelle du luxe, le pauvre… Ça ne devait pas être facile pour lui de côtoyer les autres élèves, ça devait lui rappeler tous les jours la différence du nombre de zéros sur le compte en banque des parents de ses camarades.

Demain, il fallait que j'évite de l'emmener chez *Dior* ou *Chanel*. Tant pis, on irait chez *H&M*, c'est plus abordable.

*

- Tu es pile à l'heure, dis-moi.

On était samedi et il était quatorze heures.

- En fait, il est quatorze heures deux, précisai-je en regardant ma montre en argent incrustée d'émeraudes.

Je la cachai sous la manche de ma veste, il ne remarqua pas mon geste, ouf.

- Je ne voulais pas te le faire remarquer. Problème de mascara ? me questionna-t-il.

- Non, problème de cheveux, plaisantai-je.

Il m'offrit de faire les magasins, en fan de shopping que j'étais. Oui, j'en avais envie, comme tous les samedis. C'est la seule chose dont je serai sûre toute ma vie. Je suggérai d'emblée *H & M*, à contrecœur.

- *H&M* ? reprit-il. Tu plaisantes ? Il y a un mois, j'étais avec une fille du lycée et elle était plutôt *Dior* et *Chanel* que *H&M*. Tu as peur que je me sente mal à l'aise ?

- Non, bien sûr… Mais il y a des trucs sympas là-bas.

J'avais beau réfléchir, à part la ligne de vêtements bio, je ne voyais pas.

- Viens, on va à *Marc Jacobs*, dit Maxime en m'entraînant par la main.

Il était sorti avec une Princess ? Alors, il connaissait toutes les subtilités. Peut-être que ce n'était pas la peine que je fasse attention à tout ce que je disais et faisais. C'était étonnant qu'un garçon connaisse autant de marques, deux c'est déjà un miracle… Mais, il avait vraiment été avec une Princess ? Dans ce cas, c'est qu'elle ne s'était pas formalisée qu'il ait beaucoup moins d'argent qu'elle… à moins qu'il lui ait menti. En tout cas s'il avait dit la vérité, mes amis pourraient l'accepter, enfin je crois…

Nous sommes donc d'abord allés chez *Marc Jacobs*, puis chez *YSL* et *Prada*. Il ne se plaignit pas une minute, s'il ne m'avait pas parlé de son histoire avec une Princess, j'aurai cru qu'il était gay. Nous restâmes environ trois quarts d'heure dans chaque magasin, un garçon normal ne supporterait pas le quart de ce que nous avions fait. Il avait l'air à l'aise, et même de s'amuser.

- Seulement deux cent cinquante dollars ? s'enquit-il en regardant l'étiquette de la jupe que j'avais choisie. Moi qui croyais que tu allais prendre la robe à mille deux cents.

Il m'arrivait de faire du shopping avec Freddy, mais avec un hétéro, c'était nouveau… Finalement peut-être que les mecs aux « moyens limités » sont plus marrants que les nôtres.

Ma jupe payée, il me proposa de faire une pause à « Cappuccino ! », j'aurai préféré un thé de chez Détox, mais si ça lui faisait plaisir. Je trouvai une table et il commanda.

Le serveur apporta deux assiettes avec un énorme brownie au chocolat servi avec deux boules de glace à la vanille, couvertes de chocolat liquide, et deux chocolats chauds fumants.

- Je sais ce que tu vas dire, me devança Maxime, c'est moi qui ai commandé ça.

Possible qu'il ne connaissait pas si bien les filles comme nous après tout. Serait-il le petit frère caché de Richard ? Non, mais quelle impolitesse de décommander ce que je voulais.

- Tu sais que c'est vingt fois trop calorique, m'insurgeai-je. Si quelqu'un me voit avaler ça, je vais faire la une des journaux demain.

- Bien sûr, c'est pour ça que je voudrais que tu le manges, me répondit Maxime. J'ai envie de pervertir une Princess de Park Avenue. Un tout petit morceau pour me prouver que tu es audacieuse. Rien qu'une fois jusqu'à la fin de ta vie, ce n'est rien. Imagine que tu sortes de ce café et que tu te fasses renverser, me dépeignit-il. Tu aurais bien aimé le manger ce brownie.

Je ris pour la centième fois de la journée. Bon, peut-être que Maxime était plus calorique qu'un Choc Gold finalement. Et c'était vrai, je n'avais pas mangé de brownie depuis que je devais avoir dix ou onze ans.

On se mit d'accord sur un morceau de brownie, de glace, et une gorgée de chocolat. Et que j'aurai le droit de le tuer si le lendemain j'étais encore vivante.

C'était un défi plus psychologique que physique. Je jetai un œil autour de moi, personne ne me regardait, ils étaient tous concentrés sur ce qui se passait à leur table. J'avais envie de lui montrer que j'étais audacieuse même si je n'avais rien à lui prouver. C'était comme un fruit défendu. Ça m'amusait de défier les principes inculqués par ma mère.

Attention : moment à graver dans l'éternité (si possible à l'encre invisible). Je pris la cuillère et je coupai un morceau de brownie. Je le levai jusqu'à ma bouche pendant que Maxime faisait les gros yeux en souriant, et je le mangeai lentement – autant en profiter. Et je recommençai avec la glace à la vanille, puis je bus une délicieuse gorgée de chocolat. Voilà, mission impossible accomplie.

- Tu es incroyable, me dit-il. J'adore les défis, ça me permet de me sentir vivant, les gens passent leur vie à vivre passivement.

S'amusait-il à en faire aussi à sa copine ? Eh bien, non… Il me raconta que le seul moyen de la faire sourire était de l'emmener chez *Dior* ou *Prada*. Et rien ne l'éloignait de sa sempiternelle salade verte nature. Il en avait eu marre et… l'avait quittée… waouh… ça devait faire mal de se faire quitter par un mec aux moyens limités. Enfin, dans tous les cas il était très marrant et je n'avais pas cessé de rire tout l'après-midi. Un vrai clown quoi. Je lui dis que son sur-nom devrait être Clownie, ça lui irait très bien.

- Tu comptes porter ta jupe au lycée ? me demanda-t-il. Elle te va bien.

Est-ce qu'il était en train de me draguer ?

- Dis-moi… cet après-midi qu'on vient de passer, ce n'était pas un rencard pour toi ? lâchai-je.

- Pardon, tu voulais que je te prenne la main et que je t'embrasse ?

Quel plaisantin. Apparemment, il n'était pas gay - même s'il connaissait des tas de marques. Deux garçons c'est le strict minimum pour sortir si on ne veut pas que les gens s'imaginent des choses.

- Je me fiche de ce que les gens pensent. Et je me fiche que tu aies un copain, continua-t-il. Parce que je veux juste être ton ami. Ou ton meilleur ami dans le meilleur des cas, vu qu'on se marre bien tous les deux.

OK, alors j'étais rassurée, pendant un moment j'avais eu un doute. On avait quand même fait les magasins tout l'après-midi et il ne s'était jamais plaint. Mais vu la tête qu'il fit quand je lui dis ça, c'était sûr il ne l'était pas. Apparemment, il ne s'était pas ennuyé, car on était bien trop occupé à chercher qui s'était fait un lifting et qui était naturel, et à deviner le prix des vêtements. J'essayai alors de me rattraper un peu en disant que dès qu'il avait parlé de cette fille du lycée j'avais compris qu'il était hétéro.

- Ou bi, rectifia-t-il avec un sourire.

- Tu es bi ? m'enquis-je.

- Tu ne peux pas me demander ça à notre premier vrai-faux rendez-vous, fit-il semblant de s'offusquer. Mais, comment dire… J'adore les chaussettes de trois jours qui traînent et les poils dans le lavabo, c'est tellement mieux que le doux parfum qu'une fille dégage en passant ou le goût du gloss aux fruits quand tu l'embrasses.

On se regarda et on a éclata de rire tous les deux. Dommage qu'il ne soit pas gay, ils sont si amusants, on peut parler de mecs, de fringues et de masques pour le visage, ils font tout comme nous. Maxime accepta alors de parler de tout ça avec moi à l'avenir, mais s'opposait formellement aux masques de beauté. Rien d'étonnant, c'est à peine si les hétéros connaissent la crème hydratante.

Waouh, un nouveau meilleur ami super amusant avec qui je pourrai parler comme avec un gay. Sauf que je n'avais jamais eu de meilleur ami au masculin, alors est-ce qu'il était une meilleure amie version mec ?

- Ravie d'avoir un meilleur ami, lui dis-je en lui serrant la main. Alors, si j'ai envie de te parler d'un chagrin d'amour à trois heures du matin, je peux ?

- Appelle plutôt vers six heures. Autrement mon cabinet « docteur bobo du cœur » est ouvert de huit heures à minuit et la consultation est de soixante dollars, mais pour les amis c'est une pizza ou un pot de glace chocolat-cerise-banane.

Des pizzas et de la glace contre une oreille attentive et des conseils, c'est moins cher qu'un psy.

CHAPITRE 17 : Une amitié secrète

- Tu as fait quoi samedi ? questionna D.
- Du shopping toute seule ? poursuivit B.

C'était lundi et les cours reprenaient. Nous étions dans le couloir, attendant la sonnerie.

J'acquiesçai. Les filles étaient désolées pour moi, pensant que je m'étais ennuyée. J'étais tellement gênée de parler de ça (et donc de mentir) que je changeai de sujet, et interrogeai Daphné sur son week-end avec Chad.

- On a passé toute la journée de samedi ensemble, raconta-t-elle, mais il a dormi chez lui, et il est revenu de bon matin dimanche avec une rose dans la bouche.
- Il se prend pour Roméo ? gloussa B.
- À moins qu'il la prenne pour Juliette, ajoutai-je.

Un homme transi d'amour peut vraiment faire n'importe quoi. Encore plus un ado. Allez savoir d'où avait pu naître une idée pareille, moi ça m'aurait bien fait rire. D'ailleurs D n'apprécia pas qu'on se moque gentiment de son « amoureux », à ses dires, maintenant il l'était.

- Impossible, D qui a de vrais sentiments ! lâcha B amusée.
- Quoi ? J'ai un cœur moi aussi.
- J'aurai plutôt dit des yeux, de vrais radars pour repérer les mecs au physique irréprochable, dis-je.

D ne put pas s'empêcher de rire, et de l'admettre.

Est-ce que c'était le bon moment pour parler de Maxime ? On ne parlait pas d'argent, mais elles étaient détendues alors… C'est vrai que j'avais envie de garder cette relation pour moi, mais ça lui ferait de la peine s'il n'était pas accepté par mes amis.

- Dites-moi les filles, vous pensez quoi des élèves aux moyens limités ?

- Les pauvres ? demanda B.

Selon D, ils sont sûrement gentils, mais nous ne faisons pas partie du même cercle et selon B, ils sont moins bien fringués que nous. Mais moins bien, ça voulait dire quoi, par rapport à la marque ? Ils portent quand même des jeans, des jupes et des hauts comme nous. C'est sûr que le centimètre carré n'est pas au même prix, mais quelle importance ? La connaissance de Maxime changeait les principes ancrés au plus profond de moi.

Je crois que ce n'était pas le moment, tant pis j'aurai essayé, ce serait donc définitivement mon secret.

*

À midi je reçus un message de Maxime qui disait :

Hello ! Déjeuner avec moi à midi ?

J'avais envie de manger avec lui, mais comment dire à D et B que je ne déjeunerai pas comme d'habitude avec elles ? Je pourrais inventer un devoir à finir ou une affaire oubliée à la maison, ce serait un nouveau mensonge, mais après tout, un secret implique des concessions.

Je savais que Vince avait son entraînement de foot entre midi et deux, je leur dis alors que je restais avec lui, au moins ça ne les froissait pas. J'envoyai un SMS à Maxime lui disant de me retrouver dans la deuxième salle. Le plus délicat était de passer de la première à la deuxième sans me faire remarquer, mais j'y parvins.

Il était déjà là quand j'arrivai.

- Bonjour, me salua-t-il. Laisse-moi deviner, salade ?

- Oui, mais c'est parce que la fille devant moi m'a dit de ne surtout pas toucher aux légumes aujourd'hui.

- Alors, tu manges de la salade, mais *aussi* des légumes, pas possible ! plaisanta-t-il.

Il me demanda si je n'avais pas été tentée par les pennes à la Bolognaise qu'il avait prises ? Naturellement, je ne l'avais pas été une seule seconde. Quelle Princess regarderait ce genre de plat ? Elle passerait devant sans même le remarquer comme si le bac était vide. Élément très apprécié des garçons, qui en avaient toujours assez même s'ils mangeaient pour quatre.

- Bon, alors dis-moi, des nouvelles du côté de Brad Pitt et Angelina Jolie ? reprit Maxime.

- Non, en ce moment je suis plus intéressée par Chace Crawford.

- Qui ? interrogea-t-il.

Là c'était certain qu'il n'était pas gay ! Je lui expliquai avec enthousiasme que c'était un acteur de Gossip Girl, qui jouait Nate Archibald. Il le pensait blond aux yeux bleus (critères de Princess), mais je le détrompai.

- Et tu as des nouvelles croustillantes sur le petit Nate ? Il a été pris en photo en pleine séance de sniffage ?

Je crois que dans ce cas-là, B, D et moi on aurait sûrement arrêté de fantasmer sur lui. Il y a des limites à tout dans les bêtises.

Ah ce Maxime, est-ce qu'on pouvait passer une minute avec lui sans qu'il nous fasse rire ? J'avais un peu mal aux zygomatiques, mais ce n'était pas grave, c'est bon pour les muscles.

CHAPITRE 18 : Maxime et ses défis

Vendredi soir arriva. J'avais déjeuné trois fois avec Maxime et j'avais dû trouver des excuses auprès de D et de B. Mais ça en valait la peine, pour passer une heure à rire avec lui et que mon secret soit encore plus excitant. Pour me rattraper, je passais le week-end avec elles chez B, et ce soir je sortais avec Clownie alias Maxime.

Je pensais qu'on irait au restaurant végétarien, mais il m'emmena à McDo. Ça ne me surprit pas, c'était Maxime.

- Non, pas là, allons manger ailleurs, le suppliai-je. Tu es un garçon, tu stockes moins que nous. Pendant que moi j'aurai pris trois kilos, toi tu auras pris cinq cents grammes.

- À part les frites qui baignent dans l'huile et les glaces aux *M&M's*, il y a aussi des salades, promit-il, après avoir éclaté de rire.

Ah bon ? Nos mères ne nous avaient jamais dit qu'il y avait des salades à *McDo*. C'est sûr qu'ils mettent plus les hamburgers en avant, si c'était un bar à salades ça se saurait.

Je pris donc une salade avec du poulet, et bien évidemment Maxime commanda un menu : un énorme hamburger à la viande, des frites, une glace aux Smarties et un grand Coca. Mais où il mettait tout ça ? Il était mince et n'avait même pas de ventre. Je veux bien que le métabolisme des garçons soit plus rapide, mais quand même…

- J'ai une subite envie de défi, me dit-il. Je voudrais que tu manges une de mes frites. Une grande. Prouve-moi que tu es vivante.

- Ce truc plein de gras ? demandai-je avec dégoût.

J'acceptai quand même et j'en choisis une grande. Il avait bien fait de préciser, car il savait qu'autrement j'aurais pris la plus petite que je pouvais trouver. Je la mangeai et finalement ce n'était pas si désagréable, c'était même bon en fait, j'avais du mal à imaginer que cinq minutes plus tôt elle baignait dans l'huile, car elle n'était pas si grasse que ça au goût.

- Il faudrait que je te trouve un défi moi aussi, pensai-je.
- Si tu veux que j'accepte, il faut qu'il soit assez dingue.
- Je trouverai.

CHAPITRE 19 : Une histoire d'amour à bout de souffle

Je me rendis chez Vince pour aller passer l'après-midi avec lui. J'étais très contente d'aller le voir, je m'étais faite toute belle pour lui. Lui, par contre, n'avait pas l'air d'avoir très envie de me voir quand il m'ouvrit la porte. Il était étonné que je passe, car je n'avais pas prévenu et il était fatigué, mais il me laissa entrer.

On monta dans sa chambre, c'est là que je remarquai qu'il était en jogging et sweat-shirt, ce n'était pas le jour du jogging, plus tue-l'amour tu meurs. À force d'être perdue dans les yeux de son amoureux, on ne voit plus comment il est habillé, ce qu'il vaut mieux vérifier avant de sortir à son bras. Mais je ne dis rien, il avait l'air assez de mauvaise humeur comme ça.

On décida de regarder un film vu qu'il ne voulait pas sortir. Il me prit dans ses bras et on se plongea dans une comédie. Pourtant, il ne semblait pas s'amuser.

Son téléphone sonna et il s'écarta de moi pour répondre. C'était Chad, il resta un moment avec lui à rire et à parler. Comme je m'ennuyais, j'envoyai un message à Maxime. Vince raccrocha et Clownie m'appela. En disant « allô » j'avais déjà le sourire aux lèvres, il y avait neuf chances sur dix pour qu'il me fasse rire.

- Alors, qu'est-ce que tu fais de beau Julie ? Pas de manucure, de pédicure ou de massage à faire aujourd'hui ?

Effectivement, je ris.

Non, mes ongles étaient impeccables, il me proposa donc de faire chauffer ma carte bleue, mais je n'en avais pas très envie. Ce qui en dit long sur le moral d'une Princess.

Vince bâilla, puis il me regarda avant de me demander si je ne voulais pas raccrocher. Quelle insolence ! Il était resté un quart d'heure au téléphone avec Chad, comment pouvait- il se permettre de me dire ça ? Les garçons disent que quand les filles sont sur les nerfs ils savent tout de suite pourquoi, alors nous qu'est-ce qu'on doit dire pour eux !

- Je fais mes devoirs, me dit Maxime, mais si tu veux passe, on trouvera quelque chose à faire.

- OK, j'arrive.

Je n'avais plus envie de rester, Vince était irritable et désagréable aujourd'hui, je préférais partir.

- Bon, je vais te laisser, informai-je Vince en me levant.

- Ah bon ? Tu es sûre ?

Oh oui. Je l'embrassai et je filai chez Maxime. Peu importait ce qu'on allait faire, ce serait toujours mieux que les bâillements de mon petit chéri.

Le lendemain, j'étais au C.C avec D et B. On avait prévu de manger au Belissima, un restaurant italien. Ce qu'on adorait dans ce restau, ce n'était pas les pâtes et les pizzas bien entendu, mais les mini pizzas. Elles faisaient quatre centimètres de diamètre et étaient servies pour l'apéritif. Mais nous sommes des Princess, donc nous les mangeons comme un plat et nous ne mangeons que ça. D nous commanda des minis pizzas au fromage et aubergines. C'est important de manger des produits laitiers et des légumes, non ? Trois petites pizzas chacune et on avait rempli les besoins journaliers. Ou presque.

- Bon, alors, parlons du plan FSR, dit B. Richard m'a invitée à dîner pour la troisième fois. Si ça continue, je n'aurai même plus besoin de faire la suite, c'est lui qui me drague. Le plan FSR se transforme en FSB. Peut-être même qu'on sera ensemble avant Noël.

Puisqu'on en était aux confidences entre filles, je leur parlai du comportement de Vince la veille, de sa mauvaise humeur, et surtout du fait qu'il avait osé me demander de raccrocher, alors que lui ne s'était pas gêné. Elles essayèrent de me rassurer en me disant qu'il devait être juste fatigué ou sur les nerfs. Mais si c'était autre chose...

- Vous croyez que c'est parce qu'on n'a encore rien fait ? avançai-je.

- Mais non, ce n'est pas un goujat quand même, essaya de me réconforter D.

- Attends, c'est un mec, répondit B. C'est sûr que c'est dur pour lui. Écoute, ça fait un an que vous êtes ensemble, ce que tu devrais faire, c'est être plus sexy et le surprendre pour ne pas tomber dans la routine. Parce que la routine, c'est mortel pour un couple.

Oui, c'était vrai, la routine et le couple, ce n'est vraiment pas compatible. Si on commence à s'ennuyer, on va aller chercher ailleurs ce qu'on n'a plus…

Alors, B m'entraîna faire les boutiques de « dessous sexy » et « vêtements à tomber par terre » pour une opération séduction. Après les mini mini pizzas, on fila chez Parure, boutique de sous-vêtements. Et B eut une idée folle.

- Antoine, c'est une urgence, il faut que tu fermes ton magasin pour l'après-midi ! J a besoin de renouveler sa garde-robe pour éviter la rupture de son couple.

Antoine dirige la boutique et bien sûr, comme 80% des hommes patrons d'un commerce de lingerie, il est gay.

- Non ! Vous auriez dû m'appeler, j'aurai évacué les clientes. Mets-toi à l'aise ma belle, me dit Antoine, j'arrive tout de suite… Désolé mesdames, il faut partir, demanda-t-il à l'intention des clientes, c'est une urgence, une urgence, quelle horreur ! Revenez demain, je vous ferai dix pour cent de réduction, rajouta-t-il en souriant.

Eh oui, on pouvait se le permettre, avec tout ce qu'on avait dépensé et acheté chez lui depuis nos douze ans… On pourrait le faire vivre à nous trois. Les clientes sortirent et Antoine revint vers nous.

- C'est quoi la tendance du moment ? questionna B.

- Culotte taille haute, se désola-t-il, mais surtout, pour une fois, ne suivez pas la mode ! Quelle horreur, taille haute ! J'ai l'impression qu'on a régressé au temps mémère.

- Taille basse alors ?

- Bien sûr ! s'exclama Antoine. La taille basse c'est le top du sexy, le truc indémodable minimum jusqu'à la fin de ta vie. Tu as déjà vu un sous-vêtement aguichant où on ne voit pas le nombril ? Ma mère m'a toujours dit que le plus sexy chez une femme, et à part la poitrine et les jambes bien sûr, c'étaient le ventre et les hanches.

Il me prit par la main, m'emmena à une cabine - de la taille d'une chambre à coucher comme toutes les cabines des magasins de luxe - referma le rideau, et promit de m'apporter ce dont j'avais besoin. Je les entendais discuter entre eux. En attendant, je me déshabillai.

Un ensemble string et soutien-gorge apparut dans la cabine au bout d'une main. Je le saisis en ouvrant grand les yeux. Je voulais faire patienter Vince, pas qu'il me saute dessus. Le string avait des ficelles en forme de vague sur le côté, le tissu était doux et transparent, et le soutien-gorge était un push-up avec de la dentelle, tout aussi transparent, il ne cachait rien à vrai dire. Un peu trop sexy peut-être.

- Tu n'as rien de plus soft ? m'enquis-je.

Il me donna alors un ensemble blanc plus classique, mais tout de même sexy qui faisait de très jolies fesses et mettait la poitrine en valeur. J'en pris deux autres dans ce style, c'était « exactement ce qu'il fallait » selon les filles. Antoine m'avait dit que les bretelles pouvaient s'enlever, un plus que toutes les filles devraient avoir, très pratique pour toutes les tenues qu'elles soient dos nu ou sans manches. Quant aux bretelles transparentes, oubliez, après douze ans ça fait un peu stupide.

Côté linge de nuit, j'achetai une nuisette en satin et un pyja-short en dentelle pour les rares fois où je dormais avec Vince. Pour ce qui est des vêtements, on décida de faire un tour dans un peu tous les magasins. Pour perfectionner mon style sexy, j'avais trouvé des chaussettes hautes blanches que je mettrai avec une mini-jupe à carreaux plissée pour une tenue d'écolière qui avait déjà fait ses preuves côté séduction. Deux jeans moulants vinrent compléter ma garde-robe. Et je fis le plein de hauts laissant voir une épaule, ou le décolleté. Et enfin côté chaussures, des bottes cavalières s'imposaient pour les jupes (mais elles vont cependant très bien avec un jean). Avec tout ça je serai « belissima » comme disait D. Si Vince ne craquait pas pour tous les efforts que j'avais faits, je me demanderais s'il ne virait pas gay !

C'est habillée en écolière sexy que j'arrivai au lycée le lundi suivant. Maxime m'aperçut et il ne put s'empêcher de me le faire remarquer.
- Waouh ! Tu es…
- Sexy ? m'amusai-je.
- Oui, je n'osais pas le dire.
Tout à coup, je me rappelai que je parlais avec un élève aux moyens limités, en plein milieu du couloir et que Daphné arrivait. C'est ainsi que je le laissai, prétextant que je devais vérifier mon maquillage et en lui promettant d'essayer de déjeuner avec lui. Je filai au pipi-room. Daphné entra quinze secondes après moi.
- Julie la jolie est canon aujourd'hui, dit-elle.
- Elle le sait, répondis-je en souriant.

Je dois dire que ma tenue fit son effet sur Vince. Il ne me lâcha pas du déjeuner et je ne parvins pas à manger en compagnie de Maxime, mais ça en valait la peine.
- Tu es… vraiment très jolie aujourd'hui. J'adore le style petite fille qui va à l'école, ça te va bien.
C'était le « vraiment » qui me fit plaisir. Et petite fille d'accord, mais avec une mini-jupe et de vraies bottes à lacer et pas avec la fermeture sur le côté. Ça prenait du temps le matin, mais le résultat était plutôt réussi. Pour ce qui était de Vince, je ne savais pas si c'était mon nouveau collier qui le captivait ou mon décolleté, en tout cas il eut du mal à me regarder dans les yeux pendant qu'il me parlait.

CHAPITRE 20 : Un défi très girly

Je n'avais plus de nouvelles du petit british, il était en voyage d'affaires à Londres, B par contre recevait des mails et des appels, et bien évidemment des cadeaux from England. Le pays de la Reine Mère a un centre commercial très connu à travers le monde entier par les fashionistas : Harrods. Il lui avait dit qu'elle lui manquait, quel progrès ! B avait fait la moitié du chemin et Richard finissait le travail sans qu'elle se fatigue.

Pour le défi que j'avais promis à Maxime, j'avais réfléchi à me donner mal à la tête pour ne pas le décevoir, les siens étaient à la hauteur de sa personnalité hilarante. J'avais trouvé LE défi qu'une fille devrait faire faire à un garçon : regarder un épisode (deux s'il est très courageux) de Gossip Girl. Une série cent pour cent girly, écrit par une fille pour des filles. J'avais d'abord pensé à lui faire manger un repas de Princess, voire toute une journée, mais ce n'était pas difficile de manger sain. Par contre, quelle fille n'a jamais supplié un mec de voir le film romantique avec telle actrice au cinéma que le film d'action qu'il veut voir ? Ils ne veulent jamais regarder ce genre de film, effrayés de voir leur virilité descendre en flèche. C'était le défi parfait. Est-ce que ce serait assez dingue pour lui ? Je me rendis chez Maxime pour le savoir.

C'était la deuxième fois que j'allais chez lui. La première je n'avais vu que la cuisine pour grignoter et la salle à manger pour faire nos devoirs. Son appart était joli et modeste, il n'était pas aussi grand que le nôtre forcément, mais il était chaleureux.

Je pris la télécommande et j'allumai la télé. Maxime me regardait, curieux, se demandant ce que j'avais préparé. Sa sœur Lisa arriva, je ne l'avais jamais vue. Elle était brune aux yeux bleus comme lui et devait avoir dans les treize ans. Elle déduit que je devais être « Julie », selon elle il n'y avait pas beaucoup de filles qui venaient habillées en Gucci chez eux. Et qu'en même temps il n'y avait pas beaucoup de filles qui venaient tout court. Détail dont Maxime se serait bien passé évidemment. Et ma présence engendrait apparemment chez Lisa certaines questions, du genre si je sortais avec Maxime, bien sûr il la détrompa.

- Je me disais aussi qu'une fille aussi riche que Julie ne sortirait jamais avec toi, pensa-t-elle.

Enfin, c'était déjà arrivé à Maxime, mais être amis avec des gens aux moyens limités n'enchantait pas les miens.

- Je rêve d'avoir un mari aussi riche que les mecs de l'école, comme dans Gossip Girl, lâcha-t-elle. Mais Maxou dit que je devrai arrêter de regarder ces bêtises.

- Bon, ça suffit, tu en as assez dit. J'ai honte pour les trois mois à venir, se renfrogna-t-il.

Maxou ? Un secret de taille, très gênant dans le genre, si ça vient à s'ébruiter. Les surnoms sont des choses qui nous poursuivent pendant notre scolarité.

Elle nous laissa pour aller regarder « GG », c'est alors que j'annonçai à Maxime le fameux défi, qui n'avait rien de très masculin, et auquel il ne s'attendait pas du tout. Je lui promis tout de même qu'il allait aimer, car les filles sont super jolies, et que c'est assez marrant parfois.

J'étais plongée dans l'épisode quand Maxou, pardon Maxime, se tourna vers moi.

- Tu sais, ma sœur n'accepte pas trop le fait qu'on ait moins d'argent que les gens de l'école, elle passe son temps à rêver qu'un jour elle fera partie de la jeunesse dorée. Elle est un peu arrogante parfois, il ne faut pas lui en vouloir, mais je ne voudrais pas que tu crois que je suis comme elle.

- On est amis tu sais, le rassurai-je, si je n'aimais pas ta personnalité je ne serais pas ici. Ne t'en fais pas.

Je me lançai alors dans l'explication de la série, vu qu'il n'avait pas vu les premiers épisodes. C'était un vrai plaisir de partager ça

avec lui, car ça devait être une des dernières choses qu'on ne parta-
geait pas encore. Au moment où Maxime avait réussi à s'y intéresser, D me téléphona. J'avais complètement oublié que je devais
regarder avec B et elle ! Je m'excusai auprès de Maxime et je pris
l'appel dans la cuisine. Daphné s'affola, me demandant où je me
trouvais et pensant que je ratais GG. Je dus mentir une fois de plus,
prétextant un mal au crâne, mais que je regardais quand même.

Je revins au salon, mais j'eus du mal à me replonger tout de suite
dans la série. Je n'aimais pas mentir à mes amies, au début c'était
difficile, ensuite excitant, mais maintenant ça me mettait mal à
l'aise. Je ne savais plus quoi inventer pour le voir, et mes excuses
étaient de plus en plus stupides. Néanmoins, ce défi fut une bonne
idée, Maxime réussit à apprécier Gossip Girl malgré ce qu'il pensait.

- Je croyais que ça ne parlait que de trucs de filles, bien senti-
mentaux, mais en fait il y a aussi des mecs et c'est marrant. Surtout
toutes les vacheries que les filles se font entre elles.

- N'imagine pas que c'est exactement pareil pour nous.

- Un petit peu quand même, avança-t-il avec un sourire.

- Bon, c'est vrai, accordai-je, le sourire aux lèvres. La concurrence est dure et on peut être cruelles parfois entre nous. Mais c'est
ça d'être une Princess de Park Avenue, la jalousie est partout, mais
c'est drôle.

CHAPITRE 21 : Un ami différent… mais toujours là en cas de besoin

Le lendemain, j'étais chez Vince. J'avais envie de flirter un peu, donc j'avais mis mon ensemble bustier, mon nouveau jean brut moulant, un pull blanc qui laissait voir une épaule, et des talons hauts. J'étais « belissima ». J'avais même pris ma nuisette au cas où mon cher et tendre me proposait de rester dormir – en tout bien tout honneur évidemment – et j'avais pris le nécessaire de toilette et de maquillage. Tout ça dans un petit sac à main, ce qui est très difficile pour une fille ; ça m'avait pris plus d'une heure pour trouver comment faire cet exploit, en sachant que le strict nécessaire comprend trois sacs pour une fille normale.

Ma tenue avait l'air de lui plaire, il m'embrassa quelques minutes puis il s'arrêta et me dit que sa série – 100% mec – allait commencer et qu'il ne voulait pas la rater. OK, no problemo. Au bout d'un quart d'heure, je m'ennuyais (même si en fait je m'ennuyais depuis le début) et j'avais envie de tendresse et de bisous, après tout je n'avais pas mis ces habits pour rien.

Je me rapprochai de lui et j'entrepris de l'embrasser. Du moins, j'essayai parce qu'il me repoussa.

- Ma puce, je regarde.

Waouh, je fus très gravement blessée dans mon estime. Quel mec préfèrerait regarder la télé alors que j'étais plus qu'attirante ce soir ? Le mien en tout cas l'osait. J'aurai pu ne porter que mes dessous, il n'aurait rien remarqué.

- Vince… Vince ! Tu ne voudrais pas faire autre chose ? proposai-je. Je ne suis pas venue pour regarder la télé.

- Je ne te demande pas de faire autre chose moi, quand ta série passe, me répondit-il.

Quoi ? Je faillis m'étrangler !

- Quand tu veux me voir, je l'enregistre ! rétorquai-je. Ce que tu peux être égoïste, j'ai dévalisé quatre magasins la semaine dernière pour te charmer à nouveau, pour que notre couple n'aille pas dans le mur et tout ce que tu trouves à dire c'est « pas maintenant » ?

J'avais utilisé toute ma salive à la vitesse de l'éclair pour déverser ma colère, j'avais besoin d'un verre d'eau.

- Qu'est-ce qui te prend ? s'étonna-t-il.

- Tu es doublement aveugle. Ce n'est rien, regarde ta série, je ne voudrais surtout pas te déranger.

Il resta sans savoir quoi dire, à croire qu'il avait porté des œillères dernièrement. Je pris mon manteau et mon sac et je filai. Il n'essaya même pas de me retenir, ce qui me blessa deux fois plus.

Je marchai une vingtaine de minutes en réfléchissant. Vince me téléphona trois fois, mais je ne décrochai pas, je n'avais pas envie de lui parler, il avait mis trop de temps à réagir. Je me demandais s'il tenait vraiment à moi, j'étais perdue.

Je m'arrêtai et je regardai où j'étais, il faisait nuit. Juste en face de moi, il y avait un magasin de glaces, je laissai mon attention se fixer sur les différents parfums pour ne pas penser à Vince. Ça allait des plus classiques aux plus originaux. Je remarquai qu'il y avait le parfum chocolat-banane-cerise, c'était drôle, ça me rappela Maxime. Il m'avait dit que si ça n'allait pas je pouvais passer le voir, à condition d'apporter un pot de glace ou une pizza. Est-ce qu'il était sincère ? Il passait son temps à plaisanter, je ne savais pas s'il était réellement sérieux quand il m'avait dit ça.

Je me rapprochai, l'horloge du magasin indiquait vingt heures quinze.

- Bonsoir, vous voulez quel parfum ?

L'employé me sortit de mes pensées.

- Vous faites des pots chocolat-banane-cerise ? hasardai-je.

- Bien sûr, je vais vous chercher ça.

Est-ce que je pouvais vraiment aller chez Maxime ? Il me restait D et B. Sauf que D passait la soirée avec Chad, et je n'avais pas envie de m'entendre dire qu'il fallait que je trouve des vêtements encore plus sexy. Je les adorais, mais ce soir j'avais envie de parler sans qu'on m'interrompe, ou juste me taire, je ne savais pas encore.

Peut-être que j'avais fait une erreur en commandant ce pot de glace, il valait peut-être mieux que je rentre chez moi.

- Voilà.

Trop tard. Je n'allai pas lui dire que finalement j'avais changé d'avis, il était allé le chercher pour moi. Tant pis, j'irai tout de même chez Maxime, s'il refusait je rentrerais à la maison et je pleurerais dans les bras de Maria. Je payai et je marchai jusqu'au charmant petit appartement de Maxou. Que ce pot était froid, il accentuait encore plus la température déjà très basse. Malgré mes gants je le sentais quand même.

Arrivée devant la porte de l'immeuble j'hésitai à frapper. Je ne l'avais même pas appelé pour le prévenir et ses parents trouveraient ça très malpoli que j'arrive à l'improviste ainsi, et ils auraient raison. En plus, je pouvais les déranger.

- Je t'envoie une échelle ou tu passes par la porte ?

Je levai la tête. Maxime était à la fenêtre. Il me sourit, ça me rassura. Et il réussit à me faire sourire, j'avais bien fait de venir.

Il arrêta de sourire et me regarda sérieusement ; il comprit à ma tête que ça n'allait pas. Il me dit qu'il descendait m'ouvrir, et j'attendis. En me disant que ses parents me mettraient à la porte. Il me prit la main et m'emmena dans son appart, puis dans sa chambre. En passant, je vis que ses parents étaient devant la télé, enlacés, mais je n'étais pas d'humeur à les saluer et Maxime l'avait compris.

- Tu m'as dit d'apporter un pot de glace si j'avais un problème, dis-je en m'asseyant sur le lit, les larmes aux yeux

- Tu sais, pour le pot de glace, je rigolais. C'est pas grave, on va en profiter, je vais chercher des cuillères, m'informa-t-il.

Génial, une fille déprimée et un pot de glace, ça ne pouvait que mal finir. Il revint avec deux bols et deux cuillères. Oui, il pensait que j'allai en manger, et il avait raison. Et il me questionna sur ce qui s'était passé en nous servant de la glace.

- J'ai rompu avec Vince.

- Ah bon ?

Ah bon ? J'avais vraiment fait ça ? Je n'avais pas dit à Vince que tout était fini entre nous, je lui avais juste fait une scène. En fait non, j'étais énervée contre lui. Je ne lui avais pas dit que je voulais rompre, mais vu la façon dont nous nous étions quittés…

- Vous vous êtes disputés ? s'enquit Maxime.

- Je dirai plutôt que j'étais la seule à crier, précisai-je, mais je crois bien que c'était une dispute. La première en un an. En ce moment, il ne me parle pas beaucoup. Ce n'est plus comme avant, m'attristai-je.

Au début, c'était bisous 24h/24, appels plusieurs fois par jours, messages, etc. On pouvait discuter tout la nuit sans qu'on en arrive à ne plus savoir quoi se dire. Et là… eh bien, rien. Le « tout beau tout rose » était passé, et s'était transformé en horrible brouillard. Ce qui me rendait le plus triste, c'était que je m'étais donné du mal pour être jolie pour lui. La seule fois où il m'avait regardée, c'est quand j'étais en décolleté. Puisque j'étais là, autant demander à Maxime ce qu'il en pensait, surtout de son point de vue « mec ».

- Si c'est ce qu'il fait, répondit-il, c'est que c'est un crétin. À force d'être ensemble, il doit penser qu'il n'a plus à prouver qu'il tient à toi, c'est un truc que beaucoup de mecs font. Ils croient que puisqu'ils sont avec leur petite amie ils n'ont plus d'efforts à faire. Je ne pense pas qu'il ne t'aime plus Julie, juste qu'il sait qu'il t'a et il ne se rend pas compte qu'il peut te perdre.

Waouh… « Docteur bobo du cœur » avait frappé. Il devrait faire psycho à la fac. Il me rassura et m'assura qu'on allait se réconcilier dès demain. Maxime était super, vraiment… Mais si je n'avais pas envie de me réconcilier avec Vince ?

- Dans ce cas, reprit Maxime, il y a plein de *Nate Archibald* qui t'attendent dans ce monde… Ah, enfin un sourire. Il ne vaut pas la peine que tu pleures pour lui, personne ne le vaut, encore moins un mec. Allez, mange ta glace ou tu vas finir par la boire.

C'était assez bon, surprenant au niveau du mélange des trois parfums, mais bon.

- Allez, torture-moi encore, rit-il. Ma sœur m'a dit que ta série était rediffusée à cette heure-ci.

Il alluma la télévision pendant que je m'asseyais en tailleur. Il prit une couverture et nous emmitoufla dedans.

- Dis, je peux dormir ici ce soir ? m'enquis-je. Je n'ai pas envie de rentrer chez moi.

- Ce n'était même pas la peine de demander.

Il me prit dans ses bras et on regarda l'épisode pour la seconde fois.

Quoi de mieux qu'une meilleure amie ? Un meilleur ami. Et avec quel mec peut-on critiquer les mecs ? Maxime.

*

Le matin je me demandai où j'étais avant de me rappeler que j'étais chez Maxime. Par contre, je n'avais pas oublié la glace que j'avais mangée, c'est donc avec des regrets que je me réveillai. Maxime travaillait silencieusement à son bureau. D'abord, je me dis que j'étais encore dans les nuages, je me frottai les yeux, il était toujours là. Le réveil affichait 8 h 02, quel mec normal faisait ses devoirs aux aurores, de plus un dimanche ?

- Maxime, dis-moi, je rêve ou tu fais tes devoirs ?

- Non, tu ne rêves pas. Tu as faim ?

Oh mon Dieu, j'avais oublié ses parents ! Ma mère aurait été indignée par l'impolitesse que j'avais commise. J'étais entrée chez eux sans me présenter, j'avais dormi dans la chambre de leur fils sans leur demander leur avis et j'allai très naturellement prendre le petit déjeuner avec eux. C'était tout ce que ma mère m'avait inculqué à ne pas faire, tout simplement en m'apprenant le contraire.

- On descend ? Je meurs de faim, dit-il.

En descendant les marches, mon ventre se nouait, j'entendais des bruits de vaisselle et des voix. On entra dans la cuisine, son père était attablé avec Lisa, il était brun aux yeux bleus et sa mère, un pinceau retenant ses cheveux blonds, préparait le petit déjeuner. Quand sa sœur me vit arriver, ses yeux devinrent tout ronds. Ses parents se retournèrent. Comme entrée, c'était réussi.

- Maxou, qui est cette jeune fille ? demanda gentiment maman Maxime.

Clownie me présenta comme sa meilleure amie. Son père me serra la main, très poliment, et me pria de l'appeler John. Je ne savais pas le prénom de sa mère, mais elle s'attendrit, selon elle on était « mignons ». Euh… Quant à Lisa…

- Vous avez couché ensemble ? s'empressa-t-elle.

- Lisa, sois polie ! s'indigna papa Maxime. Tu verras, tu seras pareille quand tu auras un amoureux.

J'étais sciée, ils étaient plus que cool, je croyais qu'ils me passeraient un savon pour être entrée presque en catimini, et eux me félicitaient presque en pensant à tort que j'avais fait l'amour avec leur fils.

- Des œufs brouillés, Julie ? me demanda sa mère.

- Non, vous ne comprenez pas, continua mon meilleur ami, on n'est pas ensemble, Julie a juste dormi ici. On est amis.

- Des œufs brouillés, quand même ? me redemanda sa mère.

CHAPITRE 22 : Réconciliation et dispute en vue

J'arrivai au lycée lundi matin en robe chaude, mais courte, avec des collants blancs pour ne pas afficher des jambes violettes, il faisait froid tout de même. Bien au chaud, mais sexy, j'ouvris mon casier pour y prendre un livre, je sentis deux mains se poser sur ma taille. Quel goujat osait faire ça ? Je me retournai pour le gifler, quand je me rendis compte à temps que c'était Vince !

- Vince, écoute…

- Non, toi écoute, me coupa-t-il. Je suis désolé pour ce qui s'est passé, je n'ai pas été sympa de regarder la télé alors que tu étais là. Je m'excuse pour mon comportement de ces derniers jours, j'ai du mal à me concentrer en ce moment, mes notes baissent et ça a tendance à influencer mon humeur. Je suis vraiment désolé.

Qu'il était adorable de se confondre en excuses. Finalement, mon couple n'était pas au bord du gouffre, je ne me sentais plus perdue. Ce n'était pas une averse, mais seulement de simples nuages qui passaient. Il ne voulait pas m'embêter avec ça, et n'a rien dit. Ses parents attendaient tellement de lui, il avait peur de les décevoir. Le pauvre, certains connaissaient ça, la plupart des parents sont très attentifs, d'autres plus stricts, pour ceux qui s'en soucient un minimum…

Comment ne pas s'attendrir devant son visage tout mignon et tout triste ? Toute ma colère s'était envolée et il ne restait plus que l'amour.

- C'est déjà oublié, assurai-je.

Seulement depuis quelques secondes, mais quelle importance ?

- Merci, se réjouit-il, je te promets que je vais être aux petits soins pour toi, un vrai petit ami modèle.

Oh… Fleurs et chocolat en vue, peut-être même des bijoux.

Qu'attendait-il pour m'embrasser, c'est comme ça qu'on se réconcilie, non ?

- Est-ce que j'ai droit à un baiser ? s'enquit-il.

Même plusieurs s'il voulait. Pour toute réponse, je l'embrassai. La météo du cœur annonçait du soleil, et pour longtemps.

*

- Julie !

C'était Maxime qui m'appelait. Il était midi passé, je mourrais de faim – rêvant des trois frites que j'allai piquer à Vince – j'étais allée retoucher mon maquillage pour être parfaite pour déjeuner avec lui. Chose qui devait arriver un jour, Maxime proposa de déjeuner avec moi. Et mes amis. Il se réjouissait déjà de faire leur connaissance, et voir celui qui m'avait fait pleurer.

- Je ne pense pas que ce soit une bonne idée tu sais, hésitai-je, je ne les ai pas avertis. Ils n'aiment pas trop les surprises.

- Je ne pense pas qu'ils vont s'énerver pour si peu. Envoie-leur un message dans ce cas, ajouta-t-il en souriant.

Je ne répondis rien, mais mon regard dut montrer que je n'en avais pas très envie et que rien de ce qu'il dirait ne me ferait envoyer ce message. Son sourire s'effaça.

- Tu ne veux pas que je mange avec vous, c'est ça ? Il me manque quoi ? Un compte avec six zéros ? Parce qu'il me semble que j'ai deux bras et deux jambes comme vous, s'énerva-t-il.

- Ce n'est pas ça, essayai-je, en pensant tout à fait le contraire.

J'aurais tellement voulu qu'il vienne, il les aurait fait rire, mais ils ne l'auraient jamais accepté.

Il comprit alors pourquoi nous déjeunions toujours dans la deuxième salle, pour éviter qu'on nous voie ensemble. Je ne savais plus quoi dire, alors je ne dis rien. Mais lui me dit la phrase que je redoutais tant d'entendre.

- Je pensais que tu étais différente de tous ces fils à papa friqués, je ne veux pas d'une amie que je vois en cachette. Ne t'inquiète pas, tu ne me verras plus, comme ça tu ne seras plus embarrassée.

Il partit très en colère et moi blessée, comme avec Vince et moi, en inversant les rôles. Quand mon couple allait bien, c'était côté amitié que tout allait mal. Tant pis, j'adorais Maxime, mais j'avais Vince, je n'étais pas totalement déprimée. Je ne voulais pas gâcher cette journée de réconciliation, je devais faire un choix et le destin avait choisi pour moi. Possible que je me réconcilie aussi plus tard avec lui, ou pas, mais je ne pouvais pas encore le savoir.

Alerte météo amitié : tempête en vue.

CHAPITRE 23 : Vacances de folie aux Caraïbes

Partir en vacances, c'est toujours au moins deux jours de préparation de bagages, même si c'est aux Caraïbes et que les vêtements sont mini mini. Les vacances étaient là, l'avion prêt à partir et toutes les Princess étaient excitées, les hommes étaient juste heureux d'aller faire dorer leur peau au soleil. Mais Noël se passerait en famille et sous la neige bien évidemment.

Je partais avec D et B comme d'habitude, Chad, les parents et… Richard. B voulait être parfaite pour qu'il tombe dans ses bras, elle était passée deux fois au C.C au lieu d'une. Il y avait toutes les chances pour qu'ils se mettent ensemble là-bas.

J'avais prévu deux grandes valises et un vanity, mais en tant que fille ce n'était pas certain que ce soit suffisant. Maria alla prendre le sac où se trouvaient les maillots et les étala sur le lit. Il y en avait une bonne trentaine, peut-être plus.

- Alors, lesquels ? questionna-t-elle. Le noir, c'est un basique, je sais que tu vas le prendre. Mais il ne couvre pas grand-chose.

À force de nous côtoyer, elle savait certaines choses sur la mode. Elle le mit donc dans la valise.

- C'est pour ça que je le prends, répondis-je.

Un bikini c'est censé être mini, non ?

Après son départ, je pris bien sûr le mini bikini, des tas d'autres en plus de ceux que j'avais achetés, sans oublier des mini shorts, des mini jupes et des robes, en tissu très léger pour ne pas avoir chaud ; des mules, et des talons hauts, pour les soirées, mais surtout de grands paréos transparents pour être habillée sans vraiment l'être. Ainsi que des grands chapeaux tendances et des lunettes de soleil, de la crème solaire pour bronzer sans brûler, du make-up évidemment, waterproof pour la plupart, et une brume pour les cheveux, le détail sexy qui embaume à chacun de vos passages.

Pour l'argent dépensé, l'hôtel offrait les serviettes, moelleuses et douces, les transats étaient réservés, l'accès illimité jour et nuit aux soins, hammam, sauna, jacuzzi (en plus de celui dont dispose chaque chambre) et possibilité de prendre ses repas à la carte et à toute heure.

Je dus m'asseoir sur les valises pour les fermer, mais j'y parvins et je m'en tins à mes trois bagages. Pourvu que je n'aie rien oublié, tout allait ressortir si je les rouvrais. Pour les sacs, deux étaient suffisants, car nous ne restions que quelques jours : un pour la plage, l'autre pour le soir, plus une pochette pour le maquillage. Pour les bijoux le strict minimum suffisait, le sel et le sable les abîment.

J'étais en train de ranger mes magazines people et de mode dans mon sac pour l'avion dont le *Vogue* bien sûr, quand B m'appela.

- Problème de bagage ? demandai-je en décrochant.

- Non, je voulais juste te dire que j'ai acheté un maillot super sexy pour faire craquer Richard. Vert, couleur de l'espoir, mais je dirais plutôt de la sensualité. Le bas a des ficelles avec des perles sur le côté qui s'attachent et donc se détachent très facilement, et le haut qui s'attache dans le cou avec un push-up intégré.

- Waouh ! Tu ne fais pas les choses à moitié. N'oublie pas le plus important : les "présas", rappelai-je.

- J'ai failli oublier, quelle horreur ! Tu imagines ? s'exclama-t-elle. On est plus que chauds et là on n'a pas de "présa"... Enfin, des fraises, du champagne et des "présas". Et le jacuzzi avec des bulles. Je m'y crois déjà.

*

Le vol et le décalage horaire ça fatigue, alors un petit dodo pour tout le monde s'imposait. Une fois reposés, rafraîchis et remaquillées pour les filles, nous décidâmes tous d'aller profiter de l'immense piscine en forme de cacahuète et bleu azur. Le petit british était déjà là, en short de bain, de dos, en train de discuter avec les parents.

- Ne me dites pas que c'est Richard, ne me dites pas que c'est Richard ! s'écria B.

- Alors, on ne te le dira pas, dit D en souriant.

- Il est tellement craquant de dos, continua B, il ne faut pas qu'il se retourne trop vite ou je vais faire un malaise.

On arriva en riant.

- Qu'est-ce qui vous fait rire ? s'enquit mon père.

- Des trucs de fille.

Je m'étais fait une robe avec un paréo transparent, D était descendue directement en maillot et B avait une petite robe turquoise. Elle l'enleva lentement pendant que Richard la regardait pour ce qui était presque un strip-tease avec le sex-appeal de B. Elle le savait et souriait certainement intérieurement.

On se tartina mutuellement de crème et on s'allongea sur les transats. Richard se leva et nous regarda.

- Alors les filles, qui vais-je noyer ?

- Tu ne voudrais pas abîmer notre brushing quand même ? plaisanta D.

- Je ferai attention à vos cheveux, promis.

- Je veux bien me baigner, mais ne m'approche pas, l'avertis-je.

J'entrai dans la piscine, elle était fraîche et d'un bleu à la fois doux et brillant. C'était un vrai plaisir de sentir la chaleur du soleil sur la peau quand on pense que quelques heures plus tôt nous étions encore dans la neige et le froid.

Richard me rejoignit. C'est vrai qu'il n'était pas mal, musclé, la peau lisse, quoi de plus sexy qu'une tablette de chocolat imberbe ? Ça me rappela le torse de Vince, j'avais envie de le voir, quelques jours à se dorer et je pourrai être dans ses bras, pas si mal pour patienter.

D mit de l'huile pailletée sur ses jambes et son décolleté et s'assit au bord pour mouiller ses jambes.

- Allez B, viens, appela Richard. S'il te plaît… C'est bientôt l'heure de dîner.

Waouh, il l'appelait par son surnom, quel rapprochement. Et un garçon qui suppliait, en plus en public, c'était à ne pas rater. Avait-il envie de rapprochements aquatiques ? En tout cas, B voulait se faire désirer.

- Je n'ai pas envie de me mouiller pour le moment, lui répondit-elle.

- Comme tu voudras.

La joie de Richard s'était un peu envolée, pour ne pas qu'il se désintéresse définitivement de B par dépit, je lui envoyai de l'eau pour le faire penser à autre chose.

- Oh, tu veux jouer à ça ? questionna-t-il avec un sourire.

Il m'arrosa, D l'éclaboussa à son tour pour me défendre. Chad nous rejoignit. On s'amusa comme ça une bonne dizaine de minutes, je voyais que B regrettait de ne pas être venue, mais son plan était en bonne voie. Autant qu'il pouvait s'amuser avec D et moi, on ne la remplaçait pas. Ensuite on eut envie de faire bronzette, Richard passa de la crème solaire sur le dos de B s'attardant un peu, endroit tellement inaccessible. Elle dit qu'elle devait en remettre, mais qu'elle ne pouvait pas le faire toute seule, il se proposa naturellement, son transat étant par le plus grand hasard à côté du sien.

Vers dix-huit heures trente, nous montâmes prendre une douche dans notre chambre avant de nous préparer pour le dîner. Les parents s'assirent de leur côté, nous du nôtre. Richard était bien sûr à côté de Blair. Le menu était ordinaire d'un côté de la carte, diététique de l'autre. Avec les filles, nous étudiâmes évidemment le second, ce qui fit sourire les garçons. Pour le dessert, B commanda un moelleux au chocolat ! D et moi nous regardâmes effarées. Qu'est-ce qui lui prenait ? Pour ne pas lui faire remarquer devant tout le monde, je lui envoyai un message sur son portable. Elle sourit et me répondit :

Ne vous inquiétez pas. Nuit d'amour en vue : toutes les calories seront brûlées.

- Pourquoi tu souris ? me demanda Chad.
- Pour rien.

CHAPITRE 24 : Une B toujours aussi entreprenante

B alla voir Richard après le dîner, vers vingt-trois heures. Quand il ouvrit, il fut surpris.

- Bonsoir… Tu as besoin de quelque chose ?
- Ça te dit une baignade de nuit ? proposa-t-elle.

Il fut étonné que B ait tant d'initiative, mais il sourit.

- D'accord… Laisse-moi une minute, je vais me changer.

Je les aperçus de ma terrasse, comme Daphné. On les observa un peu, puis on rentra se coucher par décence. On ne pouvait entendre ce qu'ils disaient, mais B nous raconta tout bien sûr. Ils barbotaient gentiment dans la piscine déserte à cette heure-ci et B avait mis son maillot avec les ficelles « facilement détachables », très sexy même s'il n'y avait que les lumières de la piscine et la lune pour les éclairer. Elle s'approcha de lui et passa ses bras autour de son cou. Il posa naturellement ses mains sur les hanches de Blair.

- Tu as prévu de passer la nuit seul ce soir ? Pas de fille qui t'attend dans ta chambre ?
- Non. Pourquoi ? demanda-t-il avec un sourire.
- Je pourrais peut-être te tenir compagnie.

Proposition qu'il trouva très intéressante. La bouche de B se rapprocha des lèvres du petit british et ils s'embrassèrent, un baiser long et doux. Depuis le temps qu'elle attendait ça ! Elle nous avoua qu'elle rêvait d'un baiser plus fougueux, mais Richard est naturellement doux, ce qui ne lui déplaisait pas à vrai dire. Et ils se dirent que ce serait bien de retourner à la chambre. Ils sortirent de la piscine, il l'emmitoufla dans une serviette et la prit ensuite par la main avant de remonter. Après s'être séchés, ils firent une petite séance de bisous.

- Tu as ce qu'il faut ? vérifia Blair. Sinon j'en ai.

- Oui, assura-t-il, je vais les chercher.

Un mec prévoyant et respectueux de sa partenaire, quel bonheur ! "Good" sexe, mais "safe" sexe. Il alla à la salle de bains pendant que B arrangeait ses cheveux. Il revint, la boite à la main et s'arrêta à l'embrasure. Il regarda B, puis regarda la boite.

- Tu sais, je pense qu'on ne devrait pas se précipiter. Nous venons à peine d'arriver, nous sommes un peu fatigués et ce ne serait pas idéal.

- Je n'ai pas envie d'attendre. Et... Tu sais que ça fait deux fois que tu me repousses ? fit-elle remarquer.

- Je ne te repousse pas cette fois, je reporte seulement ce moment qui doit être inoubliable. Mes capacités sont diminuées dans cet état, je ne voudrais pas que tu sois déçue.

C'est sûr, B pesa le pour et le contre : une nuit d'amour tout de suite avec un Richard fatigué qui risquait de ne pas terminer ce qu'il avait commencé, voire même s'endormir, ou une nuit parfaite fraises, champagne, un Richard en pleine forme et au top de ses capacités pour une première fois de couple inoubliable.

Son choix ne fut pas long. Dormir dans les bras de Richard, contre lui, sans avoir rien fait avec lui, ça lui plaisait quand même. Et dormir en maillot à la place d'une nuisette, au lieu de nue près de Richard n'était pas si mal.

*

Ils se réveillèrent ensemble (Richard n'avait pas changé d'avis au cours de la nuit), mais ils prirent le petit déjeuner avec nous pour ne pas éveiller les soupçons et restèrent discrets durant le repas. Vers dix heures, les garçons allèrent à la piscine, nous au sauna et les parents au golf. Pendant que nos corps éliminaient les toxines et calories superflues, B examinait la soirée.

- Il aurait pu en profiter, mais il ne l'a pas fait. Il a préféré remettre à plus tard, car il n'était pas au top de sa forme et que ça aurait laissé à désirer.

- Et dans la piscine, il s'est passé quoi exactement ? questionnai-je Blair.

- Bisous et c'est tout. La chambre de mes parents donne dessus, elle était éclairée et j'étais dans ses bras.

Évidemment, on tient à éviter ce genre de scène très désagréable, la vie privée reste privée même pour des ados. Mais si la mère de B avait vu ça, elle aurait été au comble du bonheur naturellement, n'oublions pas que c'est Richard. Tout à coup, je me rappelai ce que B avait mangé au dessert, mon Dieu !

- Oh, je sais, se désola-t-elle, ne m'en parle pas. J'ai prévu de rester encore une demi-heure ici, ensuite j'irai suer à la salle de sport. D'un côté, je ne regrette pas, je n'ai pas pu avoir le petit british, mais j'ai eu une délicieuse part de gâteau.

- Je viens de penser à quelque chose, dit D. Il t'a proposé de dormir avec lui, vous vous êtes embrassés, donc vous êtes officiel-lement-officieusement ensemble. Ce qui veut dire que tu n'as plus à t'inquiéter B, votre nuit d'amoureux est proche et de toute façon vous êtes vraiment un couple.

- C'est vrai, m'exclamai-je, comme si j'avais fait la découverte du siècle. Bon, je vais prendre une douche, j'ai un soin du visage dans dix minutes. N'oublie pas qu'on va à la plage après ta séance de sport. Et ne fatigue pas trop, ajoutai-je en souriant, sinon c'est toi qui ne seras bonne à rien.

*

On bronza et nagea à la plage toute l'après-midi. Le soir arriva, après le dîner nous montâmes à ma chambre avec D et B pour une soirée filles. Je sortis mes magazines – même en voyage à l'étranger les Princess se tiennent au courant des toutes dernières nouvelles people – pendant que D changeait la couleur de son vernis aux pieds et que B se tartinait de crème hydratante. J'échangeai mes magazines contre le tube de B et D alla mettre de la musique en sautant sur un pied, l'autre étant verni.

- Oh, j'ai oublié de vous dire ! Cette peste d'Ambre Carlson a perdu quatre kilos en deux semaines ! se renfrogna Blair, mécontente. Il paraît qu'elle a fait une liposuccion, mais d'autres disent qu'elle s'est mis un doigt au fond de la gorge tous les jours depuis qu'on sait que ses robes taillées dans des rideaux servaient à cacher ses rondeurs.

- Beurk ! Elle ne pourrait pas faire un régime hyperprotéiné comme tout le monde ? s'insurgea D.

Même en vacances, elle faisait toujours parler d'elle. Et pas en bien… Sinon aucun intérêt d'en discuter. Et ça pourrait paraître hallucinant en Europe, mais aux USA, la chirurgie esthétique chez les jeunes, ça devient de plus en plus tendance. Alors vrai ou pas, il était très possible qu'Ambre se soit fait aspirer ses mois de goinfrage si elle avait eu un A, ou pour encore être invitée aux soirées.

- OK, mais il y a pire : pendant qu'Ambre fond, Ashley Simson s'arrondit, informa Daphné.

- Non, elle est vraiment enceinte ? s'enquit B.

- À moins qu'elle fasse un détour par la pâtisserie tous les jours…

Une vraie référence cette Ambre à vrai dire ! Pour ce qui est d'Ashley, une fille du lycée l'avait vu en maillot à la plage main dans la main avec son footballeur nous révéla D, et son ventre était bien rebondi. Ça me désola tout de même pour elle.

Il était assez tard, mais nous convainquîmes Blair d'aller faire un tour à la chambre de Richard, un massage pouvant éventuellement faciliter les choses, elle accepta d'y apporter son huile de massage. Et nous jura que s'il refusait une fois de plus, elle reviendrait en pleurs. Mais connaissant B, au pire, ce serait naturellement de colère. B n'a jamais, au grand jamais, pleuré pour un garçon. Elle nous laissa avec le *Vogue* et la promesse de nous raconter tout ce qui allait se passer.

Le lendemain, elle nous dit qu'elle avait changé d'avis, elle avait préféré voir s'il viendrait frapper à sa porte, donc elle n'y était pas allée. Et… effectivement, il était passé. Elle l'avait accueilli en nuisette de soie violette.

- Tu as vu l'heure qu'il est, monsieur McArfield ? plaisanta-t-elle.
- C'est vrai qu'il est tard, mais je me disais que tu serais réveillée. Et puis… je pensais que tu passerais…
- Pourquoi ? Pour ne rien faire avec toi ?
- Blair…
- Je plaisante, entre, le fit-elle entrer.

Il resta planté près de la porte quand elle la referma, mal à l'aise. Pour détendre l'atmosphère et en même temps le petit british, elle l'informa qu'elle avait pris des cours de massage à New York et qu'elle aimerait savoir si elle s'y prenait bien. Elle « ordonna » donc qu'il enlève son t-shirt. Il s'exécuta et s'allongea sur le lit à plat ventre sur la demande de Blair. B a toujours eu de l'audace et la plupart des garçons ne s'en plaint pas. Elle était ravie d'être assise sur lui. Elle massa son dos musclé et bronzé (et doux, sur parole de B) assez longtemps sans voir le temps passer et Richard commençait à s'endormir quand elle eut des crampes, elle décida alors que la détente était finie.

- Je vendrais un hôtel pour avoir des mains comme les tiennes qui me masseraient tous les jours.

Les cours pris étaient une bonne chose en fin de compte, elle n'avait pas dépensé son argent pour rien. Elle se pencha près de son oreille, toujours assise sur lui.

- Alors, épouse-moi et tu les auras tous les jours… et le reste aussi. J'appelle ma mère pour lui annoncer la bonne nouvelle ? s'amusa-t-elle.
- Sois patiente, c'est un peu confus entre nous, nous sommes sur une île, il faut déjà revenir à New York.

B était dépitée, elle avait envie de lui là tout de suite et s'il lui demandait de l'épouser ça ne la gênait pas du tout. Alors non, elle ne pleura pas, mais par colère et dépit, elle lui refusa de dormir avec lui, à moins qu'il ne revienne avec du champagne et des fraises. Mais bien sûr, il ne le fit pas.

- Bien… Bonne nuit alors, dit-il tristounet en ouvrant la porte.
- C'est ça.

- B ! Fais un effort ! C'est Richard McArfield !

Au petit déjeuner B était toujours dépitée et le petit british mal à l'aise. J'avais essayé de la convaincre avant d'aller manger avec D, mais elle ne voulut rien entendre, ça aurait pu être Bill Gate version Brad Pitt, elle était décidée à lui faire la tête.

- Personne n'a jamais repoussé Blair Diamond.

C'est clair que c'était un peu le monde à l'envers, c'était lui le mec et elle la fille, et pourtant c'était lui qui voulait attendre ! Hum, on finissait par se dire que dans six mois ils en seraient toujours au même point. À moins qu'il ne soit gay, on ne comprenait pas... Il est vrai que les garçons ont beaucoup de mal à lui résister. Aucun qu'elle a séduit n'a dit non. Vraiment aucun.

- Il est peut-être vraiment gay, avança B.

Vision d'horreur. Après Nate, Richard. Si c'était ça, il n'y aurait plus de mecs hétéros pour les filles. Une fille normale aime les mecs, mais une Princess encore plus, alors s'il n'y en avait plus aucun pour nous... que ferait-on des 50 % du temps qu'il reste ?

On promit de trouver un moyen pour qu'elle arrive à ses fins, en attendant elle refusa d'être gentille avec lui. C'est à ce moment-là que le petit british arriva, plus que gêné. C'était la première fois qu'un garçon était viré de sa chambre, même si on n'était pas censé le savoir, lui ne pouvait pas oublier. Il engagea la conversation, par politesse. Tout le monde discutait, mais B et lui ne se parlaient pas. Chad nous proposa d'aller à la piscine après le petit-déj, mais B préféra une journée entre filles de notre côté, et que les mecs fassent la leur de leur côté. Oh là... Elle n'avait pas envie de côtoyer les garçons aujourd'hui.

- Je ne le crois pas, soupira B quand ils partirent, pendant que toi tu t'amuses avec Chad, moi je fais des pieds et des mains pour faire succomber le petit british.

CHAPITRE 25 : En fin de compte…

Comme on ne peut bien réfléchir que reposé et détendu, nous avons décidé de nous mettre entre les mains des spécialistes du bien-être pendant que nos cerveaux étaient en ébullition. Un enveloppement aux algues et un masque éclat pour éblouir sous les cocotiers.

- Tu pourrais frapper à sa porte en plein milieu de la nuit, complètement nue, lui proposa alors D.

Sous une veste, c'est terriblement sexy.

- Imagine qu'il me claque la porte au nez, j'aurai l'air maligne à moitié nue dans le couloir, pensa Blair.

- Dans ce cas c'est qu'il est gay, dit D, on sera fixées. Et pour t'avoir repoussée, on va lui faire la pire des réputations, les rumeurs se propagent à toute vitesse.

- Le monde impitoyable des Princess de Park Avenue ? reprit Blair. C'est horrible ! J'adore ! Ça marche.

Le soir arriva très vite, B était pressée de savoir si elle serait madame McArfield ou madame Evertt (un mec qui la draguait au lycée depuis des semaines à qui elle faisait la sourde oreille à cause du plan FSR). B n'a jamais été désespérée niveau mecs, il y en a toujours prêts à sortir avec elle (riches et beaux bien sûr), ce qui l'énervait c'était que c'était la seule à pouvoir larguer un garçon, l'inverse n'était pas envisageable. Elle ne parlait toujours pas à Richard, mais avait son regard de Blair la braise. Elle portait une mini jupe à volants – qui n'empêchait pas le petit british de regarder ses jambes, surtout quand elle les croisait et décroisait à la façon de Sharon Stone dans Basic Instinct – et un ampliforme sous

Audrey Féraud

un décolleté dans lequel son regard plongeait à chaque fois qu'elle posait ou prenait sa coupe de cocktail à la cerise sans alcool. Elle l'aguichait au possible. Il fallait être fou pour ne pas succomber au charme de B. Ou être gay.

Les parents prenaient l'apéritif de leur côté, nous avions prévu de dîner ensemble à vingt heures précises. Nous étions dans le « petit » salon, assis sur des fauteuils à bras moelleux et confortables avec des motifs à fleurs. L'ambiance était feutrée et la cheminée qui était là uniquement pour décorer, la température extérieure étant toujours au dessus de 25° C, était de marbre et d'or avec un miroir à bordure dorée très pratique pour vérifier son maquillage discrètement.

- On a passé la journée à bronzer et à se baigner, nous raconta Chad.

- Et à mater les filles ? poursuivit Daphné.

- Tout de suite, tu penses à ça. Mes yeux sont faits pour ne regarder que toi darling.

- Quel charmeur ! Je ne sais pas si c'est vrai, en tout cas profite, car quand tu m'auras passé la bague au doigt, tu ne pourras plus. Et si tu le fais, je t'arrache les yeux, l'avertit-elle.

On éclata de rire, elle peut être excessive parfois. C'était possible qu'elle se marie vraiment avec Roméo, amoureux au possible à ce moment-là, mais elle pouvait aussi en épouser un autre.

À chaque fois qu'une Princess a un petit ami depuis plus de trois semaines – comprenant trois sorties – elle le considère comme un fiancé (possibilité de mariage : 20 %). Après la première nuit ensemble – si elle survient après les trois semaines – la possibilité est à 30 %. À partir de six mois, on est «vraiment fiancé » – l'intervalle de temps étant raisonnable pour que le garçon fasse sa demande (la possibilité augmente à 45 %). Si au bout de neuf mois le couple est toujours ensemble et que le fiancé fait sa demande, devenant réellement fiancé, ça devient concret, la Princess ayant la bague au doigt (possibilité : 50 %). Mais elle peut toujours finir par refuser, car une Princess a un but : trouver un fiancé (seul moment où elle serait réellement heureuse), mais être une future épouse la prive de sa liberté et elle le quitte, jusqu'à ce qu'elle en trouve un

132

autre (ça arrive cinq ou six fois en moyenne, enfin minimum). À partir d'un an et de la bague au doigt, il y a toutes les chances pour qu'elle se marie, ceci dit, certaines Princess tiennent plus à leur liberté qu'à une carte bleue illimitée, une villa sur chaque continent et une coiffeuse et maquilleuse personnelles… Après tout, à elles seules elles peuvent l'avoir aussi.

- Ouh là, m'exclamai-je, tu devrais investir dans des lunettes de soleil noires, Chad.

- Eh, toi ne l'aide pas ! protesta D en me donnant une petite tape.

On s'amusa bien ce soir-là se taquinant sur le « matage » de filles et de mecs, l'île étant remplie de mâles musclés et bronzés et de sirènes aux corps parfaits et courbes voluptueuses, mais après tout les yeux sont faits pour ça, non ?

- Et vous les filles, bonne journée ? s'enquit Richard.

- Elle aurait pu être mieux si certains n'avaient pas peur de vivre, dit B cyniquement. Excusez-moi, je vais me repoudrer le nez.

Vivre, ça me rappela les paris de Maxime pour se sentir vivant, il me manquait.

Blair se leva et sortit dans le couloir en direction des toilettes. Richard se leva à son tour, en s'excusant et la rattrapa avant qu'elle n'entre. Nous ne pouvions pas les voir, mais ils étaient à portée de voix, et puis B nous racontait tout. Il lui demanda de l'écouter, mais Blair n'écoutant qu'une seule personne, c'est-à-dire elle-même, elle ne le fit pas. Elle poussa la porte pour entrer, mais il la retint par le bras. À partir de ce moment, ils baissèrent la voix, on ne pouvait pas les entendre.

- Ce sont les toilettes des filles, tu comptes entrer peut-être ? interrogea-t-elle, arrogante.

- Bien sûr que non, je ne vais pas te suivre jusqu'à l'intérieur. Je peux attendre si tu veux, proposa-t-il.

- Toi tu peux peut-être m'attendre, mais moi je suis fatiguée de t'attendre, d'attendre que tu te décides, que tu voies que je suis là, s'énerva-t-elle.

- Je te vois Blair. J'aimerai tant y arriver, mais quelque chose m'en empêche, quelque chose me retient au dernier moment, lui confia le petit british. Je t'assure que tu me plais.

- Je sais ce que c'est. Je crois qu'il n'y a que toi qui ne t'en rendes pas compte, ne t'inquiète pas, je ne le dirai pas aux autres. Tu n'as pas de souci à te faire pour moi, il y a plein de mecs. C'est mieux qu'on soit amis, ce sera beaucoup plus simple entre nous.

Elle alla se repoudrer le nez avec de la poudre minérale, une invention fabuleuse et le petit british sortit prendre l'air avant de revenir. B n'avait plus envie de continuer, elle ne s'est jamais fatiguée pour un mec, ils lui courent tous après, alors ce ne serait pas demain la veille.

Le dîner se passa sans encombre, ils paraissaient même détendus. Les parents étaient ravis des vacances et nous voulions nager un peu à la piscine pour mieux assimiler le repas. Le soleil, la mer, la piscine, les grands chapeaux chics, j'adorais ça, comme les autres, mais New York, sa neige, ses grands magasins de luxe, Vince et Maxime me manquaient. Mais chut, si les autres le savaient ils penseraient que je devenais folle, c'est un secret !

*

Deux heures avant le départ, j'étais plongée dans un magazine people dans le petit salon. Il était dix-huit heures, nous devions dîner dans l'avion, je faisais patienter ma faim avec la double page sur les bottes à la mode. Richard entra, une boite en velours à la main. J'étais tellement concentrée que je ne le remarquai pas. Donnez un magazine girly à une fille et elle oublie tout ce qui l'entoure. Il s'éclaircit la gorge pour me signaler sa présence.

- Tu es déjà prête ? me demanda-t-il en souriant. Serais-tu pressée de partir ?

Absolument !

- Non, c'est juste que je ne voulais pas retarder tout le monde et faire rater l'avion, mentis-je.

Il s'assit près de moi, face à la cheminée et me tendit la boite qui avait une forme rectangulaire et abritait certainement un bijou. Il ne serait pas là à Noël, et tenait à me donner mon cadeau maintenant.

- C'est gênant, dis-je, je n'ai rien pour toi, je n'ai pas encore eu le temps d'acheter ton cadeau.

Ou tout simplement que je ne comptais pas le faire…

Je soulevai la partie supérieure, l'intérieur était d'un blanc éclatant et contenait un bracelet d'environ trois centimètres de diamètre couvert de diamants encore plus blancs, même ceux qui passent chez le dentiste une fois par mois n'ont pas des dents aussi brillantes. Ils étaient incroyables.

- C'est beaucoup trop beau, repris-je.
- Pourquoi « trop » ?

Une Princess refuse très, très rarement un cadeau surtout s'il s'agit d'un bijou. Par contre, ce serait impoli de dire oui tout de suite, il faut (faire croire) qu'on hésite.

- Ça a dû te coûter une fortune !

La phrase classique à dire, la Princess sait que le cadeau est très cher, c'est pour ça qu'elle accepte !

- Pas autant que tu le penses, m'assura-t-il pour me convaincre de le prendre.

Bien sûr que si, en sachant combien un seul de ces diamants avec une telle qualité coûte, ça ferait s'évanouir une petite nature. Le problème c'était que je ne pouvais vraiment pas accepter, B pourrait être jalouse, ma mère ne me lâcherait plus avec le petit british, et vu ses anciens assauts pour me séduire ça me mettait un peu mal à l'aise. Une écharpe en cachemire aurait fait l'affaire, ou la paire d'escarpins *Louboutin* la plus chère.

- Il est magnifique, mais je ne peux pas l'accepter.
- Essaie-le au moins avant de refuser.

Je n'osais même pas le toucher de peur qu'une fois à mon poignet je ne puisse l'enlever. Il prit le bracelet et me l'attacha. Bizarrement, j'étais subitement sans énergie, toute la force avait quitté mon corps, je ne pus résister… Qu'il était beau ce bijou à mon bras, j'étais sûre que même avec la plus grande volonté du monde je ne pourrais pas le défaire.

- Bon… Il est très bien. Je ne le mettrai que pour les grandes occasions.

Quoi ? Ma mère m'aurait étranglée si je ne l'avais pas accepté. Après tout, ce n'était qu'une centaine de diamants, non ?

CHAPITRE 26 : Une idée de cadeau fastidieuse à trouver… et à préparer

New York, New York ! Vous connaissez la chanson ? Ah, que j'adore cette ville, mon chez moi, mon sweet home. Les vacances n'étaient pas finies et Noël était là, il sonnait à ma porte ! Un jour autorisé ne peut pas se manquer. La boite de chocolats offerte par Richard n'était plus qu'un souvenir, je l'avais donnée à Maria, quand les fêtes approchent elle ne peut rien refuser. Je voulais MON chocolat : Maxime. Nous étions toujours fâchés, ce que je regrettais énormément. Noël est un jour exceptionnel, extraordinaire, où les gens sont heureux et joyeux. C'est un bon jour pour la réconciliation, l'atmosphère est différente et la nouvelle année approche, c'est le moment pour oublier les rancœurs. Bien sûr, je n'allai pas le déranger en pleine réunion de famille, avec chocolats, dinde, et chaussettes accrochées à la cheminée. J'irai le voir le lendemain avec un cadeau pour me faire pardonner en espérant que Clownie accepterait d'oublier ce qui s'était passé.

Le premier problème était de trouver quel cadeau, le deuxième de ne pas me faire claquer la porte au nez. Qu'est-ce qu'on peut offrir à un garçon ? Je me le suis toujours demandé, c'est difficile. On sait toujours quoi acheter à une fille, c'est classique : fleurs, chocolats, bijoux, parfums, produits de beauté; mais on ne sait jamais pour un garçon. À part une montre, je ne voyais pas, et ce n'était pas original.

Qu'est-ce qu'aiment les garçons ? Les filles, d'accord, ça ce n'est pas nouveau ; le sport, après tout c'est génétique ; le sexe, même s'ils ont le monopole d'aimer ça, les filles aussi, mais plus officieusement ; les vêtements de marque et être beau, l'une des rares choses « unisexe » ; les dernières technologies, trop compliquées pour nous. Alors, qu'est-ce que je pouvais bien lui acheter ? Une fille, forcément je ne pouvais pas ; côté habits, une veste en cuir serait pas mal, mais je ne connaissais pas sa taille... Un coffret de marque spécial rasage avec lotion préparatrice, blaireau, lotion après-rasage et soin hydratant, autrement un parfum, mais certaines personnes sont du genre à le prendre pour « file prendre une douche, merci », et puis je ne savais pas quelles senteurs il aimait. Pour ce qui était des technologies, j'ai pensé bien sûr à lui offrir le téléphone portable dernier cri, sachant qu'il avait déjà un ordinateur, à moins que je ne lui achète un ordi portable. Ou une montre, super classe, de marque, et grâce à moi il ne serait jamais en retard. Je revenais toujours à la même chose.

Le seul problème à ce genre de cadeaux (autrement dit le genre de cadeaux que j'offre tout le temps) c'était qu'il trouve déplacé que je lui achète quelque chose d'aussi cher et que ça lui rappelle pourquoi nous nous étions disputés. Non, il fallait que je trouve quelque chose qui le touche, quelque chose que je fasse moi-même, de mes petites mains blanches. Une carte décorée pleine de paillettes et de drapeaux blancs avec un tas de «pardon» serait trop nunuche. Je me donnai mal à la tête à réfléchir comme ça. Je descendis à la cuisine, Maria préparait de la pâtisserie. J'avais besoin de conseils.

- Qu'est-ce qu'on offre à un garçon pour Noël ? la questionnai-je en me servant un verre de jus de fruit.

- Pourquoi pas une montre ? avança-t-elle.

Est-ce que nous pensions toutes à la même chose ? Tous les hommes mariés doivent avoir une extraordinaire collection de montres...

- Ils adorent les voitures, poursuivit Maria, certains les aiment plus que leur femme.

Je n'y avais pas pensé, les voitures ! Les mecs adorent les voitures, ils les bichonnent comme si c'étaient leurs enfants. Je ne pouvais bien entendu pas lui en acheter une, quelle idée, même si ça lui éviterait de prendre le bus. Par contre une voiture toute petite, une mini voiture, pas du genre en plastique pour les enfants, mais plutôt de collection avec de super finitions. Maxime adorerait, il trouverait ça trop drôle. La montre me posait toujours un problème, si moi je n'avais aucun souci à l'acheter, lui pourrait en avoir à l'accepter.

- Je ne sais pas quoi lui offrir, c'est trop difficile et c'est très bientôt, me désolai-je.
- Demande à un homme, il pourra mieux te conseiller. Ton père rentre dans une heure.

C'était sûr qu'un homme était le plus apte à me renseigner là-dessus, encore fallait-il trouver le bon. Maria faisait les traditionnels gâteaux de Noël en forme de sapins et d'oursons, ça avait l'air amusant de les décorer. Oui, pourquoi pas après tout ? Des pâtisseries de mes mains ne me coûteraient rien et Maxime serait touché que je me sois donnée du mal à les préparer. Le seul hic : quelle Princess de Park Avenue de nos jours sait faire des gâteaux (surtout si elle a seize ans) ?

- Dis à papa et maman que je suis sortie.
- Où tu vas ?
- Faire des courses.

Je filai à la boutique de livres la plus proche, il fallait que je trouve un bouquin de recettes pour pâtisseries et gâteaux. Quand j'arrivai au rayon spécialisé, une vague de solitude m'envahit. Il y en avait tellement et pour tout, ça me donnait envie de faire machine arrière. Si je rentrais, je devais demander à Maria de m'aider, de me dire comment faire, et elle me toucherait le front pour vérifier si je n'avais pas de fièvre. Non, je devais rester là et trouver un livre avec des recettes super bonnes et des consignes super simples. Je ne savais pas encore ce que je voulais faire exactement. Il y avait des livres pour faire toutes sortes de choses, c'était la bataille entre les gâteaux et les autres pâtisseries. D'un côté les moelleux et fondants au chocolat, quatre-quarts pur beurre, brownies, muffins aux raisins, etc. De l'autre, minis tartes aux fraises, tarte à la pêche, cupcakes glacés, choux à la crème, religieuse au chocolat, sablé à la fraise…

J'arrêtai de lire les titres de la centaine de livres sur les étagères. Waouh, après le choix entre gâteaux, tartes, et nouvelles pâtisseries il fallait choisir lequel exactement. Et si je lui faisais des crêpes ou des gaufres ? Que c'est dur de cuisiner ! Que choisir ?... Mon regard se posa sur la couverture d'un livre montrant une pâtisserie ronde et plate. Mais oui, qui avait-il de plus américain que des cookies ? De traditionnels cookies, bons et simples aux pépites de chocolat. Je pris le livre et je sautillais presque en allant à la caisse, j'étais si heureuse d'avoir trouvé « le cookie de la réconciliation », voilà commet j'allai les appeler. Une fois payé, je me rendis à une alimentation que je croisais en route pour acheter des pépites, j'étais sûre que tout le reste Maria l'aurait.

Je rentrai à la maison avec la ferme intention de préparer des cookies. J'avais moins de deux jours et il fallait peut-être que je recommence plusieurs fois pour arriver à un résultat potable. Le seul problème à résoudre après cette montagne d'obstacles résolus était de trouver une tranche horaire où personne ne serait dans la cuisine, or la cuisine est LE domaine privilégié de Maria. Elle se lève très tôt le matin pour cuisiner et je n'avais pas envie de me lever encore plus tôt qu'elle. Le seul moyen était de le faire quand tout le monde serait couché, c'était trop difficile de se réveiller aux aurores, par contre je pouvais sans souci rester éveillée. Cuisiner en pleine nuit quand toute la maison serait dans les bras de Morphée, sans faire de bruit, en secret, que c'était excitant ! Tout ce qui entourait Maxime était excitant.

Le soir même, je ne réussis pas, comme si les esprits s'étaient ligués contre moi : Maria monta à vingt-trois heures et mes parents firent un dîner en amoureux interminable et moi j'étais épuisée de toutes mes recherches, j'étais au lit à vingt et une heure trente. Il ne me restait qu'un jour et ce jour-là c'était Noël. C'est un jour où l'on veille tard, je commençais à être désespérée. Noël fut un jour merveilleux comme chaque année : dîner en famille, sapin de Noël croulant sous les décorations, profusions de cartes de vœux reçues, chocolats et pâtisseries. Je reçus des tas de super cadeaux évidemment, mais je ne pouvais pas en profiter pleinement, la peur de ne pas pouvoir faire les cookies me hantait. Il était tard et je voyais mes parents bâiller.

- Vous devriez aller vous coucher, proposai-je.

- C'est vrai, je commence à être fatiguée, dit ma mère.

Nous montâmes à l'étage ensemble, ils m'embrassèrent et me souhaitèrent encore une fois un joyeux Noël. J'attendis de voir la lumière s'éteindre dans leur chambre et je redescendis avec mon livre. La maison était silencieuse et paisible. Je sortis tous les ingrédients inscrits dans la recette et je m'armai de la chose la plus importante : du courage.

Je commençai à préparer la pâte, c'était la première fois que j'avais les mains dans la farine et de la farine dans les cheveux. C'était fastidieux, mais amusant. J'ajoutai les pépites de chocolat et je mélangeai le tout quand... mon père arriva. Non...

- Julie ? Qu'est-ce que tu fais ?

- Je... je cuisine.

Mais vu l'heure qu'il était, ma réponse le laissait un peu dubitatif. J'étais bien obligée de lui dire, qu'est-ce que j'aurai pu inventer, une subite envie de cookies ? Et puis je n'aime pas lui mentir.

- Je fais des cookies pour un ami parce qu'on est fâchés et je ne peux pas lui offrir le genre de cadeaux qu'on fait d'habitude parce que... eh bien, il n'est pas aussi riche que nous.

- Tu ne m'en as jamais parlé, réfléchit-il, je le connais ?

- Non, mes amis n'apprécieraient pas s'ils savaient et maman ne comprendrait pas.

- OK. Alors, ma fille, qui n'a jamais mis les pieds dans une cuisine que pour manger, fait des cookies ?

Oui, idée assez marrante je l'avoue. Il me promit de ne rien répéter et de n'être jamais descendu cette nuit à la cuisine. Il m'embrassa avant de partir. J'étais heureuse de partager un secret avec lui, c'était le seul, à part le jour où j'avais cassé un vase de très grande valeur et très cher quand j'avais six ans, que ma mère adorait. Mon père le savait, mais avait dit que c'était le chien du voisin avec qui je jouais souvent.

Je me remis aux fourneaux. Maria avait des petits moules très pratiques, pour faire des cookies de taille égale. Je les utilisai six fois, autrement dit j'avais six cookies à enfourner. Je les fis cuire à la température indiquée et en surveillant de temps en temps. Je me dis que six, ce n'était pas assez, je préparai une autre fournée. J'avais douze cookies, la couleur était dorée et ça sentait bon. J'en goûtai un pour savoir, ils étaient assez bons, pas extraordinaires, mais bons. Mais pour Maxime, sachant que c'est moi qui les avais préparés, ils seraient extraordinaires.

CHAPITRE 27 : Une réconciliation en bonne et due forme ou les cookies de la réconciliation

Mon portable vibra sur la table de nuit, me réveillant en sursaut. Je déteste être réveillée comme ça, j'avais encore la tête dans les nuages quand je consultai le message. D voulait savoir ce que j'avais eu à Noël. Je contemplai la chambre, le soleil dardait ses rayons et la pièce était moins fraîche que d'habitude. Oh non ! Je devais juste dormir six ou sept heures, le temps de me reposer. J'avais prévu de passer chez Maxime le matin. Je sautai du lit pour filer sous la douche, brossage de dents, maquillage, habillage. Je me brossai les cheveux avant de me faire deux tresses, le vent soufflant dehors ça m'éviterait de ne plus rien voir. Ensuite, je cherchai dans ma penderie une boite que j'avais depuis que j'étais petite. C'était une boite en fer avec une fée et une baguette illuminée sur le couvercle, qui avait abrité des biscuits. Je voulais y mettre les cookies dedans et la donner à Maxime, je l'adorais et j'espérais que mon geste le toucherait.

Avant d'aller chez lui, je fis un détour par un magasin d'objets miniatures pour y acheter la voiture. J'en choisis une rouge, décapotable, qui ressemblait comme deux gouttes d'eau à une vraie dans les moindres détails. Je la mis dans la poche de mon manteau et repris la route. J'arrivai devant chez lui vers dix-sept heures. Je pris une grande respiration avant de frapper, la boite dans les mains. C'est sa mère qui ouvrit, je ne m'attendais pas à ce que soit quelqu'un de sa famille, je pensais tomber sur lui. J'étais mal à l'aise, Maxime avait peut-être raconté ce qui s'était passé.

- Bonjour, tu viens voir Maxime ? me demanda-t-elle en souriant.

143

Apparemment non, ouf. Elle appela « Maxou », lui annonçant que « son amie Julie était là ». Je ne savais pas vraiment si ces derniers mots étaient encore d'actualité. Maxime arriva en fronçant les sourcils, étonné et ne comprenant pas pourquoi j'étais là. Sa mère nous laissa, un peu embarrassés tous les deux, moi plus que lui, avec ma boite dans les mains.

- Qu'est-ce que tu fais là, tu vends des cookies ? m'interrogea-t-il pince-sans-rire. Je n'ai pas envie de te parler, dit-il en refermant la porte.

Ça s'annonçait mal… Mais il avait raison de m'en vouloir, je m'attendais à cette réaction.

- Attends, protestai-je en la repoussant, je ne te demande pas de me parler, juste de m'écouter. Si les riches ont bien cinq minutes pour se réconcilier, les pauvres les ont aussi pour écouter une ancienne amie qui a été stupide.

Il sembla réfléchir quelques secondes, puis rouvrit la porte en grand. Chouette, une ouverture au drapeau blanc.

- J'ai été stupide, continuai-je, vraiment stupide de m'être comportée comme ça avec toi. J'avais peur que mes amis ne t'acceptent pas, ils sont un peu fermés d'esprit parfois. En fait, je crois que j'avais peur que ce soit moi qu'ils n'acceptent pas si je leur présentais un ami qui ne puisse pas suivre le même mode de vie. Je te voyais en cachette, je trouvais ça excitant, mais j'ai eu tort. Si je pouvais revenir en arrière je ne recommencerais pas, je ne veux pas te perdre une deuxième fois. Tu me manques beaucoup, tes plaisanteries et tes paris stupides pour me faire prendre trois kilos aussi.

- Waouh… Ce sont les plus longues excuses qu'on m'ait faites.

- J'ai fait quelque chose d'extraordinaire pour toi pour que tu me pardonnes, confiai-je, un pari pour moi-même que tu n'aurais jamais imaginé possible. Je t'ai fait des cookies, je les ai baptisés « les cookies de la réconciliation ». Mais si tu le dis à quelqu'un, je te tue.

Il éclata de rire, puis il me fit entrer, avant de me prendre dans ses bras pour me faire un câlin « de réconciliation ». J'étais si contente ! Je retrouvais mon meilleur ami et en même temps la sérénité. Il était assez médusé qu'une Princess soit capable de venir jusqu'ici pour faire des excuses, et ça demandait du courage, alors il accepta de me pardonner de bon cœur. On alla à la cuisine pour qu'il goûte les pâtisseries faites de mes blanches mains (qui aurait cru ça un jour ?).

- Tu ne vas pas m'empoisonner au moins ? plaisanta-t-il.

Même si ça avait été le cas on n'aurait jamais pu accuser une Princess de ce crime, elles ne savent pas allumer un four…

Il ouvrit la boite et concéda qu'ils avaient l'air pas mal du tout. Et ses lèvres se transformèrent en sourire quand il en croqua un, je crois qu'on pouvait dire que c'était un franc succès pour des premiers biscuits. En gentil ami qu'il était, il voulut prendre une assiette pour y mettre les cookies et me rendre ma boite, naturellement je refusai.

- J'ai compris que l'amitié c'est le partage. Ça fait une douzaine d'années que je l'ai et je veux que tu la gardes.

- Waouh, Julie Rosenfield serait-elle en train de changer ? s'étonna Maxime. Merci, ça me touche beaucoup que tu me l'offres, et surtout que tu aies cuisiné pour moi.

J'avais compris une chose essentielle à ce Noël-là, c'est toujours un peu une obligation d'acheter quelque chose aux proches, mais si vous faites ce cadeau vous-même au lieu de juste le payer, il aura beaucoup plus de valeur. Un vrai cadeau ne vient pas du prix qu'il coûte, mais du cœur qu'on y met. Voilà un vrai Noël.

Sa sœur Lisa entra, une sucette en chocolat à la main. Elle me fit la bise puis prit un cookie, ou plutôt elle essaya. Maxime repoussa sa main.

- Julie les a faits pour moi et je les mangerai tous, l'informa-t-il.

- De toute façon, une Princess ne mange pas ce genre de chose, confiai-je à Lisa.

- Même du chocolat ? demanda-t-elle en regardant sa sucette.

On n'a pas encore vu une Princess manger une part de tarte à la terrasse d'un restaurant ou se promener une sucette à la main. Je lui précisai donc que surtout le chocolat était à proscrire. Mais que la veille c'était un jour autorisé. Elle fut très intriguée et je lui promis de lui expliquer un jour. Après tout, ce n'était pas la seule à vouloir devenir une Princess, mais Maxime m'aurait certainement arraché les yeux si j'aidais Lisa. Elle jeta sa sucette en chocolat en me remerciant et nous laissa.

N'oubliant pas pourquoi j'étais venue, je parlai à Clownie de l'autre cadeau.

- Ah, j'avais oublié, j'ai un cadeau pour toi. Je t'ai acheté une voiture.

- Tu plaisantes ? Une voiture avec des portes, un volant, des roues ? avança-t-il.

- Exactement, elle a tout ce qu'il faut.

Il pensait biens sûr que le modèle avait une taille réelle vu que j'avais l'argent pour l'acheter, je riais intérieurement, mais j'essayais de garder mon sérieux le plus longtemps possible. En miniature, elle était parfaite et n'avait rien à envier au cabriolet rose de Barbie. Je la sortis de ma poche et je la posai devant lui. Il regarda sans comprendre et son regard se fixa sur la petite voiture rouge.

- C'est une blague, c'est ça ? saisit-il en souriant. Tu te moques de moi ?

- Elle ne te plaît pas ? Elle est parfaite, et elle est décapotable, quand il fait beau tu peux enlever la capote.

Il prit la voiture et l'observa sous toutes les coutures. J'avais enfin trouvé un vrai cadeau de Noël. Pas quelque chose de juste beau qu'on prend sans regarder le prix, mais un cadeau où on met du sien, et qui a une vraie valeur.

Nous nous étions levés tard tous les deux et nous mourions de faim. Il nous prépara des sandwiches à la dinde, sans sauce pour moi, il me connaissait mieux que je le pensais. Lui ne s'en priva pas, il tartina le sien de mayonnaise-maison, c'est à ce moment que sa mère entra pour prendre un saladier de pop-corn pour regarder un film avec son mari. Le temps d'un automne ! Elle était géniale, je l'appréciais, et elle adorait le même film que ma mère et moi. Comme quoi les sentiments dépassent les classes sociales.

- Ta mère est super sympa, dis-je.

- Elle peut être super stricte aussi quand elle veut, comme me punir trois semaines pour avoir dépassé le couvre-feu de deux heures et ne pas l'avoir appelée.

Une mère normale quoi. Chez moi il n'y avait pas vraiment de couvre-feu et encore moins de punition. La mienne, il ne l'avait jamais rencontrée, et n'avait encore jamais mis les pieds chez moi. Puisque avant j'évitais les complications de ce genre, maintenant c'était fini. Maxime voulait la connaître, normal, mais ma mère n'est pas n'importe quelle mère, c'est une Princess.

- Quand tu seras prêt, je t'inviterai, je ne voudrais pas que tu aies un choc psychologique. C'est moi en trois fois pires.

- Vraiment ? Trois fois ? Je vais devoir me préparer plusieurs jours à l'avance alors.

On s'esclaffa de rire tous les deux, que c'était bon de le retrouver.

CHAPITRE 28 : Richard… toujours là quand il ne faut pas

- Ma belle, Vince est là, il veut te voir.

J'entendis Maria à travers la porte de ma chambre et celle de ma salle de bains, quelle voix ! Je prenais une douche, il était environ quatorze heures et j'avais traîné un peu. C'était toujours les vacances et je ne me levais pas avant dix heures – minimum. J'entendis la porte s'ouvrir - c'était Maria venue nous dire d'être sages – puis se refermer. Vince était assis sur le lit quand je sortis. J'étais en serviette de bain et mes cheveux étaient mouillés. Bien sûr, j'aurai pris la peine de me maquiller et de faire un brushing si je savais qu'il venait, mais parfois il était imprévisible, du genre à oser venir en cachette à une heure du matin sans me le dire, c'était pour ça que je l'aimais.

- Tu devrais t'habiller mon cœur, me dit-il en m'embrassant, si Maria veut qu'on reste sages, il vaut mieux que tu enfiles quelque chose.

- Nous ne sommes pas obligés de rester sages, décidai-je en me mettant sur lui. Ma porte se ferme à clé. Autrement reviens ce soir, j'attends que mes parents et Maria s'endorment et je te fais entrer. Et le matin, tu pars sur la pointe des pieds. À moins qu'on prenne le petit-déj ensemble et que tu fasses comme si tu venais d'arriver, réfléchis-je.

Ça le fit rire. Je suis une fille, j'aime ce qui est romantique et j'avais envie d'un Roméo. Au mieux, je pouvais peut-être avoir des nuits d'amour en secret, comme Roméo et Juliette. Je n'avais plus envie d'attendre. Tant pis si la maison était pleine de gens, d'invités ou d'amis, ma chambre se fermait à clé et la déco était toute faite pour un moment romantique en amoureux.

- Tout de suite ? Je ne sais pas si je peux, je dois regarder mon agenda, plaisanta-t-il.

Il m'embrassa, il ne devait pas être si occupé que ça. Il s'allongea, moi sur lui, et ses mains commencèrent à me caresser lentement, amoureusement. Mes cheveux mouillés lui caressaient le visage, et je sentais son parfum sur son cou et sa chemise, doux et persistant, que j'adorais. Je commençais à déboutonner le haut pendant qu'il me regardait droit dans les yeux. Son regard de braise avait le don de faire monter la température et de me donner chaud. Il m'embrassa à nouveau et passa ses mains sous ma serviette, caressant mes jambes, quand... Maria frappa.

- Julie, ta mère voudrait que tu descendes, monsieur Richard est là.

Je sursautai, j'étais complètement dans l'ambiance, totalement et entièrement dans les bras de mon chéri, toute à lui. J'avais oublié qu'il existait un monde au-delà de ma chambre. On se regarda, figés. Pourquoi fallait-il qu'elle gâche tout maintenant, aujourd'hui ? Il y avait tant de jours où Vince m'avait rendu visite et personne n'était venu nous déranger. Qu'est-ce que j'avais fait pour que les esprits m'empêchent encore une fois d'accomplir notre amour ? Et puis non, ce n'était pas leur faute, le seul fautif était Richard. Que venait-il faire ici ?

- Elle veut que tu viennes lui dire bonjour, continua Maria.

Je soupirai, je n'avais pas le choix. C'est vraiment très énervant d'être coupé dans un moment comme celui-là.

- D'accord, dis-lui que je m'habille et que je descends.

Je me relevai, à moitié énervée à moitié encore dans l'atmosphère amoureuse. Et là Vince me rappela que ma porte n'était pas verrouillée... Mon Dieu, c'était vrai ! J'avais oublié de tourner la clé dans le verrou ! Si Maria, ou pire mes parents, étaient entrés... Quelle horreur, je me dépêchai d'effacer cette image de ma tête. J'allai m'habiller dans la penderie, il se retourna par décence, qu'il était mignon. J'enlevai ma serviette et enfilai un ensemble lingerie blanc, puis je ressortis.

- Tu veux que je mette quoi ? J'ai envie de te faire plaisir, pour me faire pardonner de l'interruption.

- J'aime bien quand tu portes ta jupe noire et ton pull blanc en V.

C'était toujours bon à savoir. Je me vêtus comme il le souhaitait, devant lui. Finalement, l'arrivée du petit british n'avait pas que du négatif, ça fit monter la tension entre Vince et moi. On finit par descendre, Richard était avec mes parents au salon. Il se leva, me fit la bise et serra la main de Vince.

- La température était trop haute dans ta chambre ? demanda mon père en regardant les trois boutons défaits de la chemise de Vince, avec un sourire. Tu es frileuse comme ta mère, elle a toujours tendance à monter le chauffage trop fort.

Mon chéri referma sa chemise, un peu gêné, mais les autres ne comprirent pas l'allusion. Oui, j'étais frileuse. Sauf dans ses bras. Je me suis toujours dit que les bras de l'homme qu'on aime sont mieux qu'un pull bien chaud.

- Richard nous parlait de l'ouverture du nouvel hôtel qu'il a négocié, s'extasia ma mère.

Et de sa grande fortune grandissante, non ? Je pris un biscuit aux amandes posé sur la table basse et je le croquai. Elle me regarda, les yeux écarquillés.

- Julie, qu'est-ce que tu fais ? questionna-t-elle en essayant de sourire. Si tu as faim, il y a des légumes dans la cuisine.

- Tu n'es pas enceinte, au moins ? plaisanta mon père en riant.

- Roger ! s'exclama-t-elle.

Seul mon père pouvait rire de choses comme ça et ça ne lui fit ni chaud ni froid que je mange ce biscuit (suivi d'autres), on ne pouvait pas en dire autant de ma mère…

- Heureux que tu manges, me chuchota Vince à l'oreille.

Ses mots et son haleine chaude me firent des papillons dans le ventre et me rendirent toute chose. Je suis gourmande quand je suis amoureuse, mais je me modérais. Mais là, j'avais envie des lèvres douces de Vince, et puisque je ne pouvais pas, une douceur sucrée n'était pas de refus.

Il y a deux possibilités quand une Princess est amoureuse, soit elle ne mange pas, ce qui arrive souvent, l'amour est le meilleur coupe-faim (de plus, on ne prend pas un gramme pour être toujours désirable aux yeux de l'être aimé) ; soit, elle mange (sans jamais se goinfrer bien entendu) ce qui est très rare. La vie est belle et tout devient désirable, surtout une part de gâteau à la crème à deux cents calories, l'amour fait tout voir différemment. En ce qui me concernait, c'était Vince qui me poussait à manger, comme mon père, il n'aimait pas trop que je me nourrisse de légumes et de fruits. Bien sûr, il me trouvait jolie comme j'étais, mais il n'aurait pas était gêné que j'aie quelques rondeurs de plus.

CHAPITRE 29 : Les éternels affrontements des Princess

Retour au lycée, retour à la cruauté. Tel pourrait être le slogan chantonné dans la tête des Princess le dimanche soir.

- Eh, Ambre, tu as fondu au soleil dis-moi, dit B en souriant hypocritement.

- Oui, les vacances à la plage m'ont aidée. Soleil, jus de coco et diet, confia-t-elle.

- Ah bon ? Ce ne serait pas plutôt la lipo ? Ou le « recrachage » de bonbons-gâteaux ? Certains disent que tu fais les deux.

- Je ne sais pas où tu prends tes sources B, mais elles se sont mal renseignées, répliqua mademoiselle Pâtisserie.

- Mais aux toilettes des filles, tu dois en savoir quelque chose.

Ambre devint tout à coup rouge, colère ou honte ? En tout cas, elle affirma avoir fait un régime super strict et rajouta que B n'était pas là donc elle n'en savait rien. Blair était tout à fait d'accord, d'ailleurs si elle avait été là, avec Ambre, on ne l'aurait pas vue…

Vu que cette « discussion » se passait dans le couloir juste avant les cours, la plupart des élèves étaient là et ne purent s'empêcher de rire à cette remarque cinglante signée B. Tout ce que Mlle Pâtisserie put faire c'est la traiter de traînée.

- Quelle fille n'aime pas les mecs ? répondit B. Moi au moins je ne couche pas avec les mecs des autres, comme celui de ta meilleure amie par exemple… Oups, tu ne lui avais pas dit, non ?

Voilà à quoi sert un secret super croustillant et l'intérêt de ne pas le révéler tout de suite.

- Quoi ? Tu as couché avec Michael ? s'écria sa future ex-meilleure amie.

- Non, elle n'a pas couché avec lui… rectifia Daphné. Elle couche *toujours* avec lui.

- Eh oui, rajouta B, c'est ça de sortir avec la moitié des garçons du lycée, après il ne reste que ceux de ses copines.

Quelque chose me dit qu'elles ne resteraient pas longtemps copines comme cochonnes, ces deux-là. On les laissa dans le couloir, s'arrachant presque les cheveux. Tout le monde sait qu'on ne doit pas toucher au petit ami des copines, il a beau être canon comme un dieu, il ne faut même pas y penser.

Il y a trois règles universelles à respecter entre amies :

1) Ne jamais piquer le copain de sa copine

2) Ne jamais se mentir (sauf s'il le faut vraiment)

3) Être toujours soudées.

Il y a d'autres principes (institués par D, B et moi) :

4) Se tenir au courant des soldes supérieures à 30 %

5) Être prête à interrompre un mariage quand le prêtre dit « si quelqu'un s'oppose à cette union… » si on pense qu'elle ne sera pas heureuse avec *ce* mari riche, beau et plein d'avenir (après tout, il y en a d'autres)

6) Partager ses secrets de beauté

Et la dernière et pas la moins importante :

7) Enregistrer Gossip Girl si une de nous est malade ou ne peut pas regarder.

Nous entrâmes dans la salle de cours, mon chéri était là.

- Bonne rentrée, ma puce ?

- Ordinaire, comme d'habitude.

*

Le premier déjeuner de la rentrée est capital. C'est le premier, ce qui veut dire que ce sera le meilleur, le choix est varié et les saveurs super, et puis le repas ne sera pas composé des restes de la semaine…

Non, c'est une blague, vu le prix que nos parents payent pour que nous soyons ici, les cuisiniers se donnent du mal pour nous satisfaire et les plats sont toujours excellents, comme la qualité, dignes des plus grands chefs. Quel lycée a du homard au moins une fois par mois ?

C'est surtout le moment de tous les potins, tout ce qu'on avait vu et entendu pendant les vacances. C'est le moment où tout le monde se regarde bizarrement, et si quelqu'un vous regarde avec trop d'insistance (à moins qu'il soit amoureux de vous) à coup sûr c'est qu'il y a une rumeur qui court sur vous. La plupart sont la poursuite de celles qui existent, les nouvelles provoquent un brouhaha. Pas la peine de vous cacher, c'est comme si une croix était peinte en rouge sur votre front.

On eut droit à des lasagnes végétariennes, du saumon servi avec des champignons ; pour l'entrée des tartelettes de légumes à la crème fraîche ; et pour le dessert, fondants au chocolat, tartes aux pêches. Côté rumeur, Ashley Simson apparut bien avec un petit ventre, son footballeur de copain ne la lâchait pas d'une semelle. On préféra s'acharner sur Ambre, l'histoire d'Ashley peut arriver à n'importe qui, et ce n'était pas si mal d'avoir un bébé d'un sportif plein de muscles, qui était super attentif envers elle.

Après le déjeuner, nous sortîmes prendre l'air dans la cour, quand Maxime arriva en me saluant… Je fus un tout petit peu embarrassée, comment le présenter, de but en blanc ?

- Tu nous présentes ce joli garçon ? s'enquit B.
- Oui, Blair, Daphné, Vince, Chad, je vous présente Maxime…
- Wellford, compléta-t-il.

Quoi ?

- Ravi de faire ta connaissance, dit Vince en lui serrant la main. Ta famille est dans la joaillerie, c'est ça ?

Que faisait-il ? Il avait changé son nom de famille, très proche de la famille qui est vraiment dans la joaillerie. À quoi jouait-il ? Au lieu de démentir, il acquiesça. Vince était étonné de ne jamais l'avoir rencontré, à quoi Maxime répondit que le lycée était grand et avec plus de filles que de garçons.

- On te présentera nos connaissances, offrit Vince. Tu sais, c'est au lycée souvent qu'on rencontre son épouse.
- Il faudrait plutôt dire que c'est ici qu'on trouve sa future ex-femme, poursuivit Clownie.

Il les fit rire, au fond ça ne m'étonnait pas. Il savait que plus de 40 % des mariages (surtout les premiers) des Princess ne tiennent pas, il arrive souvent qu'elles se marient plusieurs fois.

- Ce serait la première qu'on rencontre au lycée, à la fac on doit sûrement rencontrer la deuxième, continua Maxime.

- Et la troisième, Max, on la trouve où à ton avis ? questionna Chad en riant.

- Là où on se sépare de la seconde, au cabinet d'avocats.

Nous éclatâmes de rire. On a du mal à imaginer que des couples à peine divorcés se forment à cet endroit, pourtant la moitié des personnes déjà mariées se rencontrent comme ça. Qui aime être célibataire ? La sonnerie retentit, la pause était finie. Je promis aux filles de les rejoindre dans une minute, je devais parler avec mon Clownie.

- Pourquoi tu as fait ça ? questionnai-je. Tu m'en as voulu parce que j'avais menti. Je voulais présenter qui tu es vraiment.

- C'est plus simple comme ça. Nous sommes dans un lycée huppé, les gens comme moi sont montrés du doigt, tu m'as prouvé que tu es une vraie amie, ma meilleure amie. Alors, je me fiche qu'on me prenne pour un mec super friqué avec chauffeur et chef cuisiner personnels, ce n'est pas si négatif au fond même si je n'adhère pas à tout ça. On ne t'embêtera pas pour fréquenter quelqu'un comme moi et je pourrai te voir au grand jour. Tu n'auras plus d'excuse, rajouta-t-il en souriant.

Lui qui adorait les paris, ça devait être un challenge pour lui-même et un bon cours de psychologie.

- Dorénavant, je suis Maxime Wellford. Fais de moi un mec de la jeunesse dorée.

CHAPITRE 30 : L'entrée dans le monde de Monsieur Wellford

- Quel dommage ! J'aurai bien aimé y aller.

J'étais avec D et B au C.C en plein « sirotage » de thé vert.

- De toute façon, cette soirée n'est pas si bien, continua D.

Ça c'est ce qu'on dit quand on est prise et qu'une super fête a lieu. Elles tenaient quand même à ce que j'y aille, au moins pour leur raconter. Et je rencontrerai peut-être quelqu'un que je connaissais. Combien de chances ? 100 %. Toutes les personnes dans ce genre de soirée sont connues des Princess et sont des Princess ou parents de Princess.

- Quand je pense que j'avais acheté une robe spécialement pour ce soir-là, déprima B.

Une robe achetée non mise est une catastrophe et elle n'ira pas obligatoirement pour une autre occasion. Et une robe jamais portée est un sacrilège, qui ne se prend pas en pitié pour un vêtement tout tristounet, à la limite de la dépression ?

Le soir même j'appelai Maxime, mon nouvel ami riche et célèbre. D'accord, j'avais des devoirs à faire – une disserte –, mais ça pouvait attendre un peu, n'est-ce pas ? Lui en faisait une d'histoire. Je crois que je préférais encore faire celle de littérature…

Il me proposa de se voir le lendemain, mais il y avait cette soirée avec thème eau. Les soirées où vont les Princess à New York sont toujours à thèmes, et souvent en rapport avec une association ou l'ouverture de quelque chose.

- Intéressant. Alors, je ne te verrai pas ? comprit-il.

- À moins que tu m'accompagnes, dis-je en riant. Mais une soirée comme celle-là serait trop pour toi.

- Tu m'as appelé pour me proposer un pari ? Parce que tu sais que j'accepterai, tu le sais bien Julie.

J'étais certaine qu'il me répondrait ça, je le connaissais par cœur. Les défis font en quelque sorte partie de sa vie et en refuser un serait impensable. Enfin, je ne l'appelais pas pour ça, d'ailleurs ce genre de soirée n'était pas son truc et les invités son inscrits sur une liste. J'étais vraiment désolée qu'il ne puisse pas venir.

- On non, c'est moi qui le suis pour toi, tu vas t'ennuyer sans moi, me répondit-il. Je penserai à toi. Bon courage et ne mange pas trop, un petit four peut aller jusqu'à faire soixante calories.

Il était à se tordre de rire. En plus, un garçon qui écoute *vraiment* une fille qui parle (forcément, cette phrase ne pouvait pas venir de lui) c'est assez exceptionnel.

*

C'est donc seule que j'arrivai, habillée d'une robe fourreau sépia avec des manches sur les épaules. Je portais un collier serti d'émeraudes qui étincelaient de mille feux sous les lumières et que j'adorais. Il y avait déjà pas mal de gens à l'extérieur qui discutaient, à l'intérieur la salle devait être pleine de monde. Je vérifiai mon maquillage et me dirigeai vers l'homme qui s'occupait des invités près de l'entrée, sur un tapis rouge qui allait jusqu'au hall. Je lui annonçai mon nom et il checka sa liste en me souhaitant une bonne soirée. Je le remerciai et marchai tout droit sur le tapis comme un top modèle, quand j'entendis mon prénom. Je me retournai. Si je m'attendais à voir ça ! Maxime, en smoking, super élégant. Je revins sur mes pas.

- Maxime ! Je rêve, qu'est-ce que tu fais là ? Waouh, tu es super beau.

C'était la première fois que je le voyais avec un vrai costume (celui du lycée ne compte pas bien sûr). Et ça lui allait plutôt bien.

- Je ne pouvais pas te laisser t'ennuyer toute seule.

C'était génial qu'il soit là, le seul endroit où je ne pouvais pas être avec lui, c'était à ces soirées. Le hic ? La liste de noms qui ne contenait pas le sien. Maxime ne pouvait pas entrer avant. Ni maintenant. J'étais super déçue qu'il ne puisse pas passer la soirée avec moi, je lui offris alors d'aller quelque part, mais il insista pour que je reste à la soirée, comme prévu. Chad arriva et nous salua.

- Je suis venu finalement, je n'avais rien de mieux à faire et j'adore les petits fours et le champagne, se réjouit-il. Wellford, c'est ça ? demanda-t-il en serrant la main de Maxime. Bon, je vous laisse, on se voit à l'intérieur.

Je souris, il était très possible qu'on soit tous là pour ça. Il entra, et tout à coup une idée me traversa l'esprit. Les Wellford étaient invités ce soir, mais je savais qu'ils ne viendraient pas. Lui qui aimait les paris, est-ce que ce serait assez fou pour lui ?

- Tu veux que je mente, que je prétende vraiment être un Wellford ? Mais je suis un Wellford, très chère, m'assura-t-il en se relevant de toute sa hauteur d'un air fier.

Je le pris par la main et je l'entraînai devant le jeune homme « à la liste ».

- Wellford, dis-je, le cœur battant à cent à l'heure. Junior.

- C'est bon, vous pouvez y aller, passez une bonne soirée.

Maxime me serra la main en dépassant l'employé, je crois que notre cœur à tous les deux manqua un battement en attendant la réponse.

- Je n'y crois pas, je suis à une soirée de fils à papa friqués.

D'accord, il passait son temps à critiquer mon monde, mais je trouvais ça drôle et tout ce qu'il disait était vrai.

- Il est à toi ce smoking ? demandai-je.

- Je l'ai loué, je dois le rendre dans trois heures, me chuchota-t-il à l'oreille.

- Trois heures ? Tu es comme cendrillon !

La pièce était immense avec des colonnes sur le mur, en relief rose pâle, bordées de torsades bleues dans le même ton. Une fontaine de style classique trônait au milieu, des aquariums avec des poissons communs et exotiques étaient installés un peu partout et un canal en plâtre, posé sur des petits piliers à pied dans lequel circulait de l'eau turquoise, avait été mis en place autour de la salle. Côté installation de nourriture, il y avait évidemment des tables couvertes de nappes blanches "ultra white" avec des buffets comprenant du homard, du caviar, des toasts et des petits fours à toutes les garnitures et saveurs possibles. Pour les boissons, champagne de rigueur, cocktails sans alcool et jus de fruits aux goûts surprenants pour les mineurs et bien entendu, de l'eau minérale à cause du thème de la soirée, servie colorée pour l'occasion.

- Incroyable, s'abasourdit Maxime, ils ne font pas les choses à moitié chez toi.

- En faire trop c'est en faire juste ce qu'il faut.

- Alors, est-ce que je ressemble à un gosse de riche ? s'enquit-il. Surtout, dis-moi comment je dois me comporter ou je vais me faire découvrir.

C'était à s'y méprendre, avec son costume élégant. Je lui ai conseillé d'être le plus naturel possible et prétendre avoir un hôtel particulier, des vacances au soleil et sa place déjà réservée à Harvard ou à Yale. Pour le reste, on dirait qu'il était le neveu des Wellford.

- Compris. Et pour ce qui est du buffet ? me questionna-t-il.

- Tu peux manger tout ce qu'il y a, mais le moins possible, ce n'est pas un dîner. Tu peux prendre les petits fours proposés par les serveurs, pour les boissons prends un cocktail et pour le champagne, fais-le discrètement. Ça va aller ?

- Non, je meurs de faim. Je vais avoir du mal à ne pas me jeter sur tout ce que je vois, avoua-t-il.

C'est vrai qu'il ne connaissait pas les règles du monde des Princess. Mais justement, c'était son entrée dans notre monde et c'était un moment très important, autant pour le briefing et sa réussite, que pour le stress. Dans ce genre de soirée, il faut manger avant de venir. Pas de chaises signifie pas de dîner, donc c'est mal vu de manger comme si c'était un repas. On est là pour voir et être vu et pour une soirée à thème qui figurera dans une rubrique du journal.

Maxime m'accompagna au buffet pour manger du homard et des crevettes, la seule chose qui cale un peu aux soirées des Princess. Il tenta le caviar et fit une grimace.

- C'est écœurant et c'est pour cette chose que vous payez aussi cher ?

J'éclatai de rire, c'était indispensable de l'avoir dans une soirée comme celle-là. Il me tendit un verre d'eau rose. Dans quelle soirée peut-on choisir la couleur de l'eau qu'on boit ? Venez à New York !

- Merci. Viens, allons voir les aquariums.

Nous contemplâmes les poissons un moment, captivés, sans rien nous dire. Un aquarium inspire toujours le calme et la réflexion, nous amenant à nous perdre dans nos pensées. Si elle ne va pas vers une donation à la soirée, ce serait plutôt un thème à éviter…

- Elle n'est pas un peu jeune pour être mariée ? me demanda-t-il en me montrant discrètement une femme qui arborait une énorme bague.

- Elle ? Oh, non. C'est son lifting qui lui a enlevé vingt ans et le peu de peau qui lui restait. Sa carte d'identité doit dire le contraire, mais oui, affirmai-je. Pas même sous la torture, elle ne le révèlerait.

- Non… Cette femme a quarante ans ? resta stupéfié Maxime. Et qui d'autre est lifté aussi ?

- Tu ferais mieux de me demander qui ne l'est pas, ça ira plus vite.

OK, une Princess est réputée pour avoir beaucoup d'argent et se payer toutes les dernières crèmes à la mode qui sortent et les plus chères bien entendu, mais il faut avouer que la chirurgie est bien plus efficace… Il n'y avait pas grand-chose à dire sur les hommes, et c'était si drôle de pouvoir   critiquer des filles avec un garçon, ça ne m'est arrivé qu'une fois : avec Maxime.

Je me retournai et je vis le père de Chad venir vers nous. Je sentis Maxime se raidir, et pourtant je ne le touchais pas.

- Comment allez-vous ? le saluai-je.

- Aussi bien que possible, ma femme s'est changée cinq fois et m'a demandé quelles boucles d'oreilles porter, confia-t-il.

Un homme peut rester traumatisé à vie si une femme et encore pire une Princess, lui demande ça. Il regarda Maxime d'un air interrogateur. De plus en plus stressé, Clownie se présenta comme Maxime Wellford en lui serrant la main. Ce nom éveilla naturellement l'intérêt du père de Chad qui demanda s'il était de la branche des joaillers, ce que Maxime ne nia pas. Sa femme lui fit signe et il nous laissa, Maxime reprenait des couleurs. Je lui assurai que ça se passerait bien, pour qu'il se détende. Mais c'est là que Richard arriva. « Oh non », voilà ce que dut se dire Clownie en le voyant.

- Richard, je te présente Maxime Wellford.

- Vraiment ? Enchanté, on entend beaucoup parler de votre famille, complimenta le petit british.

- De la vôtre aussi, retourna Maxime. Il paraît que vous allez construire un nouvel hôtel. À votre million de plus, ajouta-t-il en portant un toast.

Waouh, il s'en sortait plus que bien. Je lui avais parlé de Richard, mais en parler spontanément… Ce soir, il était un Wellford. Richard rit avec nous. Maxime avait l'air de faire partie des nôtres. Nous parlâmes pendant environ deux heures, de fous rires en fous rires, je n'avais jamais autant ri à ce genre de soirées.

- Regardez, chuchotai-je, cette femme a les cheveux tellement crêpés qu'elle doit dépasser le building le plus haut de New York.

Ils rirent gentiment. Au début, Richard hésitait un peu à faire ce genre de plaisanteries, puis il se laissa aller. Vers minuit, je proposai de rentrer, nous commencions à être fatigués.

- Eh bien, bonne nuit à vous deux, nous souhaita Richard, à bientôt Julie, rajouta-t-il en déposant un baiser sur mon front.

Quand on le quitta, Maxime souriait étrangement.

- Qu'est-ce qu'il y a ?

- Tu lui plais. Je suis sûr qu'il est amoureux de toi, avança-t-il.

- Richard ? Mais non. En fait, il est gay, lui murmurai-je à l'oreille, toutes les filles ne sont qu'une couverture. Mais ça tu le gardes pour toi bien sûr, officiellement c'est le plus beau parti hétéro de New York.

Je lui offris de le raccompagner, il était fatigué et n'avait pas envie de refuser. Nous montâmes dans la voiture noire conduite par mon chauffeur Edward et nous regardâmes les lumières défiler sans rien dire. J'adorais ce spectacle plein de couleurs la nuit. Ma tête était posée sur son épaule et la sienne sur la mienne. Nous nous endormions doucement. Vous connaissez ce sentiment de bien-être qui vous envahit quand un ami vous adore et que vous êtes en parfaite harmonie ?

- Nous y sommes mademoiselle, m'avertit Edward.

- Dis-moi, murmura Maxime à moitié endormi, il me semblait que mon immeuble était plus petit, et je ne me rappelle pas d'un portier à l'entrée la dernière fois que je l'ai vu.

Je jetai un coup d'œil à l'extérieur et je compris. Edward avait conduit jusqu'à chez moi, car je n'avais pas donné l'adresse de Clownie. Il était tard, la soirée avait été longue pour tout le monde, je dis au chauffeur de rentrer et à Maxime de dormir chez moi. En entrant, il eut l'air tout à coup de se réveiller.

- Waouh… Et ça, ce n'est que le hall d'entrée. Puis quand je pense que tu as un ascenseur qui donne directement accès à ton appart…

- Ne fais pas de bruit, dis-je en l'entraînant au premier.

Quand il pénétra dans ma chambre, ses yeux s'arrondirent. Il trouvait que ma chambre était deux fois plus grande que son salon. Ce qui n'était pas faux. Je me laissai tomber sur le lit, épuisée.

- Viens, soupirai-je.

Il tomba à côté de moi, le lit bougea quelques secondes. On se mit à rire, ce genre de choses qui n'a rien de drôle et qu'on ne peut partager qu'entre amis.

- Oh non, mon smoking, se rappela-t-il.

- Laisse tomber, je paierai.

- Hors de question.

- Chut… dors.

On s'endormit dans cette position, trop fatigués pour bouger.

- Hello, me dit Maxime en souriant. Qu'est-ce que je fais ? Je pars sur la pointe des pieds ?

- Non. Tu prends un croissant et tu pars sur la pointe des pieds, repris-je. C'est que mes parents ne trouveraient pas correct de te rencontrer au petit matin en sachant que tu as dormi ici, dans ma chambre. Ils s'imagineraient des choses, ils ne sont pas comme les tiens.

- No problemo.

On descendit doucement sans faire de bruit. Je lui donnai deux croissants et un verre de jus d'orange, et je demandai à Edward de le raccompagner, sans souffler mot. Quelle soirée ! Maxime avait fait son entrée dans le monde des Princess et il était un Wellford.

CHAPITRE 31 : Les Princess aussi savent s'amuser

J'étais avec D et B dans une « petite » boutique de vêtements. Nous n'avons jamais assez d'habits et vu qu'on craque en moyenne sur deux minimums par semaine, il faut avoir une grande penderie. Ou recycler. J'avais flashé sur une petite robe verte fluide, dos nu.

- Magnifique, approuva B. Vas l'essayer qu'on voit comment elle te va.

- Voyez-vous ça… s'étonna D en souriant. Ambre Carlson. Elle a assez de courage pour entrer dans un magasin de fringues.

Ce n'était plus du courage, mais de la folie vu sa côte de popularité…

- Je rêve ou tu fais du shopping ? railla B envers Ambre. Tu n'as pas peur qu'on te voit ? Il me semblait que tu faisais du quarante-deux aux dernières nouvelles.

- Oh, B, J, D. Salut, dit Ambre sans enthousiasme. J'avais dit presque, rectifia-t-elle, et j'ai maigri depuis.

- C'est vrai, j'avais *presque* oublié, continua Daphné.

- Tu cherches quoi, un panty ? On peut peut-être t'aider, proposai-je à moitié sérieuse.

Voilà pourquoi c'était de la folie. On n'aurait pas pu se retenir d'embêter cette peste ! Chez une Princess ça fait partie de sa nature, on se transmet ça de mère en fille il faut croire. Elle faisait mine de nous ignorer, n'osant pas trop répondre, après tout nous blâmer serait hypocrite, c'était la première à provoquer. Elle regardait les habits en faisant semblant de ne pas faire attention à ce qu'on disait. Elle prit la même robe que moi sous le regard effaré de mes amies.

- Tu ne vas quand même pas acheter ça ? demanda D d'un air hautain. J a la même.

Le même vêtement sur deux filles peut provoquer un cata-
clysme. Si une Princess a déjà quelque chose qui vous plaît, même
top tendance, hors de question d'avoir le même. On vous traiterait
de copieuse, ou pire, de suiveuse ; une Princess lance les tendances.

- Elle ne l'a pas encore achetée que je sache, avança Mademoiselle Pâtisserie.

- De toute façon, ce n'est pas la peine, elle sera sublime sur Julie,
alors que sur toi… Tu l'as prise en quelle taille ? s'amusa B.

Ambre serra la mâchoire d'énervement, devint toute rouge, et
reposa l'habit avant de partir.

- Bien, Julie tu vas faire un malheur au lycée avec cette robe, se
réjouit D.

*

Le soir même je dînais avec Clownie. Il avait réussi à me
convaincre de manger dans un restau italien, ce qui voulait dire
pâtes, pizzas et mozzarella. Autrement dit, que des bonnes choses.
Si Maxime me faisait rire, il me changeait petit à petit. Mais ça ne
voulait pas dire que j'allai vraiment manger.

- Qu'est-ce que tu prends ? demanda-t-il en regardant le menu.

- Euh… Des spaghettis à la bolognaise. Mais ne me le rede-
mande pas deux fois.

Bon après tout, peut-être bien. Il prit la même chose. Je m'attendais bien entendu à une assiette de pâtes, mais de cette taille-là…

- Rassure-moi, c'est pour deux personnes ? dis-je.

- Ce n'est pas la Belle et le Clochard ici, me répondit Maxime
avec un sourire. Mais tu n'es pas obligée de tout manger.

Les spaghettis sentaient délicieusement bon et la fumée de
chaleur qui s'en échappait m'attirait irrésistiblement. Normalement,
le nez des Princess ne reconnaît pas ce genre d'odeurs, il devait y
avoir quelque chose de déconnecté chez moi. S'il y avait quelque
chose de plus délicieux que le parfum des pâtes, c'était les pâtes
elles-mêmes. Maxime me fixait bizarrement. Oh non, est-ce que
j'étais tâchée ?

- Non, je grave ce moment dans ma tête, s'expliqua-t-il.

166

- Si tu le répètes, je serais obligée de te tuer.

- Tu es tranquille, qui me croirait ? rit-il.

Il n'avait pas tort. Une Princess qui mange un plat de pâtes en sauce est comparable à une licorne, autrement dit inexistante.

L'endroit était joli. C'était petit, l'ambiance était intime et les couleurs vives et pâles à la fois. La lumière était douce, c'était un vrai restaurant pour les amoureux. Maxime se doutait que je n'étais jamais venue. Comme lui ne venait jamais dans les restaurants que je fréquentais, à cause du prix surtout. Mais au fond à quoi bon payer des aliments hors de prix qui ne remplissent même pas notre assiette ? Avec celle-là j'en avais au moins pour trois repas.

Mon portable sonna, c'était B.

- Allô ?... Une fête ?... Bien sûr. À tout à l'heure.

Je raccrochai, Maxime finissait son assiette.

- Ne te vexe pas, mais je ne pense pas venir, me dit-il. Une dans le genre de la dernière, une fois par mois, me suffit.

- Rien à voir avec celle de l'autre jour, je te parle d'une vraie fête, organisée par les jeunes pour les jeunes.

- Ça m'inquiète encore plus, je dois dire.

Il eut l'air étonné quand on se retrouva dans un appart inconnu, décoré des derniers objets à la mode la plus luxueuse et devant une grande piscine privée, dans ce même appart. Oui ça paraît hallucinant, mais cet appart appartenait à un ami d'un ami, dont le père organisait souvent des soirées piscine, ce soir-là il n'était pas là, bien entendu. Je laissai Maxime dans une chambre où il y avait des maillots et je me changeai. On se retrouva à la piscine. J'étais habituée à voir ce genre de spectacle, mais Clownie était stupéfait de voir des filles et des garçons en maillot, qui chahutaient, flirtaient, sur la musique du moment, un cocktail *avec* alcool à la main. La jeunesse dépravée de Manhattan : ils ne sont pas tous comme ça, ou pas tout le temps du moins.

- Je ne m'attendais pas à ça. Vous êtes vraiment la jeunesse de tous les excès.

Nous nous baignâmes et nous nous aspergeâmes d'eau. Tout à coup, je sentis deux mains qui m'attiraient sous l'eau par les jambes. Je me débattis et Vince apparut. Il m'embrassa assez longtemps, j'en avais oublié le pauvre Clownie. Nous nous arrêtâmes, appel d'oxygène.

- Mais c'est ce cher Maxime, dit Chad en arrivant, la tête à la surface de l'eau, accompagné de D et B. Tu t'amuses bien ?

- Oh !... Max est beaucoup plus sexy que je le croyais, avoua B. Fais attention, tu vas faire des ravages. Surtout avec moi.

Est-ce qu'il y aurait des baisers échangés dans un coin obscur ce soir ? En tout cas, Vince se remit à m'embrasser. À un moment de la soirée, je décidai de le laisser pour m'occuper de Clownie. L'immersion en plein dans l'autre monde semblait bien se passer, mais je voulais vérifier que tout allait bien. Vince concéda de me quitter quelques minutes, mais me demanda de ne pas l'oublier. Aucun risque, soixante-dix kilos de muscles et de beauté pure ça ne s'oublie pas. Je retrouvai Maxime au bord de l'eau avec B, une coupe à la main. Elle nous laissa pour vérifier son make-up (waterproof bien sûr).

- Tu ne devrais pas boire ça. B a peut-être glissé quelque chose dedans, plaisantai-je. Elle est pleine d'audace et d'initiative.

Surtout que ça lui était déjà arrivé de corser le verre d'un garçon, mais bien plus tard... Il sourit et but une grande gorgée. Ce qui voulait dire que ça ne l'effrayait pas et qu'elle lui plaisait.

- J'adore. Je sens que je vais me plaire chez toi, pensa-t-il.

Ma meilleure amie et mon meilleur ami... Je trouvais ça bien.

- Ce serait cool que vous soyez ensemble. Mais fais attention à ce que tu dis, conseillai-je.

- Ne t'inquiète pas, je commence à prendre le pli, je ne ferai pas de faux pas.

CHAPITRE 32 : Un flirt inattendu

Pendant les deux semaines qui suivirent, B et Maxime flirtèrent : baisers, mots doux à l'oreille, caresses… L'atmosphère était chaude entre eux. En cours de chimie, elle me parlait de l'évolution de leur « relation ».

- J'adore la façon dont il m'embrasse. Je l'ai invité à passer la soirée chez moi. Tu crois qu'il aime quoi comme sous-vêtements ?

- Je n'en sais rien. Tu ne veux quand même pas que je lui demande !

- S'il te plaît ! me supplia B.

Au secours ! Pas ça… Sincèrement comment lui dire ça ? « Salut, il fait beau aujourd'hui. Dis-moi tu es plutôt string ou shorty ? ». Et puis je n'avais pas envie de savoir. De toute manière, quoi qu'elle mette, il la trouverait désirable, c'est Blair la braise.

- Bon, reprit-elle, aide-moi au moins sur la couleur : rouge ou rose à ton avis ? Ou alors blanc, version sage et pureté ?

Je me mis à rire et me cachai derrière mon livre. Évitons les foudres du prof. B était un peu loin de la pureté.

- Ça le rendra fou que je fasse la fille pudique et naïve.

- Enlève-moi cette image de la tête, la priai-je, je ne veux même pas imaginer.

Elle gloussa et se fit foudroyer du regard par le professeur. Comme quoi les livres de cours servent toujours… à cacher les discussions hilarantes. Il lui ordonna de se concentrer.

- Oui, monsieur… Quel rabat-joie celui-là, soupira B. Qu'est-ce qu'on disait ? Ah oui, Maxime.

- Tu ne crois pas que c'est trop tôt ? interrogeai-je. Ça ne fait que deux semaines et vous n'êtes pas réellement ensemble pour l'instant.

- Je rêve de lui, j'ai besoin de l'avoir, il est trop sexy.

Maxime, sexy ? Si B le disait, c'est que c'était vrai.

- Ce que je veux dire c'est que c'est Maxime, poursuivis-je. Il a un cœur, il n'est pas comme les autres. Je tiens à lui, alors évite de le faire souffrir. Il n'aura pas forcément envie d'aller à la vitesse éclair.

- B est capable d'être sérieuse, m'assura-t-elle.

Après tout, Clownie était un grand garçon.

*

Le soir dans mon bain, entourée de bougies parfumées et de mousse, j'appelai Maxime. Grand garçon, mais mon ami quand même.

- Salut beauté. Quoi de neuf ?

- Un nouvel épisode de GG super étonnant.

- Je sais, ma sœur ne m'a pas lâché avec ça aujourd'hui, se désola Maxime. Laisse-moi deviner, tu prends un bain. Qu'est-ce que tu fais en même temps ? Je verrais bien un esclave qui te donne du raisin, un qui te frotte le dos et un autre les pieds, imagina-t-il.

J'éclatai de rire, quel plaisantin. À quoi sert le chocolat finalement ? Dupliquez juste Maxime. Bref, j'appelais par rapport à Blair, donc je lui dis avoir entendu qu'il était invité chez elle le lendemain. Il se doutait que ma source était B, mais je ne soufflerai mot.

- Je ne dirai rien. Juste une chose en fait : si elle te demande de choisir entre fraise et mangue, elle ne parlera pas de fruits, l'informai-je.

Il fallait bien que je l'avertisse s'il avait juste prévu de regarder un film en l'enlaçant. Et puis j'avais envie de savoir comment il appréhendait tout ça.

- Hum, depuis que les filles croient que je suis un Wellford, elles veulent toutes voir la couleur de mes draps, crois-moi, je n'exagère pas.

Il n'est jamais trop tôt pour trouver son futur mari, et surtout le garder loin des mains des autres. Enfin là, ce n'était pas le but de Blair.

- Je te crois sans problème, mais tu plais vraiment à B. Elle a juste envie d'être avec toi. Je voulais seulement te préparer à ce qui t'attend.

- B est du genre à me préparer elle-même, dit-il.

Il n'avait pas tort. Elle était capable de l'accueillir en dessous, voir même avec moins… C'est B.

*

B est B. Mais elle ne le reçut pas en petite tenue, « seulement » habillée sexy (mini-jupe, bottes à talons, décolleté avec un pendentif : une perle d'un gris éclatant qui arrivait à la naissance des seins, faite exprès pour attirer le regard). Bien sûr qu'elle avait envie qu'il monte dans sa chambre, mais Maxime est un vrai gentleman, comme il n'en existe plus beaucoup chez nous, ni ailleurs d'ailleurs. Il n'était pas du genre à faire l'amour au bout de quinze jours (c'est bien ce que je pensais), ce qui ne veut pas dire que s'il l'avait fait j'aurais eu une mauvaise opinion de lui, loin de là. Par contre, il compensa en embrassant Blair toute la soirée et en étant très tendre. Et contre toute attente, elle ne fut pas longtemps déçue. Maxime lui expliqua ses motivations, et apparemment toutes les personnes qui le côtoyaient changeaient. Elle était plutôt ravie qu'il ait envie d'attendre, de ressentir autre chose que de l'attirance – c'est-à-dire être amoureux – avant d'aller plus loin (ce qui n'avait pas été le cas avec le petit british).

- Il a envie de connaître ma personnalité avant de connaître mon corps.

- Waouh, soufflai-je, c'est à écrire.

S'il fallait quelqu'un comme lui pour la changer… Ils seraient peut-être un vrai couple (autrement dit, dépasser les « un an » et avoir de vraies fiançailles).

- Maxime est peut-être ton futur mari, avança D.

Je n'étais pas la seule à le penser…

- Possible, il est tellement attachant, accorda B. Je l'adore, il est si différent des autres.

171

Pas du tout la seule. Oh, allai-je me faire piquer mon meilleur ami ? OK, c'était vrai, mais est-ce qu'elle le trouverait toujours aussi génial si elle savait que sa fortune personnelle était égale à zéro ? C'était possible au fond, mais combien de temps ?

CHAPITRE 33 : Un nouvel héritier tout à fait crédible

Présenter son petit ami à ses parents, c'est toujours un moment délicat. Alors, présenter un ami vrai-faux héritier est encore plus stressant. Quand je dis à ma mère que j'avais « a friend » à lui faire connaître, elle demanda tout de suite à Maria de préparer des biscuits aux amandes et des biscuits sans sel (et sans sucres) pour le jour J. Je briefai Maxime sur ce qu'il devait savoir avant d'entrer. Je ne savais pas qui était le plus stressé de nous deux. On respira un grand coup et on entra. Mes parents étaient au salon, Maria servait le thé tout fumant.

- Maman, papa, je vous présente Maxime.

Mon père était souriant et lui dit de l'appeler Roger. Quant à ma mère, elle lui serra la main, un nouvel héritier ne pouvait pas la rendre plus heureuse.

- Maxime Wallford, se présenta Clownie en toussant.

Je crois qu'il n'avait pas envie de mentir à mes parents, alors ce fut le seul moyen qu'il trouva pour être le plus honnête possible. Pour ma mère, ce nom passa pour l'autre, ses oreilles étaient réglées sur la station des plus connus.

- Oh, un nom si prestigieux, s'enchanta-t-elle.

- Si vous le dites.

On s'assit. Il n'y avait pas assez de petits gâteaux pour nous empêcher de parler, mais Maria pouvait peut-être en rapporter... Après les questions de convenance ma mère attaqua les sujets « épineux ». L'architecture n'était pas ce à quoi elle s'attendait à vrai dire.

- Vous ne comptez pas reprendre l'affaire de joaillerie de votre famille ? s'enquit-elle.

- À vrai dire, j'ai envie de me construire un avenir dont je sois fier, et ne rien devoir à personne, répondit Clownie.

- Excellent, excellent, s'extasia-t-elle.

Un coup de fil de l'association interrompit la conversation. Maria apporta le combiné à ma mère. Allez savoir laquelle, une Princess en a tellement, en tout cas merci Maria, et l'association évidemment. Maman nous laissa une minute et revint, se confondant en excuses de devoir nous quitter. Mon père alla travailler et nous laissa seuls. Cette rencontre s'était bien passée, on se sentait super soulagés. Maxime était enfin connu de tous, et faisait en quelque sorte partie des nôtres maintenant.

Je lui fis alors visiter la maison. Je lui montrai la salle de sport équipée de tous les appareils possibles de cardio et musculation, le jaccuzzi qu'il qualifia de piscine, la cuisine qu'il jugea jolie et traditionnelle. Il y mangea un brownie, qu'il trouva délicieux (forcément, préparé par Maria). Et nous montâmes à ma chambre.

- Alors, dis-moi, ça se passe bien entre toi et Blair ? demandai-je.
- Je suis sûr que tu le sais, elle te raconte tout.

Comme toutes les vraies amies, on se dit tout et même souvent exactement tout pour nos relations amoureuses. Personne ne peut mieux conseiller qu'une amie.

- Oui, mais je ne sais pas ce que tu penses toi, précisai-je.
- Je pense qu'elle est très jolie, plus intelligente qu'elle en a l'air et j'adore son arrogance. J'aime le fait qu'elle soit une Princess, parce qu'elle a tous ces petits trucs énervants. Qui me rendent fou.

Waouh ! Maxime avait l'air accro. Il m'avoua tenir à elle. Il n'était pas encore amoureux, mais il songeait à une relation avec elle. Que de révélations, l'atmosphère intime de la nouvelle déco de ma chambre – pardon, mes appartements comme disait Maxime – y était peut-être pour quelque chose.

Dans dix jours c'était la St Valentin, il devait donc lui acheter un cadeau. Jour très connu et incontournable. Pourtant, les mecs oublient tout le temps bizarrement... Mais Clownie ne savait pas quoi lui offrir. Un bijou lui coûterait trop cher... Et les fleurs et le chocolat étaient trop classiques selon lui. Pourtant, le chocolat est un des présents obligatoires, on ne manque pas un jour autorisé pour signaler son amour à une Princess et qu'elle puisse manger une sucrerie. Autrement, attention, crise mémorable...

- Tu crois que je peux gagner combien si je bosse comme serveur pendant dix jours ? se mit-il à penser.

- Tu sais bien que je n'ai jamais travaillé, rétorquai-je en souriant, mais pas assez à mon avis. Oublie le bijou et offre-lui des chocolats de qualité et une rose rouge. Et une nuit d'amour si tu veux, mais ça, je ne veux pas le savoir.

- C'est sûr que faire l'amour ne me coûterait rien, mais j'ai peur qu'un cadeau trop accessible lui mette la puce à l'oreille. Tu sais, pour la carte de crédit illimité que je n'ai pas.

- Il n'y a pas de raison qu'elle le sache, fais ce que je te dis, je suis une fille, je sais de quoi je parle.

- D'accord. Une nuit d'amour alors ? plaisanta-t-il.

*

Le quatorze février je me fis toute belle évidemment - comme les deux tiers des filles de Manhattan, même les célibataires sortent ce jour-là (pour celles qui ne sont pas déprimées) car les hommes célibataires sortent aussi. Je bouclai mes cheveux, mis du gloss d'un rose très doux avec une tenue de douze heures pour une séance de baisers sans trace et tout en glamour, et du parfum sur les zones stratégiques. Vince devait passer dans une heure, stressée de ne pas être à l'heure (après tout je suis une fille) j'étais maintenant en avance. Je regardai alors un épisode de GG, un super sexy (et tendre) pour me mettre dans l'ambiance, quand Maria m'appela. Super, Vince était en avance. Je dévalai les marches pour l'accueillir. Et là, je vis un coursier avec un paquet. Est-ce que mon chéri m'avait fait un jeu ? Des indications à suivre, des indices, des petits cadeaux ? C'était trop romantique ! Je le pris et remerciai le monsieur, impatiente. J'ouvris la jolie petite boite rose : elle contenait des chocolats noirs (moins caloriques que les autres, quelle merveilleuse attention !) et une étole rose « poudré » extrêmement douce. Il y avait une carte !

Bonne St Valentin, que ta journée soit belle en ce jour si spécial. Des chocolats et une étole qui me rappellent ta voix et tes cheveux si doux.

C'était trop adorable, des douceurs et des compliments. Je sautai de joie, et je dus passer pour une folle quand Maria m'aperçut, mais une fois que je lis la suite, ça ne dura pas longtemps.

Je t'embrasse, Richard

Quoi ?? Cette carte et ces cadeaux étaient de Richard ?! J'étais si heureuse que je n'avais pas fait attention ; Vince avait l'habitude de m'offrir une rose rouge aux grandes occasions et il n'y en avait pas, ça aurait dû m'étonner. Mais en fait, ce qui m'étonnait c'était le petit british. Pourquoi m'envoyer un paquet le jour de la St Valentin, je n'étais pas son amoureuse. Je réfléchis quelques secondes et la lumière jaillit dans mon cerveau, ce n'était pas nouveau. Son message et ses présents, ce jour précis, étaient si choquants qu'il espérait que j'en parlerai, et comme une fille n'est pas une fille pour rien, en moins de deux jours tout New York serait au courant – ou du moins toutes les girls. Ce n'était pas gentil de sa part de se servir encore une fois de moi pour cacher son secret. Après tout, il n'y avait rien de plus facile à New York qu'une femme qui accepte de faire semblant d'être fiancée à un tel parti, aussi belle qu'un mannequin et intelligente comme une étudiante (et rémunérée bien sûr). Il serait tranquille (et moi aussi).

Donc après l'explosion de joie, déception. Mais je me repris vite pour ne pas gâcher mon moment avec mon chéri d'amour. Je montai rapidement les marches et mis la boite dans mon placard pour qu'il ne tombe pas dessus. Désolée Richard, mais ce ne serait pas avec moi que tu préserverais ta réputation.

CHAPITRE 34 : Une nouvelle-ancienne amie

Au lycée, c'était l'effervescence : le ventre d'Ashley Simson s'était encore arrondi, et il se voyait de plus en plus. Elle ne pouvait plus nier et les autres ne l'oubliaient pas la pauvre. À la cantine tout le monde la regardait et parlait d'elle, mais personne ne voulait s'asseoir à la même table. Ce jour-là, elle était seule, car son petit copain s'entraînait pendant le déjeuner avec son équipe. J'étais en train de choisir mon plat quand j'entendis Ambre Carlson, alias Mlle Pâtisserie, commencer à la narguer devant tout le réfectoire.

- Ashley, ça va ? Mais qu'est-ce que je vois ? N'oublie pas que tu es une future maman, tu manges pour deux maintenant, tu devrais te resservir.

Rien que d'entendre sa voix m'agaça. Elle n'en avait pas marre de critiquer les autres alors qu'elle avait été à la une des tabloïds il n'y avait pas longtemps (et qui au passage a duré pendant des semaines) ? Choisir mon repas ou défendre la pauvre Ashley, je n'hésitai pas longtemps. Je pris un yaourt à la vanille et j'allai rabattre le caquet de cette peste.

- Dis-moi Ambre, j'en connais une qui a mangé pour quatre pendant deux mois et vu ta tête, toi tu n'es pas prête de te marier et d'avoir un bébé. Alors au lieu de faire celle qui donne des conseils, va remettre ton espèce de rideau qui te servait de robe, Cruella.

Ambre vira au rouge, décidément elle était incapable de cacher ses émotions.

- Depuis quand tu défends les filles de pasteur qui tombent dans le péché ?

- Depuis que tu as transgressé la règle de la gourmandise, côté péché, tu y connais quelque chose, non ? dis-je triomphante. Tu ferais mieux de te taire parce que si on suivait tous tes conseils nourriture, ça ferait longtemps qu'on ne passerait plus la porte du lycée.

Ce qu'elle fit ? Elle partit sans me répondre, plus rouge qu'une écrevisse. Il ne faut pas se frotter à Julie Rosenfield. Étonnée, Ashley me demanda pourquoi je l'avais défendue. J'estimais qu'elle n'avait pas à lui parler comme ça. Je l'avais aussi fait pour moi, je détestais Ambre, ce n'était pas une grande nouvelle. Il y a des choses dont il ne faut pas se priver : un vêtement en solde, une journée à la plage au soleil, remettre cette peste à sa place. Je pris place à côté d'Ashley, sous le regard effaré de Daphné, qui après une hésitation s'assit en face de nous.

- Ça fait longtemps que nous ne nous sommes pas parlé, nous avons plein de choses à se dire. Si tu veux mon avis, soufflai-je à Ashley, je crois que Mademoiselle Pâtisserie est jalouse que son ventre à elle soit dû à toutes les bêtises dont elle s'est gavée.

- Ne te crois pas obligée d'être gentille avec moi, me dit-elle tristement.

- Je t'en prie, tu me connais, je ne me force jamais à rien. Ils ont tous tort de t'éviter, après tout c'est une bonne nouvelle et ça pourrait arriver à n'importe qui dans ce lycée, dis-je en insistant sur les mots et regardant ceux qui me regardaient. Alors fille ou garçon ?

- Garçon, répondit Ashley, heureuse.

Oh c'est Casey qui devait être content. Les mecs veulent toujours des garçons. Leur réponse n'est plus une surprise quand on leur demande. D'ailleurs, on ne leur demande plus. Ashley reprenait des couleurs, elle n'avait pas besoin de se resservir des légumes, seulement d'amies. B nous fit signe de la main et nous rejoignit.

- Eh, il paraît que tu as rabattu le caquet d'Ambre. J'aurais voulu voir ça. Dommage, j'étais en pleine séance de bisous.

- Avec Maxime ? avança D.

- Oui… Qui d'autre ? Il m'offre ce que quatre mecs m'offriraient ensemble.

Ah ah ! Maxime multifonction, je n'avais pas remarqué. Et B qui devenait monogame.

- Alors Ashley, ça va ? reprit Blair. Il faut que tu t'occupes de toi, c'est important.

Ashley n'avait pas trop le temps à vrai dire avec les études. Mais B lui assura qu'on trouverait. Après tout, une future maman a besoin de se relaxer et de faire des soins.

*

Nous eûmes une super idée pour notre toute nouvelle amie : une *baby shower*. C'était génial, ça nous amusait et elle en avait besoin. Ses parents la saoulaient assez tous les jours avec son « erreur », ce n'était pas gai tout le temps à la maison. Vu que la faire chez elle était délicat (ses parents considéraient que ce serait comme récompenser le péché qu'avait commis Ashley), B loua une jolie suite confortable. Nous avions fait les magasins pour femme enceinte et nouveaux nés toute la matinée. Ashley avait fait la grasse mat' et avait le teint reposé. Mais elle avait l'air hésitante.

- Je voulais vous dire… vous ne devriez pas rester avec moi, on va parler de vous au lycée.

- On parle de nous tous les jours, du lundi au vendredi, dit B d'un air détaché.

- On va dire que vous êtes amies avec la fille du pasteur qui est tombée enceinte, se désola Ashley.

- Et alors ? s'exclama D. Toutes les filles de pasteur ne jurent pas d'être chastes, ce n'est pas un crime de faire l'amour.

Les évolutions et les nouveaux principes de la société sont si surprenants parfois, le moindre écart est choquant… Ceux d'aujourd'hui ne conviendront plus par rapport à ceux qui nous attendent, et eux aussi seront un jour critiqués ou jugés comme dépassés.

- Oui, continua B, n'écoute pas ce que disent les imbéciles du lycée, s'ils aiment parler des autres c'est pour qu'on ne parle pas d'eux. Ils trouveront quelqu'un d'autre à embêter. On va y veiller.

Ashley était rassurée, heureuse et enceinte. Elle était aimée, avait des amies et attendait un petit bébé. Elle ne savait pas encore comment l'appeler, mais le livre de prénoms que nous avions trouvé avec les filles devrait l'aider. Des centaines et des centaines de prénoms ! Heureusement qu'il restait cinq mois. Le fameux choix très délicat de choisir le prénom de son enfant. Déjà qu'entre une glace parfum banane-vanille ou chocolat-café mon cœur balance... Mieux vaut être certain de son désir, on ne peut plus changer après. Votre enfant non plus d'ailleurs... Alors, évitons les prénoms trop décalés ou étranges, je vous rappelle que c'est lui dont on va se moquer dans la cour d'école.

Nous nous assîmes sur le super canapé moelleux et nous sortîmes tous les cadeaux trouvés dans la matinée.

- Tout ça ? s'étonna Ashley.

Une future maman a besoin de plein de choses. On lui offrit donc des biberons, des layettes trop mignonnes, une petite couverture toute douce, mais super chaude, un coussin d'allaitement, deux baby phones.

- Ça, c'est pour ton bébé, mais on a aussi fait les boutiques pour toi. Tu es enceinte d'accord, admit B, mais on n'a pas voulu t'acheter des vêtements informes dans des couleurs fades. Alors, on a cherché une boutique de future maman qui proposait des fringues jolies et fashion.

- Et on a trouvé, souffla D. Tu seras enceinte et à la mode.

Nous lui montrâmes des jeans, des robes, des tuniques, tout ça dans un style exceptionnel. Être enceinte n'est pas une raison pour se laisser aller côté vêtements. Surtout quand on est une Princess. Elle était habillée jusqu'au septième mois. Au moins. Côté vêtements elle était tranquille. Parce qu'à la maison c'était autre chose...

L'amour avant le mariage et même sans, encore un principe qui a changé, mais pas pour tout le monde... Ses parents pensaient que Casey l'avait détournée du droit chemin, mais ils avaient au final un peu appris à le connaître et le trouvaient gentil et prêt à assumer la situation. Ils devaient se marier le dix-sept mai prochain, et naturellement on aiderait Ashley à trouver la robe la plus belle et à tout préparer.

- Allez, parlez-moi des derniers potins, ça fait longtemps que je ne suis plus au courant, s'exclama Ashley.

CHAPITRE 35 : Encore raté…

En salle de devoirs, on fait bien sûr nos devoirs, mais on parle aussi potins, garçons, beauté, maquillage… Pas de surveillant signifie liberté et tranquillité. J'étais avec B, et Ashley qu'on ne lâchait plus désormais, elle faisait partie de la bande.

- C'était une super Saint Valentin, soupira de bonheur Ashley (donc A). Il m'a offert un bouquet de cent roses, des chocolats à tous les parfums possibles et ce pendentif avec un huit gravé dessus parce qu'on s'est rencontré un huit septembre.

- C'est si romantique ! s'extasia B.

Oh… Je n'étais plus la seule à pouvoir prononcer ce mot. Maxime n'avait pas juste une influence sur elle, il la changeait totalement. Elle se mit à dire qu'on devrait toutes tomber enceintes et se marier. Waouh, ça donnerait un nombre incalculable de bébés blonds aux yeux bleus, l'hôpital se tromperait dans les nouveaux nés. Délire passager heureusement.

- N'empêche, ce serait bien, songea A, on sortirait toutes avec nos poussettes et on emmènerait nos enfants jouer au parc ensemble.

Nous regardâmes toutes le plafond comme si nous imaginions la scène ! Heureusement que nous étions au fond, nous aurions eu l'air malines !

Un mec du premier rang se retourna (pas très discrètement) et observa B. Elle lui fit un signe en souriant et lui sortit son regard de braise. Il lui lança un sourire digne d'une pub pour un dentifrice blanchissant, les yeux de Blair ne laissent personne indifférent.

- On s'appelle, mima-t-elle avec ses lèvres.

Le garçon se remit à son exercice, content de cette approche, qui ne le serait pas avec elle ?

- B, qu'est-ce que tu fais ? chuchotai-je. Tu es avec Maxime, je te rappelle.

- Et alors ? On ne joue pas l'exclusivité que je sache. Je suis jolie et jeune, il faut que j'en profite. J'ai posé les règles, il les a acceptées. Il s'amuse autant que moi de son côté, la seule condition est que la personne soit assez attirante.

Et pas en dessous de « l'officiel » ou du « premier », comme d'habitude. B faisait souvent ça, c'était plutôt valorisant d'avoir plusieurs soupirants. Mais je n'arrivais pas à croire que Maxime avait accepté ; elle les rend tous fous et ils la suivent comme des petits toutous, mais pas Maxime quand même...

- Je croyais qu'il te plaisait, repris-je.

- Comme ce charmant garçon au premier rang. Mais je ne peux pas flirter avec la moitié des mecs de la ville.

- Comme tu ne peux pas te contenter d'un garçon, continua A.

- Voilà.

Finalement, peut-être que Clownie ne l'avait pas changée. Une petite discussion entre meilleurs amis s'imposait pour le renseigner sur les « formalités » de cet accord. OK, c'était toujours un grand garçon, mais c'était toujours mon meilleur ami également. Il n'était pas du style à avoir ce genre de relation. Pire que Clownie qui change B, je crois que c'était B qui avait changé Clownie.

*

À la fin de la journée, je pris mes affaires dans mon casier et une main caressa mes cheveux. J'avais bien fait de les lâcher aujourd'hui. Vince me proposa de rentrer avec lui en me prenant dans ses bras. Ses parents s'absentaient ce soir, et on avait la maison pour nous tout seuls. Il m'embrassa dans le cou. Oui, je voyais très bien. Je ne peux pas dire que je n'en avais pas envie, mais... j'avais prévu de voir Maxime.

Vince avait prévu un dîner romantique, des pétales de roses un peu partout et de la mousse, des tas et des tas de mousse dans la baignoire pour deux. Le seul problème ? Il ne m'avait jamais vue nue et tout à coup ça me stressait de m'imaginer dans cette baignoire.

- Tu n'as aucun souci à te faire, tu es très jolie, ma chérie, assura-t-il.

Est-ce que la plus belle fille du monde n'a pas aussi des complexes ? Belle ou pas, je crois que ce n'est pas le problème dans un moment comme celui-là, c'est qu'enlever tous ses vêtements, c'est se mettre à nu autant physiquement que moralement. Il faut une grande confiance en l'autre pour aller aussi loin dans l'intimité, on se sent vulnérable. Toutes ces questions intérieures ne passaient pas inaperçues sur mon visage.

- Et puis tu n'avais pas l'air tendue la dernière fois, et tu étais nue sous ta serviette, me rappela Vince.

- Oui, parce que ce n'était pas prévu, c'était…

Je n'étais pas stressée à cet instant-là parce que c'était soudain, inattendu. Peut-être parce que la maison n'était pas vide. Ce qui n'est pas idéal d'ailleurs.

- Je ne te jugerai pas, me rassura-t-il, même si je sais que tu es jolie, mais il faut bien que je te regarde si on fait l'amour.

Moi aussi j'avais l'intention de le regarder, mais est-ce que c'était possible que lui ne le fasse pas ? Et est-ce qu'un garçon ne compare pas sa fiancée avec celles qu'il a eues avant ? Waouh, ce moment engendrait beaucoup de questions ! Bon, il fallait que je me calme. Après tout, ce que je devais faire c'était me laisser aller pour retrouver cette envie subite et ma pudeur s'envoler, je n'avais qu'à attendre que la tension monte au cours de la soirée. Si j'avais eu peur tout à coup quand il avait évoqué le sujet, c'est que j'étais à froid. Tout allait mieux. C'était le fait d'en parler qui me mettait mal à l'aise, il fallait juste le faire.

- Je crois qu'il faut que je sois à nouveau dans tes bras pour tout oublier.

- Passe après ta discussion avec Maxime, je t'attendrai.

Ça me laissait le temps de me préparer et de me changer.

- Bon je vais aller droit au but.

La phrase que je venais de prononcer me fit penser à Vince, je réprimai mon envie de sourire. « Lapsus » révélateur, apparemment j'avais déjà envie d'être avec lui.

- Je crois que tu ne sais pas exactement en quoi consiste la non-exclusivité. Elle a le droit de flirter, mais aussi coucher avec d'autres, expliquai-je. Ça ne te gêne pas qu'elle voit d'autres garçons ?

- Bien sûr que si, mais qu'est-ce que j'aurai dû dire ? s'énerva-t-il. Je tiens à elle, je n'avais pas envie de la perdre.

Est-il mieux de rester avec quelqu'un en acceptant une proposition qui est contre nos principes, ou de la quitter en ne pouvant plus jamais profiter de sa présence ? Entre douleur vive ou douleur progressive, la décision est très souvent difficile à prendre. Il vaut mieux ne jamais y être confronté…

- J'ai accepté parce que je sentais qu'elle m'échapperait si je refusais. Elle m'aurait quitté.

Maxime avait l'air vraiment accro le pauvre, je crois qu'il tombait amoureux.

- Tu ne dois pas être vulnérable, si tu veux plaire à B tu dois être arrogant et lui montrer que tu n'as pas besoin d'elle, lui conseillai-je. Crois-moi, c'est ce qu'elle aime, si tu t'attaches trop elle va prendre peur.

- Je ne peux pas. Je veux bien jouer les Wellford, mais pas changer ma personnalité.

*

J'effaçai les deux dernières heures de mon cerveau avant de rejoindre Vince - cette discussion n'avait pas été brillante et ça aurait influencé mon moral qui était au beau fixe à l'idée d'un bain de mousse avec mon chéri. Il m'emmena à la salle à manger. La table était drapée de blanc, il y avait deux chandelles et des assiettes délicieusement bonnes à vue d'œil.

- Et si nous passions tout de suite au dessert ? proposai-je sensuellement.

Depuis que j'avais franchi la porte de la maison, je n'avais plus froid aux yeux. Nous montâmes et il nous fit couler un bain avec du bain moussant à la vanille (il savait que j'adore ce parfum) qui se transforma en une mousse pleine de légèreté, et alluma des bougies. La baignoire pour deux personnes me fit penser que je devrais moi aussi en avoir une, on y était à l'aise et je pouvais plonger et m'allonger au fond si ça me chantait. Bref... mon bain avec Vince. Pour y entrer, il fallait bien se déshabiller. Il passa la main dans l'eau pour vérifier la température.

- Tu es incroyablement sexy ce soir, me complimenta-t-il.
- Alors, continuons. Déshabillons-nous.

J'enlevai mon petit pull blanc, mes bottes, mes bas et ma mini-jupe. Vince se retrouva en sous-vêtements bien avant moi. Il comprit que je n'étais pas prête à tout enlever tout de suite, mais n'en fit pas la remarque par respect. Il entra dans le bain fumant et je le rejoignis. L'eau était délicieusement chaude, la mousse sentait délicieusement bon. J'en pris entre mes mains et l'envoyai vers lui en soufflant.

- Tu me rends fou, tu sais ? dit-il en me prenant les mains pour les embrasser. Je t'aime.

Un souffle de chaleur envahit mon corps, mon cœur se mit à battre plus fort et il battait pour Vince.

- Moi aussi, je t'aime, répondis-je.

Je me retournai et il me serra dans ses bras contre lui.

- J'ai envie qu'on ait plein de petits bébés blonds, murmura-t-il à mon oreille.
- Plein de bébés ? Tu sais que c'est moi qui vais les porter et les mettre au monde ? Je voudrais rester le plus mince possible, alors ne compte pas créer une équipe de football.

Il rit doucement.

- Tu seras toujours aussi belle pour moi. Je ne passe pas une nuit sans rêver de toi. J'aime nous imaginer dans dix ans, avec un bébé, une maison et un petit chien. Et toi, que j'aimerai encore plus fort.

Ça, c'était une déclaration !

- J'ai même réfléchi aux prénoms des enfants, me confia Vince. J'aime bien Emily si c'est une fille et Andrew si c'est un garçon.

Waouh ! Il ne me manquait plus que la bague au doigt. Mais ce n'était pas pour tout de suite, la fac et les études d'abord, il faut profiter de la vie. J'attendais qu'il parle d'autre chose, de plus sensuel, nous deux l'un contre l'autre par exemple. Mais non… C'est quand il en était au jardin avec pelouse taillée à cinq millimètres que ses parents arrivèrent. Pas dans la salle de bains, rassurez-vous. Ils entrèrent en bas, au rez-de-chaussée et avertirent leur fils chéri qu'ils étaient de retour. Sauf qu'ils ne savaient pas que j'étais là, et encore moins dans leur baignoire.

Nous sortîmes tout de suite du bain, qu'à moitié affolés, après tout il nous restait encore une minute trente pour nous rhabiller. Vince me passa une serviette et nous nous séchâmes à la va-vite. Il quitta la salle de bains et se hâta de remettre ses vêtements pour descendre, afin que je puisse m'habiller tranquillement, quel gentleman !

Je vérifiai mon reflet dans la glace avant de les rejoindre. Ils avaient interrompu notre soirée en amoureux parce qu'ils avaient terminé la leur. D'accord, cette fois c'était ma faute, j'étais passée plus tard que prévu et on ne pouvait pas leur reprocher d'avoir fini leur dîner et d'être rentrés. D'un côté, je préférais, la soirée torride avait pris un tournant de projection dans l'avenir avec petit chien Yorkshire, train-train quotidien et petit bébé, sans oublier les langes, pas très sensuel tout ça. Mon chéri tout sexy s'était transformé en guimauve et je n'avais pas le cœur à lui dire, parce que c'était vrai, je n'avais plus tellement envie.

Ses parents s'étaient apprêtés, surtout sa mère, elle portait une magnifique robe en velours incrusté de strass et un châle en popeline. Les femmes savent s'habiller pour ce genre de moment. Ils m'embrassèrent et me regardèrent.

- Tu as le bout des cheveux mouillés chérie, me fit remarquer sa mère.

Vince et moi nous connaissions depuis quelques années, j'étais donc presque comme leur fille, je dis presque (autrement ça ferait de moi la sœur de mon fiancé… beurk…). Oui, tous les enfants des Princess se connaissent et grandissent ensemble.

- J'allai me laver les cheveux, répondis-je en n'ayant jamais réfléchi aussi vite. Bien, je ne vais pas tarder, j'ai rendez-vous avec Ashley.

Ses parents échangèrent un regard en souriant, d'un air peu convaincu. Forcément, ils trouvaient ça bizarre, mais ne relevèrent pas par politesse. C'est plutôt l'autre phrase qui les gênait.

- Ashley, reprit sa mère. Ashley Simson, la fille du pasteur ? Oh, eh bien, je ne pense pas que tes parents soient ravis que tu la côtoies, ma chérie. Tu sais, à cause de son... problème.

- Maman, elle est enceinte, pas droguée, rétorqua Vince.

- Encore heureux. Julie, tes parents sont au courant qu'elle fait partie de ton cercle ? poursuivit-elle.

Non, mais maintenant ça n'allait pas tarder.

- Ashley est mon amie, ils ne peuvent rien dire à ça.

- Ils devraient peut-être surveiller tes relations de plus près, pensa son père.

Je rêvais, ce n'était pas possible. Les enfants ne choisissent pas l'entourage de leurs parents, alors il n'était pas question que les parents le fassent sans vraie bonne raison. On désapprouve une relation qu'un adulte peut avoir, mais ça s'arrête là, alors qu'on interdit carrément de voir une personne à son enfant parce *qu'on* pense que ce n'est pas raisonnable. J'écourtai la discussion le plus poliment possible et je partis. Vince s'excusa pour ses parents avant de me promettre qu'on rattraperait notre petit moment en amoureux. Ah, quelle soirée !

CHAPITRE 36 : Une scène gênante, mais utile

L'heure du déjeuner était devenue le moment d'une vraie guerre, une confrontation entre B, D, A et moi contre Ambre et… eh bien, sa seule amie. L'histoire du rideau transformable en robe était restée en travers pour beaucoup. Nos affrontements étaient pires que des scènes de Western. Nous avions commencé le repas depuis dix minutes avec les filles et nous commencions à nous dire que Mlle Pâtisserie ne viendrait pas aujourd'hui. Mais il y avait du cake au dessert, alors il ne fallait pas y compter. Ambre repérait les sucreries à des kilomètres à la ronde, son nez s'était transformé en vrai détecteur.

Elle arriva devant nous avec sa bande (sa meilleure amie, et sa seule par la même occasion, dont nous ne connaissions pas le nom. Elle était vue comme le double d'Ambre, un vrai petit toutou obéissant !). Elle scruta nos assiettes comme elle le faisait habituellement ; elle trouvait rarement quelque chose à dire, mais elle essayait toujours, car ça l'insupportait qu'on fasse des médisances sur elle et la nourriture, alors qu'elle ne savait pas quoi nous renvoyer. Évidemment, celle d'Ashley passait en priorité, à cette heure-là les yeux d'Ambre se transformaient en microscope.

- Mademoiselle Pâtisserie, dis-je à son intention quand je la vis arriver.

- Salut les filles. Ashley, Ashley, Ashley… Ton assiette est à peine remplie, tu ne ferais pas une crise d'anorexie quand même ? Voire de boulimie ?

- J'en connais une qui en aurait bien besoin, répondis-je. C'est vrai que côté passage aux toilettes tu y connais quelque chose.

Elle se défendit. Comme elle put. Avec le peu de répartie qu'elle a toujours eu.

- Vous savez qu'à force de traîner avec une fille enceinte, vous allez avoir une drôle de réputation.

- Qu'est-ce que tu en sais, vu que tu n'en as pas ? rétorqua A. Pour tout le monde, tu resteras celle qui faisait du quarante-deux et qui s'habillait avec ses rideaux, alors que moi je n'ai pas pris un gramme de graisse depuis que je suis enceinte.

C'était dit ! Ashley n'avait pas besoin de nous pour se défendre. Ouh là, voilà ce que c'est que d'énerver une femme enceinte ! Bien envoyé Ashley !

- Oui, c'est ça, barre-toi, renchérit B. Surtout qu'il y a du gâteau aujourd'hui, tu ne voudrais pas manquer ça ? Même si tout le monde sait que c'est ton amie qui les prend pour toi.

Elle grogna avant de partir. Elle ne faisait pas le poids, autant en nombre que psychologiquement ; même si elle avait affaire à une seule d'entre nous elle se ferait ramasser. Son « amie » ne l'aidait même pas, elle n'avait pas dit un mot, c'est comme si elle était inexistante, elle avait encore moins d'esprit que son clone. À croire qu'elle avait trop respiré sa laque. Une fois, elle était arrivée au lycée avec une choucroute sur la tête. Il avait bien fallu une bouteille pour faire tenir tout ça. Ça doit être ce jour-là que son cerveau avait été atteint. Quel souvenir… La preuve que le fashion faux-pas ne s'oublie pas

- Il faudrait trouver une rumeur à lui coller, à elle ou à un autre, songeai-je à voix haute. Elle se lassera de passer ses nuits à trouver des phrases cinglantes, surtout qu'elle n'y parvient pas.

- Et qu'est-ce que vous allez trouver ? interrogea Chad. Une couleur hors tendance ?

Ça semble sans importance, presque stupide, mais croyez-moi, chez les Princess c'est une horreur, une faute grave, un péché, un sacrilège.

- Ne t'en fais pas, je sais que je trouverai.

En fait, je n'eus pas à réfléchir longtemps. Ce n'était pas comme prévu, Ambre, alias Mlle Pâtisserie et Dieu sait qu'il y avait des choses à dire sur elle, mais c'était « tombé » sur quelqu'un d'autre. « Tombé » entre guillemets parce que cette personne pouvait être surpris à tout moment (mais ça doit être l'excitation qui en découle qui lui avait laissé prendre le risque). C'est bien quand personne ne découvre le moment secret et qu'on peut y repenser à deux, mais quand quelqu'un entre justement à ce moment-là… Autrement dit, moi. Je me rendis en salle de cours, une vingtaine de minutes avant la fin du déjeuner parce que j'avais oublié mon livre. C'était la première et la dernière fois, car je ne m'attendais pas à voir ça, alors plus jamais, quelle gêne !

J'entrai sans frapper puisque la pièce devait être vide, et là je tombai sur un mec de ma classe qui embrassait à pleine bouche une fille, pardon une femme, enfin double pardon, une prof, et en plus ma prof. Ou plutôt je devrai dire « sa » prof. Mon Dieu ! Elle était assise sur le bureau, les jambes autour de lui, son chemisier à moitié ouvert. D'accord elle était jeune, heureusement elle n'approchait pas de la retraite, sinon double vision d'horreur. Elle avait vingt-trois ans et elle était très jolie. Ils avaient l'air très attirés tous les deux. En tant que prof de biologie, elle lui expliquait peut-être comment marchent les fonctions principales de l'être humain, ou alors tout simplement des cours d'éducation sexuelle, des cours très particuliers. C'était donc vrai alors, la rumeur (qui s'était apaisée et révélée fausse à tort) ne l'était pas. C'était très délicat pour elle, surtout dans un établissement aussi réputé. Elle risquerait à coup sûr le licenciement si ça venait à se savoir.

Je restai figée comme foudroyée sur place. Le garçon, Justin Prinston, m'aperçut et arrêta d'embrasser Mlle Marshall, surpris que je sois là et ayant peur que j'aille courir dans le couloir raconter à tout le monde ce que j'avais vu. Ma prof se retourna et resta stupéfaite, je pense que c'était quand même à moi de l'être le plus. Elle reprit ses esprits et repoussa son élève-petit ami.

- Mademoiselle Rosenfield, dit-elle gênée en refermant son chemisier.

Elle ne savait pas quoi dire, je crois qu'elle aussi avait peur que je le dise. Mais non, je n'avais pas l'intention de le faire (j'avais reçu un vrai coup de massue), du moins pas tout de suite. Quand je pense qu'ils étaient collés l'un contre l'autre quelques secondes avant, j'espère qu'ils ne pensaient pas aller jusqu'au bout de leur idée, il restait vingt minutes avant le début des cours d'accord, mais quand même… Dix minutes de plus et je les surprenais dans une situation encore plus compromettante. Je ne regarderai plus jamais ce bureau de la même façon.

- Je sais que ce que tu viens de voir t'a choquée… continua mademoiselle Marshall.

Choquée ? C'était pire que ça. Je filai dans le couloir, Justin me suivit.

- Attends Julie ! Tu ne dois pas en parler. Il faut que tu oublies ce que tu as vu. Rachel perdrait sa place, s'inquiéta-t-il.

Rachel ? C'était son prénom ?

- Tu ne crois quand même pas que je peux garder ça pour moi ? interrogeai-je.

Je me remis en route, mais il me retint par le bras.

- Ne dis rien. Je ferai tout ce que tu veux.

- Très bien, cédai-je.

Je l'entraînai aux toilettes des filles. Je vérifiai qu'il n'y avait personne et je fermai la porte (qui ne se fermait pas à clé malheureusement). Je lui expliquais qu'en échange j'avais besoin d'une rumeur et d'un détail, et j'accepterai. Il fallait qu'il raconte avoir vu un élève de dernière année, qui n'a pas encore dix-huit ans, avoir une liaison avec une prof. Si je le faisais moi-même, personne ne me croirait, car tout le monde savait que je cherchais une nouvelle rumeur. Ça le surprit, mais ça permettrait à Ashley de vivre sa grossesse tranquillement, et à Justin de vivre sa relation. Il accepta et me remercia déconcerté. J'allai vers la porte et je me retournai avant de partir.

- N'oublie plus de fermer la porte à clé, dis-je en souriant.

192

CHAPITRE 37 : Pauvre Maxime

La conversation que me raconta D me troubla. Lisez bien avec attention ce qui suit : comment larguer un mec, ou la délicatesse façon B.

- Si on allait au cinéma samedi ? proposa Maxime à Blair.

- Écoute, ne le prends pas mal, mais j'aimerais qu'on arrête tous les deux. Tu ne respectes pas ta part du marché et tu es en train de tomber amoureux.

- Je ne comprends pas. On s'entend bien tous les deux. Tu as dit que tu n'avais envie d'être qu'avec moi.

- C'était au début, je ne reste pas fleur bleue très longtemps. Tu trouveras une autre fille très vite, j'en suis sûre. Tu m'oublieras, assura-t-elle.

Oh non, tous les mecs qui ont connu Blair ne peuvent pas l'oublier. Elle leur fait quelque chose d'indescriptible.

- Donne-moi une chance, je t'en prie, supplia Maxime.

Oh là, il s'était rabaissé et à ce moment-là B dut se dire qu'elle avait fait le bon choix. Elle n'aime pas les mecs comme ça, elle les préfère comme elle, indépendants, limite indifférents de temps en temps parce que ça la rend folle qu'on ne la remarque pas – or Maxime ne voyait qu'elle…

Il était à ramasser à la petite cuillère quand j'arrivai chez lui. Déprimé, inconsolable, dépressif. Je m'armai de courage pour le remettre d'aplomb (du moins essayer), et j'en avais besoin.

- Pourquoi ? se plaignit-il. Avec toutes les filles qu'il y a dans ce lycée, pourquoi je suis tombé sur elle ? Les Princess sont sans cœur !

Mais non, elles sont justes des ados (seulement pour celles au lycée) immatures et irresponsables. Je lui avais pourtant dit de ne pas lui montrer ses sentiments. B ne voulait pas d'une relation normale, elle n'était pas assez mature. Elle voulait s'amuser. Je savais comment la ramener vers lui, et cette fois il m'écouta.

- Alors, tu vas faire exactement ce que je te dis, l'instruis-je. À partir de lundi tu seras totalement indifférent à B, comme si tu te fichais de ce qu'elle avait dit. Elle a l'habitude que les garçons qu'elle jette se morfondent, alors tu diras qu'elle avait raison de mettre fin à votre relation et que tu t'étais emballé un peu vite, que tu n'avais pas vraiment de sentiments pour elle.

- Tu es sûre ? Ça ne risque pas de la blesser ? s'inquiéta-t-il.

- Oh oui. Bien sûr que ça va la blesser, c'est comme si tu ne t'étais jamais réellement intéressé à elle. Drague toutes les filles qui passent, que les plus jolies évidemment, sinon elle trouverait quelque chose à redire. Sois indifférent avec B comme si tu ne la voyais pas, et fais tout le contraire avec les autres. Et vante-toi devant elle de toutes tes conquêtes, de l'indépendance que tu as. Quand elle verra que tu t'amuses, elle aura envie de revenir.

- Tu crois ?

Oh oui, j'avais vu ce manège assez de fois pour en être convaincue. Naturellement, il ne devait pas accepter tout de suite. Il fallait la faire languir, la repousser, c'est comme ça qu'elle devient accro, et pas avec des roses, des poèmes et des déclarations.

Samedi s'annonçait une journée remplie. On allait faire tous les magasins et le débarrasser (en apparence) de son amour, de ses mains tremblantes et son cœur battant la chamade quand il la voyait. On pourrait trouver ce plan pas très honnête, mais je voulais aider Max. B s'en remettrait si elle indifférait un garçon, c'était pour leur bien à tous les deux.

CHAPITRE 38 : D'accord et alors ?

- Ce n'est pas raisonnable que tu la voies. Ce ne serait pas très bon qu'on sache que tu es son amie.

Une amie alcoolique, d'accord ; une amie droguée, OK ; une amie débauchée, tout à fait compréhensible. Mais une amie enceinte… elle n'allait pas me contaminer. On n'attrape pas un bébé, ce n'était pas en la touchant que j'allai tomber enceinte ou qu'elle me donnerait subitement envie d'être maman avec Vince.

- Elle est enceinte, maman, ce n'est pas contagieux. Imagine que tout le monde fasse pareil, elle n'aurait plus personne et elle a besoin de soutien en ce moment, me contrariai-je.

On sonna à la porte. C'était A et ses parents. Le fait qu'on soit copines ne mettait pas les parents d'accord des deux côtés. Après les politesses d'usage, nous commençâmes la conversation. La mère d'A comprenait l'inquiétude de la mienne à propos de l'influence de mon amie sur moi, mon image, et elle ne s'opposerait pas au choix de mes parents. Quant à son père, il pensait que notre amitié était une bonne chose pour Ashley, car j'étais depuis plus d'un an avec Vince, j'étais une bonne élève, et avant tout j'étais toujours « pure ». Selon lui je pouvais l'aider à retrouver le droit chemin.

Il allait un peu loin là : 1) Ashley n'avait jamais vraiment dévié du droit chemin, son seul crime était l'amour, 2) c'était une trop grande tâche pour moi, 3) « pure » était un peu exagéré, je n'étais pas réellement très sage ; d'accord, c'était pour ne pas dire « vierge », l'autre mot faisait plus correct, mais « pure » je ne le serai plus très longtemps. C'est ce que se dit également A, c'est pour ça qu'on se sourit.

Pour ce qui est de la suite, si vous avez quelque chose d'important à faire, allez-y, car mon discours pour convaincre les parents de me laisser voir A est assez long et j'étais partie dans un délire philosophique et religieux. Il faut ce qu'il faut.

- Je voudrais dire une chose, commençai-je. Ashley est enceinte et ce n'est pas quelque chose de mal. Elle n'a pas tué quelqu'un, elle n'a pas volé ou commis un crime. Elle est amoureuse et n'a pas pu attendre de pouvoir aimer complètement Casey parce qu'ils se seraient mariés dans quatre ou cinq ans. Un an, c'est quand même trois cent soixante-cinq jours, alors imaginez autant de jours à attendre de pouvoir faire partie de l'autre, de partager sa vie entièrement, de la façon la plus complète qui soit. On ne punit pas un couple amoureux qui s'embrasse, alors qu'en soi c'est un acte sexuel, alors pourquoi dire qu'Ashley a péché ? Elle a été faible comme le sont tous les êtres humains. Rappelez-vous quand vous aviez son âge, on est moins patient, et vous avez du mal à vous souvenir que pour vous aussi c'était dur d'attendre, puisque vous n'y êtes plus, mais je suis sûre que vous aussi vous avez fait des erreurs dans votre vie. Et ce que je ne comprends pas, c'est pourquoi avoir honte d'avoir un bébé quand on est jeune ? Si les filles peuvent physiologiquement en avoir, c'est qu'elles le peuvent aussi mentalement. La nature l'a décidé comme ça, on peut avoir des enfants dès qu'on est réglée, ça veut dire qu'on peut les élever, Dieu l'a décidé. Et l'âge c'est quelque chose d'abstrait, ça n'existe pas. On trouve aberrant d'être enceinte à seize ans, mais aussi à cinquante, alors moi je dis qu'il n'y a pas d'âge pour l'être, et que ce n'est pas à nous de décider, si on attend un bébé c'est que Dieu l'a voulu et ça ne doit pas être autrement. Un enfant n'est pas une punition, c'est une bénédiction, et Ashley est une fille très bien, elle a peut-être fait une erreur, celle d'aimer trop tôt parce que quand on est amoureux on peut rarement attendre, mais elle a été bénie avec ce cadeau du ciel. Ce n'est pas un enfant qui va élever un enfant, mais une femme, autant physiologiquement que mentalement et moralement. Ashley est une adulte, elle l'a prouvé des tas de fois et surtout en assumant ce que le destin a prévu pour elle. On n'est pas majeur à dix-sept ans, mais à dix-huit on l'est, il n'y a aucune différence entre

196

les deux, parfois un seul jour, et la maturité et le sens des responsabilités ne s'acquièrent pas en vingt-quatre heures… Alors pour terminer, je suis fière d'avoir une amie comme elle et je refuse qu'on m'interdise de la fréquenter.

Voilà, c'était fini. Vite, un grand verre d'eau ! Tout le monde me regardait ébahi, en silence. Ils m'avaient écoutée sans m'interrompre. Je n'avais pas prévu de parler aussi longtemps, je m'étais laissée emporter, un peu comme pour une disserte de philo, j'avais parlé pour moi-même en fait. Mais l'impact sur eux avait été spectaculaire et énorme.

- J'ai… besoin d'un verre, dit mon père en se levant. D'eau, bien sûr, rajouta-t-il quand il vit comment le regardaient les parents d'Ashley. Tu es extraordinaire ma fille, me félicita mon cher papa. Tu iras loin.

- C'était incroyable, salua le père d'A. Votre fille a fait un vrai discours, je dirai même un sermon comme un vrai pasteur. Vous nous avez époustouflés, vous étiez sur la chaire et nous les paroissiens.

- J'ai eu l'impression d'être en face d'une adulte, ma fille est devenue une femme, souffla ma mère.

Pas encore, mais je pouvais me débrouiller toute seule, et prendre des décisions comme une grande, comme choisir mes amis. Mon père ne voyait déjà aucun inconvénient à ce que je vois A, mais là il pensait que j'étais en plus responsable et il avait confiance en moi comme en Ashley. Nous avions grandi et il ne pouvait que nous conseiller. Nous allâmes faire nos devoirs, laissant nos parents sans voix. Bien sûr il y avait les fameux biscuits sans sucre, qui devaient bien combler le vide qui suivit.

À l'étage, A me regarda avec des yeux tout ronds.

- Où tu es allée chercher tout ça ?

- Je suis blonde, mais intelligente. J'ai réfléchi à ça depuis que je sais que tu es enceinte. Et j'ai jeté un coup d'œil à la Bible.

- Ah, je comprends mieux. En tout cas, tu as dit ce qu'il fallait, il faut parler religion pour toucher mes parents.

Il faut ce qu'il faut. Hors de question qu'on me prive d'A.

CHAPITRE 39 : Un plan séduction très bien huilé

B avait eu son plan avec Richard, moi j'avais le mien avec elle. J'avais relooké Maxime : il mettait des jeans plus moulants, des chemises (B adore, ça fait très working boy), des mocassins vernis, des petits pulls près du corps pour faire ressortir les efforts qu'il faisait pendant ses séances de sport et rappeler à B qu'il y avait des muscles sous le tissu. Il était devenu une vraie "sex bomb". Le tout le plus possible dans des marques connues, mais peu chères. Certaines fois, je lui avais fait une avance qu'il avait refusée avec force, mais il n'avait pas le choix, alors il avait promis de travailler pour me rembourser. J'avais accepté sans lui dire que ce serait bien évidemment inacceptable quand il en serait question.

En cours d'histoire, il dragua une fille super jolie, brune aux yeux verts, pas les caractéristiques habituelles d'une Princess, mais c'était un cocktail explosif. Pas besoin de se forcer, c'était un vrai canon cette fille. B avait du souci à se faire, la concurrence arrivait.

- Eh, l'appela-t-il en murmurant. Tiens.

Il lui donna un petit mot. Il était assis derrière elle et B était derrière lui. La brune lut et sourit à Max, avant de se retourner et se remettre à écrire. Blair était verte de jalousie de ce mystérieux petit message.

- Christine, dit-il à voix basse. Je peux t'appeler Chris ?

Elle acquiesça en se retournant vers lui avec un sourire.

- Alors, dis-moi Chris, je peux t'inviter à dîner ce soir ? Je connais un petit restau chinois super.

- Avec plaisir, accepta-t-elle. Passe me prendre à sept heures.

Elle était directe, jolie et c'était un bon début pour que B soit irritée de ce comportement. Elle pensait qu'il serait déprimé. Rien qu'à voir l'expression de son visage, on voyait qu'elle était jalouse... hi hi hi ! Mission accomplie !

*

Pour nous ce soir c'était spa. B l'avait décidé, et on ne contredit pas une copine nouvellement jalouse et ayant besoin de détente. Et puis Ashley aussi en avait besoin. On se faisait toutes masser : le corps, les mains, les pieds, la racine des cheveux, ah... quel bonheur.

- Tu vois souvent Casey en dehors des cours ? questionna D.

- Oui, mais à l'extérieur le samedi, à la maison je n'ai pas le droit de monter dans ma chambre avec lui. Mes parents ont peur qu'on refasse l'amour avant le mariage.

Très belle preuve d'amour si c'est des deux côtés d'attendre de se marier pour le faire. Mais déjà enceinte, quel intérêt ?

- Pas de câlins avant trois mois, et tu en seras à sept, songea B. Comment tu fais ? Tu es plus courageuse qu'une fille qui fait les soldes avec deux heures de retard.

1) Parce qu'il n'y a plus ce qu'on voulait donc le repérage n'a servi à rien 2) Il y a dix fois plus de risques de se disputer un vêtement. L'image de deux femmes qui tirent chacune sur un côté du pull, ça vous dit quelque chose ?

- Vous croyez que Maxime sort avec Christine ? demanda tout à coup B. S'il sort avec elle ça veut dire qu'il se fiche de moi.

- Tu es jalouse parce qu'il est avec une autre ? m'enquis-je en souriant.

Rassurez-vous, elle ne pouvait pas me voir. Elle ne pouvait donc pas s'empêcher d'y songer, et d'en parler, ce qui voulait dire que ça ne la laissait pas indifférente.

- Non, mentit-elle. C'est juste qu'il devrait être déprimé pendant des semaines et pas se jeter dans les bras d'une autre.

Ça, on le comprend toutes, quand on quitte son petit ami (ou pire, si c'est lui qui le fait) on n'a pas envie qu'il trouve quelqu'un. Nous oui, mais lui, hors de question. Même si on n'est plus avec l'homme en question, c'est comme s'il nous appartenait et quelque part on sera toujours lié parce qu'on a partagé notre vie un petit moment.

- Peut-être qu'il essaie de t'oublier dans ses bras, proposa D.
- Il pourrait le faire, cloîtré chez lui dans le noir et ne se nourrissant que de céréales, préféra B.

Un idéal dont on rêve toutes.

- Alors, ça t'énerverait qu'il la voit ? avançai-je.
- Disons que ça m'embêterait. Une brune en plus.

Hip hip hip hourra, plan réussi !

CHAPITRE 40 : Richard et ses cadeaux : un come back inattendu

Samedi matin, je rentrai à la maison après une ballade à Central Park, une boite m'attendait. J'aime bien être « accueillie » avec un cadeau, c'est toujours agréable. Dans la boite un écrin, dans l'écrin un bijou. Un adorable petit pendentif fait d'une fine chaîne en or et d'une perle aux reflets irisés. Je l'attachai autour de mon cou. Peu importe qui me l'avait envoyé, un oncle, une tante, une cousine, une amie, il était magnifique. Il y avait bien sûr une carte, les admirateurs secrets n'existent que dans les films et notre imagination.

Chère Julie,

N'ayant pas eu de réponse pour le cadeau précédent, j'ai pensé qu'il ne t'avait pas plu et je t'ai donc choisi quelque chose de plus raffiné pour me faire pardonner. J'espère sincèrement que celui-ci te séduira et que je le verrai bientôt à ton cou.

Tendresse, Richard

On pouvait effacer les deux derniers mots ? Il n'avait pas peur, il osait de plus en plus, on était passé de « je t'embrasse » à « tendresse », quel effronté ! Est-ce que ce serait impoli que je garde le bijou sans l'appeler pour le remercier ? Ma mère s'en étranglerait d'horreur… mais elle n'était pas là, non ? Je montai les marches et je sentis mon portable vibrer. Je n'avais plus le choix, une Princess n'a pas d'excuse pour une batterie faible, plus de forfait, ou plus de téléphone.

203

- Bonjour, toi, me salua Richard d'une voix guillerette. Je suis à Paris. Je voulais savoir si le bijou te plaît. Si tu l'as en horreur je serais littéralement au bord du suicide, rit-il.

- Ce n'est pas la peine, je l'adore.

- Comme tu ne m'as pas répondu la dernière fois j'ai cru que l'étole t'avait déplue.

Ah, c'est vrai, l'étole. Où l'avais-je mise déjà ? J'ai prétexté des devoirs et des soirées pour expliquer le fait que je ne lui avais rien répondu.

- Je comprends. Dans ce cas, tu dois te faire pardonner, plaisanta-t-il. Il faut que tu dînes avec moi ce soir. Vingt heures au *Twenty-One* ?

Ça lui arracherait la langue de me demander si j'étais d'accord ? Qu'il était exaspérant ! Qu'est-ce que ma mère lui trouvait (à part ses millions de dollars) ? Je n'en mourrais pas d'envie, donc j'inventai une sortie avec les filles. La vérité ? Soirée DVD en vue et masque maison avec ma mère.

- Une prochaine fois alors, proposa Richard.

Bien sûr, pourquoi pas le 26 du mois jamais ? Il raccrocha en m'embrassant, lui à Paris, moi à New York. Je crois que mon téléphone serait momentanément en dérangement dans les semaines à venir.

Je brossai mes cheveux, je ne supporte pas qu'il y ait de l'électricité statique et des nœuds dans ma cascade de cheveux blonds parsemés de mèches. Ils doivent toujours être parfaits. Je les regardais avec minutie quand mon téléphone vibra encore.

- C'est toujours non, dis-je en décrochant.

- Non pour quoi ? me demanda Vince.

Oups !

- Qui que ce soit, il va être content quand tu vas l'accueillir comme ça, pensa-t-il. En fait, je t'appelais pour te dire que j'ai eu une discussion avec mes parents, et ils pensent que ce serait mieux pour nous d'éviter de rester avec Ashley... Je ne sais pas encore quelle sera ma décision, j'ai besoin de réfléchir. Mais ils ont de bons arguments.

D'abord, je ne dirai pas que c'est Vince qui avait eu une conversation avec ses parents, mais ses parents avec lui, et ce n'était pas du tout la même chose. Comment pouvait-il dire ça ? La dernière fois, il avait repris ses « géniteurs » sur leurs paroles. N'avait-il plus de personnalité tout à coup ? Un visage blanc à peindre à volonté !

- Et quels « bons arguments » ont-ils ?

- Ça ternirait notre image. C'est notre amie, mais tu sais que pour les autres c'est la fille du pasteur qui est tombée enceinte.

Il faut bien être la fille de quelqu'un, ce qui ne veut pas dire que ça nous oblige à suivre le même chemin. Nous sommes libres de nos mouvements et de construire notre avenir jusqu'à preuve du contraire. Non, le but d'être un ado c'est de se disputer avec ses parents six jours sur sept, trois heures sur vingt-quatre, et de les contredire même si on est d'accord juste pour les embêter. Non, les arguments se résumaient en un seul : l'héritage. Élément non négligeable, c'est évident, mais s'il fallait corrompre son esprit pour assumer son futur côté financier, nous serions tous riches sans exception. Heureusement, il reste des gens honnêtes dans ce bas monde. Possible qu'il avait également peur pour son compte en banque actuel (avec lequel 99,99 % des ados de la jeunesse dorée s'éclatent : sorties, restau, boites de nuit, fringues, voitures ; mais aussi drogue, alcool, sexe pour les plus délurés). C'est vrai que c'est dur de se passer du luxe quand on y est habitué. Des centaines (au minimum) milliers de dollars en moins ça oblige à changer ses projets…

- Et si leur situation était la nôtre, ça ne te ferait ni chaud ni froid que nos amis s'éloignent pour garder leur image ? hasardai-je.

Il y eut un silence, Vince sembla réfléchir.

- Tu as raison, admit-il. Seulement, ce n'est pas à nous que ça arrive, mais à eux et on peut encore éviter le pire si on se décide maintenant.

Non… finalement, je crois que je me sentais très mal…

Pourquoi parler « d'éviter le pire » ? Les relations que nous avions avec les gens de la haute société – qui au passage peuvent assurer ou briser votre avenir – ne se détruiraient pas pour si peu ? Enfin, j'espérais…

- Dans ce cas, dis-moi quand tu auras pris ta décision. N'oublie pas que ce sont nos amis, rappelai-je, si l'argent peut disparaître, l'amitié reste.

- Bien sûr. Je t'aime, ma puce. Bonne journée.

Oui, certainement, j'allai passer une excellente journée après cette conversation qui me laissait en plus dans le doute ! Certaines personnes nous déçoivent, est-ce que c'est pour ça qu'on les aime moins ? Bien sûr que non. Nous faisons tous des erreurs. J'espérais qu'il n'en ferait pas une deuxième ; la première avait été de m'appeler alors qu'il ne savait pas lui-même ce qu'il allait faire.

Je portai ma main à mon collier pour jouer avec comme je le fais souvent. Je me rappelai que c'était le petit british qui me l'avait offert. Le petit british qui m'avait invitée à dîner. Je n'avais rien à perdre après tout, j'avais besoin de me changer les idées, et Richard avait besoin qu'on le voit en compagnie féminine. Alors, je le rappelai.

- Richard ? Je crois que je vais pouvoir dîner avec toi finalement.

- Parfait. Je passe te prendre.

Je retrouvai l'étole qu'il m'avait offerte et je la mis. Nous nous rendîmes dans l'un des restaurants les plus huppés de la ville. Il engagea la conversation, mais je restais distraite, pensant toujours aux propos de Vince. Chevalier de ses dames (après tout c'est le petit british), il s'enquit de ce qui n'allait pas. Mais quand je lui évoquai que ça concernait l'image et le sexe, ainsi que Vince, ses joues devinrent légèrement roses, il paraissait gêné. Il m'avait posé la question, non ? Il s'éclaircit la gorge.

- Eh bien, je… Je ne suis pas sûr que ce soit idéal qu'on en parle tous les deux, c'est votre vie privée à ce stade-là. Si ce n'est qu'une question de positions, ou d'égoïsme dont les hommes sont souvent accusés, je pense que ça peut se résoudre. Et puis, il est jeune, il faut être indulgente.

- Aucun rapport, en fait. Je parle d'Ashley et de son bébé, précisai-je, tu es au courant ?

- Qui ne l'est pas ? soupira-t-il.

Les « bonnes » nouvelles vont vite. Encore plus vite chez les Princess. Je lui expliquai que les parents de Vince lui avaient mis en tête d'éviter Ashley pour préserver sa réputation. Mais bref, je n'étais pas là pour en reparler, mais justement pour m'en distraire. Je lui demandai s'il avait implanté un nouvel hôtel ces temps-ci, mais non, ce qui me surprenait, lui qui avait passé son temps à Paris, la ville des affaires. Je l'avertis pour plaisanter que si un jeune homme fraîchement débarqué prenait de l'avance, il ne serait plus le plus beau parti de New York.

- Je prendrai garde, répondit Richard en riant, merci. D'un autre côté, ça ne me gênerait pas de ne plus être sans cesse convoité par toutes ces femmes.

Ah bon ? Tous les hommes rêvent d'avoir des dizaines de femmes à leurs pieds prêtes à tout pour eux. Il devrait peut-être au moins faire semblant.

- La plupart sont des femmes qui ont le triple de mon âge, voire plus. Il y a mieux pour imaginer un mariage dans la fleur de l'âge.

Là je comprenais mieux… beurk. Une femme pleine de bagues aux mains autant que de rides qui vous fait du rentre-dedans. Déjà qu'il n'était pas attiré par le sexe opposé, ajoutez cinquante ans à son âge à lui et vous serez certaine qu'il les fuira. Heureusement, il restait des filles de son âge.

- Tu n'imagines pas ce que je peux voir, parfois. Certaines me draguent ouvertement, me raconta-t-il, me font des propositions très indécentes, il y en a même qui passent à ma chambre d'hôtel très tard le soir. Quelquefois pratiquement pas habillées. Comme celle qui a ouvert son manteau, entièrement nue dessous, quand j'ai ouvert la porte.

J'éclatai de rire, il devait en voir des choses avec sa fortune astronomique qu'elles voulaient toutes. Si Blair l'avait fait, évidemment ça ne l'aurait pas attiré, mais ça l'aurait moins repoussé. Le pauvre… adulé par toutes ces femmes alors qu'il préférait les hommes. Je m'étais bien amusée, et Richard put assurer sa réputation. En fin de compte, tout n'avait pas été désagréable dans cette journée.

CHAPITRE 41 : Une B version brune

- Eh, vous ne saurez jamais ce que j'ai appris ! s'écria D toute excitée. Tout le lycée en parle ! Finalement, ça a du bon de venir étudier à la bibliothèque.

Quand nous arrivâmes au lycée à huit heures, nous n'eûmes même pas le temps de lui dire bonjour qu'elle nous avait sautés dessus avec cette nouvelle : il paraîtrait – de source sûre - qu'un élève de dernière année sortait avec une prof. Elle avait reçu un message informateur sur son téléphone et se réjouissait qu'étudier à la bibliothèque avait enfin des avantages. Quel rapport avec le message ? Allez savoir... Et ce matin, effectivement, le réfectoire était plein. Justin avait bien fait son travail.

- Vous avez entendu ? s'enquit Ambre à ses nouvelles-anciennes copines, en passant devant nous. Il faut qu'on trouve qui c'est ! Lançons une chasse au mec qui couche avec sa prof.

Apparemment, elle était passée à autre chose, Ashley pourrait déjeuner tranquillement, et Ambre aussi. Aucune des deux n'était à l'affiche désormais, et le cercle de chipies s'était reformé.

Nous nous installâmes en cours de biologie et Maxime arriva. Il nous dit bonjour avec enthousiasme à tous et passa vite pour B (ce qui l'irrita un peu plus). Puis il s'assit derrière Christine, sa proie du moment. La prof n'était pas encore là, il avait un moment pour poursuivre ses plans de séduction. Il la tapota sur l'épaule et elle se retourna, souriante. B était à l'affût, guettant ce qu'ils allaient dire et faire.

- Salut toi, le salua-t-elle.

Oh, ça s'annonçait bien. À voir la tête de B, elle pensait la même chose et ce « toi » n'était pas insignifiant. Rien que ce mot la rendait malade.

- Je t'ai apporté une brioche, informa Maxime, je me suis dit que tu n'avais peut-être pas eu le temps de prendre ton petit-déj.

- Merci, ça tombe bien, j'adore les brioches.

Bingo ! Heureusement que sa main ne s'était pas dirigée vers un pain au chocolat ou un croissant. Elle la prit, toute contente. Quand on ne « petit-déjeune » pas pour garder la ligne et qu'un mec mignon nous donne une viennoiserie, on ne refuse pas.

- Tu sais que tu es très jolie aujourd'hui ? J'ai failli manquer ma chaise quand je t'ai vue. Dis-moi, dit-il en se penchant vers elle, qu'est-ce que tu fais demain ?

- Je sors avec toi.

Waouh, quelle audace ! B avait du souci à se faire, la relève était assurée. Pourvu qu'elle ne lui plaise pas réellement, parce qu'elle ressemblait à B, c'était elle en brune.

- Ça, c'est ce que j'aime. On avait dit quelle heure déjà ? J'avais noté ça en rouge sur mon agenda. Au centre commercial ? avança Clownie.

- Non, chez moi. Prévois des affaires de rechange, je pense que tu n'auras pas envie de repartir.

La prof entra et annonça que nous allions poursuivre la leçon de mardi. Christine remercia discrètement Maxime pour la brioche et lui promit de la manger plus tard, tout en le dévorant des yeux. Ouh là… je me demandais si c'était la brioche ou Maxime qu'elle allait manger. Quant à Blair, elle se demandait certainement ce qu'elle allait faire à Chris.

- J, tu as fini ton devoir sur les plantes ? me demanda D à voix basse.

- Oh non ! J'ai complètement oublié avec tout ce qui s'est passé.

- Oh… pour ceux qui… sont un peu courts sur le temps pour le devoir du douze, dit Mlle Marshall, je vous laisse une semaine de plus, je sais que vous avez un autre devoir important dans une autre matière.

Quoi ? Je rêvais ou elle essayait d'être gentille avec moi (ce qui passait par toute la classe pour ne pas éveiller les soupçons) pour que je me taise ? Elle ne m'avait même pas sanctionnée pour avoir parlé. Désolée mademoiselle, on ne me soudoie pas. Excepté avec une part de gâteau au chocolat, de la chantilly et une cerise (ou un brownie s'il n'y en a pas). De toute manière, son petit ami d'élève m'avait déjà « payée » en nature, un service pour un service. Qu'il parle pour que je me taise. Et là elle essayait de me faire taire, la communication dans leur couple n'était pas bonne. Pendant le cours elle avait perdu son assurance et son naturel, ma présence la mettait mal à l'aise. Elle n'osait pas regarder Justin et sa main tremblait légèrement quand elle écrivait au tableau. Elle avait peur d'être renvoyée (et qu'on apprenne sa liaison dangereuse ; après le renvoi, la réputation, et la prison). Alors, quand la fin du cours sonna, j'allai discrètement voir Justin.

- Dis à ta chérie que ce n'est pas la peine qu'elle soit gentille avec moi à cause de ce que j'ai vu, je ne dirai rien, je te l'ai promis. Je ne suis jamais allée chercher mon livre ce jour-là et je ne vous ai jamais vus, ce moment est effacé de ma mémoire.

- OK, c'est sympa.

- N'oublie pas de lui répéter, elle est au bord de la crise de nerfs. Ah, et dis-lui que je lui rendrai mon devoir demain comme prévu.

*

Le déjeuner s'annonçait calme. En tout cas de notre côté. En ce jour où la relation entre Justin et Mlle Marshall n'avait jamais existé, la rumeur sur cet élève beau et sexy de dernière année qui ne ferait pas que partager des commentaires sur ses devoirs avec sa professeure amplifiait. C'était la new de la journée. B se concentrait sur elle - ou du moins essayait - ce qui lui permettait d'oublier (un moment) le petit jeu de séduction Max-Chris. Ambre n'avait pas pointé le bout de son nez, la rumeur utilisait les deux neurones qu'elle a pour y réfléchir et elle n'en avait pas d'autres pour penser en même temps à Ashley.

- Quelqu'un a une idée ? questionna B.

- Ça pourrait être n'importe qui, répondit Chad, il y a tant d'élèves de dernière année.

Quand les mecs se mettent à se passionner pour des rumeurs, c'est que c'est vraiment croustillant. Forcément, on ne savait pas à quoi il ressemblait, ça aurait été trop facile autrement. Et puis, il se pouvait réellement qu'un mec de dernière année ait une relation avec une de ses profs. On ne sait jamais. Alors, il ne fallait pas détruire une histoire d'amour.

- Mademoiselle Pâtisserie a lancé un jeu, poursuivit B à fond sur cette idée, une sorte de chasse. Trouver s'il est blond, brun, qui ne déjeune pas au réfectoire, sort ou pas le samedi, reste après les cours.

- Un vrai Cluedo, pensa Maxime en s'asseyant près de moi.

Quand B le vit, elle le regarda un instant d'un air courroucé, puis vissa son regard sur son plateau. Chad complimenta Maxime sur Christine. Il voulait quelques détails, bien entendu il ne savait pas que B enrageait sur ce sujet. Clownie était ravi de voir la réaction de Blair, et ne lésina pas sur ce qu'il pensait de cette fille : intelligente, drôle, pleine d'audace. Et avant tout super sex. Je crois qu'il ne pouvait pas faire mieux : une brune, faire l'éloge de ses qualités. C'était suffisant pour énerver Blair. Mais ne pas mettre de « y » c'était très intelligent (et convenu entre nous). Dire sex et sexy ce n'est pas vraiment la même chose, enlevez la voyelle et le mot devient dix fois plus intense.

- Depuis quand tu aimes les brunes, toi ? rétorqua B.

- Je n'ai jamais dit que j'aimais les blondes.

Waouh !... Il avait répondu doucement, avec naturel. Mais quelle phrase cinglante !

- Il paraît que tu vas dormir chez elle, avança Daphné.

- Oui, mais je dirai sûrement plus. Il y en a qui savent s'y prendre pour me donner envie.

Oh là... B souffrait certainement. Il avait été dur là. Désolée, ma chérie. Ce qu'il avait dit aurait blessé n'importe quelle fille. Elle avait envie de faire l'amour avec lui (ce que B n'accorde pas à tous les mecs) et il avait « prétexté » le souhait d'être amoureux avant. Et là, il fonçait sans réfléchir. En plus, elle était brune, quelle insulte pour elle.

- Et il y en a qui sont prudes et longs à se décoincer, ajouta B piquée au vif.

- Tout à fait d'accord, approuva Maxime. Mais je suis sûr que tu sais y faire.

Elle retrouva des couleurs (elle n'était pas pâle, mais ses joues passèrent du rouge au rose tendre). Maxime avait prononcé cette phrase en la regardant droit dans les yeux, charmeur.

- Bien, dit-elle en reprenant ses esprits. Si on cherchait qui est cet élève.

*

- Ah ah ah !

Ashley était morte de rire. B et moi aussi. D nous racontait la folle nuit qu'elle avait passé avec son Roméo, Chad. Et quand je dis « folle » je veux vraiment dire folle. Une pyjama party n'avait jamais été aussi hilarante.

- Il s'est déguisé en policier avec tous les accessoires. Il est monté à ma chambre sans faire de bruit, et il m'a dit « on m'a raconté qu'une fille ici n'a pas été sage cette semaine. Une fille super sexy et aux cheveux d'or. Il me semble que c'est ma chérie, je suis désolé je vais devoir te punir ». Il m'a fait asseoir sur le lit et m'a sermonnée sur les rivalités que nous avons eues cette semaine… Ensuite, il m'a menottée au lit et s'est déshabillé en faisant un strip-tease, rajouta-t-elle.

Imaginer Chad en policier et dansant était à se tordre de rire. Imaginez un de vos amis faire la même chose et vous comprendrez ce que j'avais ressenti.

- Je crois que le plus drôle, continua Daphné, c'est quand il m'a demandé si je voulais qu'on utilise le faux pistolet, qu'on joue à la victime et au braqueur qui tombent amoureux.

- C'est trop kitch, pensai-je.

Forcément. Je préférais quand il jetait des cailloux à sa fenêtre et qu'il y grimpait (en passant en réalité par le balcon de l'appartement d'à côté qui était vide), quand il ressemblait à Roméo (comme Vince… ma pensée dériva un instant vers lui). Il n'avait toujours pas pris sa décision, tiraillé entre ses devoirs envers ses amis et le refus de ses parents. Plus ça prenait du temps plus j'avais peur.

213

J'avais peur qu'il ne les côtoie plus, et que moi ça me touche trop et que je le quitte.

Je me forçai à rediriger mes pensées vers Chad et à figer mes lèvres en deux coins qui se relevaient, ça devait ressembler à peu près à un sourire. Est-ce que lorsqu'on se force à sourire ça marche réellement ? En tout cas, la lecture des *Liaisons dangereuses* était utile pour beaucoup de choses, et ici en particulier pour ce que la Marquise de Merteuil nous apprend : cacher ce que l'on ressent pour que les autres ne pénètrent pas nos pensées et montrer des expressions différentes de celles qui devraient être pour ne montrer que ce que l'on veut, et même s'inventer une autre personnalité pourquoi pas.

- Moi j'aurai bien vu le petit british en Robin des Bois, rêvassa B. Il est toujours inaccessible, mais toujours canon.

- Attends, s'étonna D, ça veut dire que tu imagines Richard en collants ?

- Hum hum, acquiesça-t-elle en souriant. Ses muscles ressortiraient très bien. Moi je serais Marianne et lui mon héros. Il monterait à mon balcon en grimpant à une corde, imagina B, j'aurais plein de fleurs dans les cheveux, et nous passerions des nuits merveilleuses avant qu'il reparte au petit matin sauver le monde.

- Arrête de rêver, dis-je.

C'était vrai, pourquoi fantasmer sur lui quand elle pouvait rendre ses rêves réalité avec Maxime. Ou presque.

- Et toi, me questionna D, en quoi tu verrais Vince ?

En amant exceptionnel. Ou en ami sans faille d'Ashley et Casey peut-être.

CHAPITRE 42 : Joie et tristesse…

Lycée, lycée, lycée… Et Maxime qui poursuivait mes directives, mais il avait de plus en plus de mal. Il savait qu'il la faisait souffrir quelques fois et ça lui était insupportable, mais c'était la seule façon de récupérer B. Ignorez la et elle s'intéressera à vous (si vous êtes un homme).

L'heure du déjeuner était devenue le moment où il racontait où il en était avec Chris. Si B avait pu s'arracher les oreilles (et les yeux, car Maxime était de plus en plus canon, son faux statut de fils de joailliers l'épanouissait) elle l'aurait fait.

- Elle m'a fait monter dans sa chambre et elle a voulu me masser.

- Je vais chercher de l'eau, interrompit Blair.

Chris empiétait vraiment sur le territoire de B… Elle n'avait pas envie d'entendre la suite, elle espérait qu'en restant assez longtemps au distributeur le passage le plus croustillant serait passé. Mais il attendit qu'elle revienne.

- Donc je disais qu'elle a proposé de me masser.

- Et après ? s'enquit Chad.

Clownie regarda B et vit son expression, elle n'était plus en colère, elle était triste. Ça allait trop loin, on le sentit tous les deux. Je ne voulais pas qu'elle fasse une dépression… je commençais à regretter. Est-ce que c'est possible de faire du mal à une amie pour finalement lui faire du bien ? C'était à méditer.

- La suite, c'est pour une prochaine fois, reprit Maxime. De toute façon, je vais sortir avec une autre, B m'a appris que c'est plus intéressant de voir ce qu'il y a ailleurs et elle a raison.

Il finit son verre d'eau et alla prendre des livres dans son casier pour faire quelques devoirs pendant son heure de libre. Contre toute attente, B le suivit. Ce qui suit, je le tiens de source sûre, mais cette fois de Maxime.

- B... Tu as besoin de quelque chose ? Si c'est de rouge à lèvres, je n'en ai pas, j'ai fini le tube ce matin, vraiment désolé.

- Non, répondit-elle en souriant. Je voulais te proposer de sortir ce soir. On pourrait aller au ciné.

- B, tu m'as dit que tu n'aimes pas t'attacher et que sortir avec un ex n'a aucun intérêt, sauf si c'est sexuel.

- On n'a jamais *vraiment* été ensemble de toute manière, rappela-t-elle.

- Nous nous sommes bien amusés ensemble, concède-t-il, mais moi aussi j'ai envie de voir ce qu'il y a ailleurs. Tu ne peux pas me le reprocher.

Ça lui fit aussi mal qu'à elle de devoir prononcer ces phrases, il n'avait qu'une envie, la prendre dans ses bras et lui dire qu'il l'aimait. On ne pensait pas qu'elle irait le voir ce jour- là. Dans tous les cas, j'avais conseillé à Maxime de ne pas céder la première fois pour rendre B encore plus accro, ainsi leur couple aurait une base solide. Après tant d'efforts, autant des deux côtés, elle ne le lâcherait pas comme ça. Plus on attend ce qu'on désire, plus il devient important.

Quant à moi, l'heure du déjeuner ne fut pas facile non plus. Vince voulait parler du « sujet délicat». Je sentais une boule se nouer dans mon ventre, c'était presque si je ne tremblais pas, n'avais-je aucun courage ? Nous nous retrouvâmes dans une salle de cours, vide de tout ébat prof-élève cette fois.

- Cette histoire n'implique pas que Casey et Ashley, commença Vince, mais notre couple aussi. Mes parents m'ont monté la tête avec cette histoire. J'avais peur de les contredire, mais j'ai encore plus peur de te perdre. Je suis sûr maintenant de ne pas penser comme eux. Nous sommes amis avec eux et c'est très bien comme ça. On n'efface pas des années de relation, n'est-ce pas ? me demanda-t-il en me regardant tendrement.

Ça allait beaucoup mieux. J'étais vide de toute énergie, mais ça allait mieux. J'étais plongée dans ce qu'il disait, sans pouvoir l'interrompre, sans pouvoir rien dire. Et au fond, il n'y avait rien à dire, à part…

- Bien sûr que non. Je suis si contente.

Je m'assis sur le bureau professoral, épuisée de tous ces derniers jours à me poser des questions, à me torturer l'esprit. Il me prit dans ses bras et me serra doucement. Quel soulagement… Pourvu que D et B ne tombent pas enceintes tout de suite, ça me tuerait de revivre ça.

CHAPITRE 43 : La chasse est ouverte…

Cours d'accord, mais « chasse au mec qui couche avec sa prof » aussi. Si les leçons sont capitales à savoir pour les Princess, les rumeurs le sont à découvrir. Elles s'apprennent surtout au pipi-room. Endroit exigu, mais très propice aux confidences les plus folles. Envie de calme pendant une heure de libre, B avait souhaité se retrouver dans cette pièce quelque peu singulière, mais tellement propre aux filles.

- Tu me passes ton blush ? demanda D à B.

- On a de nouvelles infos sur l'élève de dernière année, nous instruisit-elle en lui donnant. Blond, yeux gris, prénommé Jack, âge : dix-sept ans.

La dernière fois nous l'avions laissée sans information supplémentaire sur les autres. Que s'était-il passé pour qu'elle en sache autant ?

- J'ai engagé un détective privé, informa B en arrangeant sa mèche près du visage. J'en avais marre de ne pas trouver de détails sur ce garçon, je n'aime pas que quelque chose me résiste, alors pourquoi me gêner ?

Comme Clownie par exemple ? En tout cas rien d'extravagant pour une Princess d'utiliser ses dollars pour payer un détective pour une chose aussi infime. Ça ne nous a étonnées qu'à moitié. D s'est fâchée qu'elle ait tout gâché, cette chasse mettait un peu de piment dans notre vie de lycéenne.

- Ne te fâche pas, le détective m'a promis de ne pas tout me dire et de me laisser des surprises. Tu serais bien contente si nous le découvrions les premières, non ?

- Oui, admit D, à moitié moins contrariée.

Alors quoi ? Cet élève existerait réellement ? Si l'emploi de ce détective ne me faisait ni chaud ni froid – surtout venant de B – ces informations me sidéraient. Combien y avait-il de chances pour que cette invention se réalise ? Peut-être qu'il avait menti, inventant des détails physiques pour lui faire plaisir en étant plus que bien payé.

- Jack, tu dis ? répétai-je.
- Oui. Blond, yeux gris.
- Dans ce cas, ça va être facile. Allons le chercher, proposai-je en sautant avec enthousiasme du plan des lavabos.
- Des yeux d'une telle couleur, ça ne doit pas être dur à trouver, sourit D.

Après s'être recoiffées et un maquillage en règle, on partit à la recherche de ce garçon (apparemment assez sexy) qui avait probablement cours à cette heure-ci. La bibliothèque ne comptait que des yeux bleus et yeux noisettes. Bien qu'en essayant de paraître le plus naturel possible, notre comportement parut étrange aux autres élèves. Nous empruntâmes un livre et nous prîmes place à la table au centre de la pièce essayant de prendre un air studieux. En jetant un coup d'œil de temps à autre au livre, nous regardions attentivement les yeux des garçons. Après vingt minutes, et quelques nouveaux arrivés, d'autres partis, nous nous plaçâmes près d'une étagère où il y avait un point de vue global. À force de les scruter comme ça, ils pensaient que nous cherchions pour B un nouveau boyfriend, car tout le monde savait qu'elle n'était plus avec Maxime. Tous à l'affût de son regard de braise, ils ne la lâchaient pas. Nous étions mortes de rire.

Ensuite, nous nous rendîmes dans le couloir principal du rez-de-chaussée, nous mettant sur la pointe des pieds pour voir à travers la vitre des portes des salles de cours. Qu'est-ce qu'on ne ferait pas pour rendre nos journées plus intéressantes ! Mais rien, nothing, nada. B eut l'idée d'aller voir dans les vestiaires des garçons. Une idée très B quoi ! Assez audacieuse comme action, elle pensa que ce serait mieux qu'elle y aille seule, à trois c'est quelque que chose qui aurait fait le tour du lycée. Elle y entra, trois garçons s'y trouvaient, un déjà habillé, les deux autres en train de se changer.

- Tu sais que ce sont les vestiaires des mecs, ici ? interrogea en souriant un à moitié dévêtu. Tu voulais voir des hommes en petite tenue ?

- Bien sûr que je le sais, rétorqua B avec un sourire séducteur. Mais des hommes, c'est vite dit.

- Tu veux que je te prouve que je suis un homme, Blair ? interpella un autre. Dis-moi tout ce que tu veux que je fasse, je suis tout à toi.

Elle avait bien eu le temps d'observer leurs yeux sous les néons du vestiaire, mais ils étaient tous bleus ou marrons. L'entraînement était bientôt fini, et d'autres élèves n'allaient pas tarder. Les garçons qui se rhabillaient en profitaient pour montrer leurs atouts à B, histoire d'avoir une chance. Mais le regard de B était plutôt attiré par celui qui « était tout à elle ». Elle nous raconta qu'il était « très bien fait de sa personne » et qu'avec son désir de lui faire plaisir il pourrait « la séduire ». Elle adore les avoir à ses pieds.

- Tu peux faire quelque chose pour moi, lui dit-elle. Est-ce que tu sais si un mec de dernière année a des yeux gris ?

- Si ce n'est que ça, je peux mettre des lentilles. Mais oui, je connais un mec qui a des yeux gris. Il a fini ses cours à cette heure-ci, mais il reprend lundi à huit heures en 2B.

Ravie de cette info, elle sourit en pensant plus au personnage inconnu qu'à celui qu'elle avait en face, un sourire forcé, presque hypocrite. Elle lui devait bien ça. Pour lui, c'était un vrai sourire.

- Et pour moi, poursuivit-il, qu'est-ce que tu vas faire ? J'admets qu'il est plutôt mignon, mais il n'est pas assez déluré pour t'amuser.

À ce moment, cinq garçons venant du gymnase entrèrent, dont Maxime. Elle ne s'y attendait pas et perdit ses moyens quelques secondes. Mais fidèle à elle-même, elle se reprit rapidement. Quand il la vit, il s'arrêta net, se demandant si elle était là pour lui. Sûre qu'il l'observait, elle embrassa son chevalier servant prêt à faire « tout ce qu'elle voudrait qu'il fasse ». Bien entendu, ça blessa Maxime, on aurait pu enfoncer un poignard dans son cœur ça n'aurait pas pu être pire.

- Je ne m'intéresse pas à lui pour ses yeux, par contre j'adore les tiens. Si tu es libre ce soir, passe me prendre, autrement annule ce que tu avais prévu. Je suppose que tu connais mon adresse.

Le pauvre garçon ne put qu'acquiescer de la tête, trop ému de ce qui lui arrivait. Il aurait peut-être été moins flatté s'il avait su qu'elle le faisait pour se venger de Clownie, elle espérait que ça le rendrait jaloux, et elle n'imaginait pas à quel point. Elle fit sa sortie sur cette scène.

Après une heure d'histoire, nous allâmes étudier à la bibliothèque. D avait un devoir et avait besoin d'un ordinateur pour quelques recherches. Tous étaient pris à cette heure ; elle fit ce qu'elle fait toujours : elle utilisa ses charmes pour en obtenir un. Elle choisit sa proie : un joli garçon aux cheveux blond cendré, très concentré sur le texte qu'il lisait sur l'écran.

- Excuse-moi, interrompit-elle d'un ton doux en lui tapotant l'épaule. Est-ce que je pourrais utiliser ton ordinateur quelques secondes ? J'ai un devoir très important.

Il se retourna vers elle et les yeux de D s'agrandirent de deux ou trois centimètres.

- Bien sûr, accepta-t-il, tu en as pour longtemps ?

- Euh... pas... pas vraiment. Mais ce n'est pas grave, finis, je l'utiliserai tout à l'heure.

Elle revint vers nous presque en courant.

- Tu t'es brûlée avec l'écran ou quoi ? me mis-je à rire.

- Lui... là-bas... bégaya-t-elle en montrant l'endroit du doigt. C'est lui !

- Les yeux gris ? s'exclama B en se levant de sa chaise.

- Plus gris tu meurs.

Finalement, il était bien là, et finalement j'avais peur d'envoyer une prof en prison et de détruire une aventure, qu'ils soient amoureux ou pas ça ne rendait pas l'acte moins important. Il ramassa ses affaires et sortit de la bibliothèque. B le suivi à la vitesse éclair, sans qu'on puisse l'en empêcher, et elle alla le rencontrer sans détour.

C'était drôle de le chercher… Mais aller le voir de but en blanc, c'était très audacieux. Très B quoi.

- Salut. J'ai une question pour toi.
- Je… t'écoute.
- C'est vrai que tu couches avec une de tes profs ? questionna-t-elle. Elle doit sûrement être jeune et très sexy, c'est compréhensible.
- Je vois… J'ai entendu que tu recherchais un mec aux yeux gris, pour votre… chasse ou je ne sais quoi. Mais ce n'est pas moi.
- C'est vrai ?… s'étonna B. Tu ne t'appelles pas Jack ?
- Steven, répondit-il en lui serrant la main.
- Toujours bon à savoir.

Elle le laissa et nous raconta tout. Déçue, elle promit de reprendre ses recherches de plus belle. Elle l'avait dit, B n'aime pas que quelque chose lui résiste, elle arrive toujours à ses fins.

CHAPITRE 44 : Une soirée très gay

Le soir même, ma mère voulait me laisser la maison, je ne comprenais pas pourquoi. Vince ne passait pas la soirée avec moi, mais elle insistait auprès de mon père pour sortir. Pourquoi voulait-elle à tout prix me laisser seule ? Ma mère est parfois une vraie énigme. Comme quand elle met du *Dior* à une soirée *Chanel*.

- Bon, amusez-vous bien. Je vais sûrement appeler les filles pour qu'elles viennent passer le week-end à la maison.

- Mais non chérie, protesta ma mère. Après une semaine de dur travail au lycée, tu as besoin de repos, il ne faut pas surestimer ses forces.

Je dirai plutôt que c'est le choix de mes tenues quotidiennes qui m'avaient fatiguée, que les cours et les devoirs. Le bon choix vestimentaire utilise plus de matière grise qu'un théorème d'algèbre à apprendre. La mode reste quand même plus importante à seize ans que les cours, même s'il faut avouer qu'on travaille tout de même pour avoir des A.

- Laisse-la inviter ses amies si elle en a envie, dit mon père. Il faut bien qu'elle se détende, elle dormira ce soir.

Il prit sa veste et se dirigea vers la porte d'entrée.

- S'il te plaît, ne fais venir personne, me chuchota-t-elle. Je viens de faire shampouiner toutes les moquettes de la maison, ça laisserait des empreintes si vous couriez partout. Tu leur proposeras le week-end prochain.

Elle m'embrassa et partit. Elle était bizarre ce soir. Je ne savais pas qu'on pouvait faire des marques sur la moquette quand elle était fraîchement lavée. Tant pis, si ça la contrariait je passerais ma soirée devant un film romantique et un chocolat chaud (un vrai crime pour une Princess à cette heure tardive de la journée, mais personne ne le saurait, chut !). Et puis je mettrai plus de lait que de chocolat, c'était plus du lait au chocolat. Je me mis en nuisette et peignoir de soie et je montai le chauffage. Puis je choisis un film bien mélo : *le temps d'un automne.* Oui, encore, mais quand on aime on ne compte pas, non ? Et puis, c'est le seul genre de soirée où l'on peut verser quelques larmes sans se soucier de son maquillage (mais il vaut tout de même mieux se démaquiller). Je mis le DVD et je me pelotonnai contre le canapé.

La sonnette retentit pour mon plus grand désagrément. Je dus mettre le film sur pause à regret et j'allai ouvrir. Pour celles qui se demandent, Maria avait pris sa soirée et était au bowling, il fallait bien que j'y aille. Quelle ne fut pas ma surprise de le voir. Sans prévenir de sa venue, le petit british était là, sur le pas de ma porte.

- Richard… Je ne savais pas que tu venais.

Il regarda brièvement ma tenue de bas en haut. Je fermai mon peignoir, indignée de ce regard… avant de me rappeler stupidement que mon déshabillé ne lui faisait aucun effet, c'est le fait que je ne sois pas habillée qui l'avait surpris. Il fallait que je m'habitue au fait qu'il ne soit pas attiré par les femmes, idée que je tenais pour vraie depuis mes douze ans. Il n'eut pas le temps de me répondre que j'avais déjà compris pourquoi ma mère me voulait absolument seule ce soir, ni moquette ni fatigue en cause, juste Richard.

- J'ai pourtant averti ta mère, je suis désolé. Je te dérange ?

Il y aurait pu y avoir la troisième Guerre Mondiale dehors ça ne m'aurait pas faite bouger, je n'aime pas devoir interrompre ce film, c'est « mon » film. Mais bon, politesse oblige…

- Non, ne t'inquiète pas, je regardais *Le temps d'un automne*, informai-je en le faisant entrer.

- Oh, je l'adore.

Waouh. Le plus gay des gays, même. Après tout pourquoi pas ? Tout s'expliquait : jamais une femme en vue sans que tout New York le sache, son goût pour la mode, le fait qu'il soit proche des parents en général sans problème alors que 80 % des hommes de son âge les évitent. Au fond, s'il était entouré de beaucoup de filles c'est parce qu'il s'entendait mieux avec elles, les garçons il les réservait pour sa vie privée.

- Tu as dîné ? me demanda-t-il.

- Non, pas encore.

- Un dîner gastronomique à mon hôtel, ça te dit ?

Dîner à son hôtel, ça ne lui coûterait rien. Il mettait de moins en moins de moyens pour s'occuper de ses prétendues « cibles ». Il allait peut-être faire son "coming out" bientôt, ce serait top ! Tout New York serait sous le choc, toutes ces femmes qui lui avaient fait du charme, des années de soins réguliers pour d'autres pour que leurs filles aient une chance d'épouser le plus beau compte en banque de la ville, tous ces hommes qui l'enviaient, j'en mourrais de rire.

Un dîner avec Richard, une soirée DVD toute seule, un dîner avec Richard, une soirée DVD toute seule… Pourquoi pas ? Je m'amuserai sûrement plus là-bas, j'y croiserai peut-être même D ou B.

- D'accord, laisse-moi une minute pour me changer.

J'enfilai la robe qu'il m'avait offerte, le foulard, etc., etc. Autant jouer le grand jeu si je passais pour sa « fiancée du moment ». Bien entendu, nous nous plaçâmes très bien, dans un endroit où tout le monde pouvait nous voir. Je fus très charmante et je me comportais comme s'il y avait possibilité entre nous. Tous les clients nous regardaient, j'avais du mal à rester sérieuse, mais je parvins à être une vraie petite comédienne.

- Que racontes-tu ? Une nouvelle jeune fille de soixante-dix ans te fait de l'œil ? questionnai-je en riant.

- Je pars bientôt pour mes affaires. Quand au reste, ça a été une semaine assez calme, se réjouit-il.

- Richard ! Richard ! s'exclama avec joie une sexagénaire dans son dos en le voyant.

- Seigneur… soupira-t-il à voix basse. J'ai parlé trop vite.

Elle arriva devant nous. Avec tous ses bijoux, elle étincelait plus que l'immense salle circulaire du restaurant avec ses hautes colonnes de marbre beige pâle et tous ces lustres accrochés au plafond. Le lifting était bien sûr passé sur elle plusieurs fois, mais elle avait évidemment quelques rides qui trahissaient son âge, car un visage totalement lisse à son âge serait perçu comme du mauvais goût.

- Mon cher Richard… vous m'avez *tellement* manqué.

Il se leva et la salua par politesse en se forçant à sourire, mais je voyais que sa présence ne lui faisait pas plaisir. Quant à moi, je n'avais pas besoin de me forcer, j'étais à deux doigts de rire. Il me présenta à cette chère Myriam. J'aurai bien aimé qu'il me livre son secret, on se serait beaucoup amusé, ça ne me gênait pas qu'il soit gay. Mais vu qu'il ne savait pas que je savais…

- Bien, bien, dit Myriam très vite comme si elle voulait m'effacer. Enchantée, jeune demoiselle. Mon petit Richard, seriez-vous libre demain ? Je donne une soirée, thème or. Ensuite, nous pourrions… nous retirer, murmura-t-elle en le dévorant des yeux.

Je vis Richard avaler sa salive difficilement. Il aurait préféré se mettre une balle dans la tête plutôt que de se retrouver seul avec elle.

- Quel dommage, je pars demain à Londres pour affaires.

- Chéri, tu ne m'as pas dit que tu partais si tôt, me plaignis-je en me levant, faisant mine d'être triste, à fond dans mon rôle. Tu devrais au moins me faire un cadeau pour te faire pardonner.

Il me regarda, surpris, un sourcil levé, ne comprenant pas ce qui me prenait. Quant à moi j'avais envie de m'amuser, la soirée devenait très intéressante. C'était un pari façon Maxime, il serait de fier de moi et plié en deux de rire quand je lui raconterai. Mon jeu était son sauvetage. Je posai ma main sur son bras d'une manière affectueuse, d'où il comprit tout, me mettant entre lui et elle.

- Vous êtes… ensemble ? murmura notre visiteuse indésirable.

- Effectivement, nous sommes très proches, confirma-t-il.

Au fond, il avait raison. De notre position physique nous étions très proches l'un de l'autre.

- Bien, bien. Oh, je vois Sylvia, une de mes amies. Je vous laisse… Sylvia, Sylvia, très chère !

Elle partit comme elle était venue. Richard parut soulagé et moi j'éclatai de rire. Il m'avoua qu'il ne m'aurait jamais cru capable de faire ça. Est-ce que je le décevais ? Non, loin de là, je l'amusais selon ses dires. Le petit british aurait-il perdu ses bonnes manières ?

Habituellement il aurait été outré d'avoir été entraîné dans un tel mensonge.

- Tu m'as sauvé de sa très désagréable présence. À vrai dire, j'aurai bien aimé continuer un peu. Pas trop bien entendu, se reprit-il. C'est qu'elle est tellement étouffante. Merci.

Non, il avait dû perdre ses esprits quelques secondes. Le drapeau britannique était à nouveau dressé. Quand on peut s'amuser pourquoi s'en priver ?

- Je ne sais plus quoi faire pour qu'elle me laisse en paix, soupira Richard.

- Dis-lui que tu aimes les garçons, laissai-je échapper à voix basse.

Oups ! Pourquoi cette phrase m'avait-elle échappée ? Ce n'est pas mon genre de ne pas parvenir à contrôler ce que je dis. Comment réparer ça…

- Pardon ? Qu'est-ce que tu as dit ? Je n'ai pas saisi.

Il n'avait pas compris ? Ouf…

- Dis-lui que tu es un vrai glaçon.

Il éclata de rire.

- Elle ne me croirait pas. Et je suis presque certain qu'elle rétorquerait qu'elle sait comment me réchauffer. Elle n'est pas du tout mon genre, continua-t-il. Mais je ne voudrais pas la blesser en essayant de lui faire comprendre.

- Et quel est ton genre ? poursuivis-je.

- Les cheveux blonds, les yeux d'un bleu doux, la peau légèrement bronzée et douce. Et lisse surtout.

Quelle révélation ! Le petit british aimait les hommes blonds aux yeux bleus (critère du cercle des Princess oblige), dorés par le soleil, jeunes et la peau douce donc épilée. Richard aimait les torses imberbes (comme moi d'ailleurs, que c'était drôle !) et la peau épilée, mais jusqu'où… ça lui seul pouvait le savoir et je ne voulais pas le savoir…

CHAPITRE 45 : B + M = A

- Tu l'as vu ?
- Non…

Le nouveau boyfriend de B était passé aux oubliettes. B la braise n'avait pas pu sortir avec lui. Parce que B était amoureuse, mais elle ne l'avouerait pas. Elle était totalement folle de Maxime : plus il était inaccessible, plus elle était attirée. Il arriva dans le couloir du lycée, plus sexy que jamais habillé d'un jean stretch, d'un pull et d'un long manteau noirs : c'était la classe incarnée. Pas aveugle du tout, il la repéra dès son entrée, et ne perdant pas son plan de vue, il alla draguer la seule rouquine de l'école qui était occupée à ranger son casier. Blair était de plus en plus vexée, il avait pris soin de ne jamais faire du charme qu'à tout ce qui était brun ou cuivré, elle finissait par croire que son attirance pour les blondes n'avait été qu'une sortie de chemin. Exaspérée, une fois poil-de-carotte partie, elle fila le voir.

- Ne me dis pas que toutes ces taches de rousseur te plaisent ? Moi qui croyais que tu aimais les teints de porcelaine.
- Les blondes sont les plus belles, Blair, concéda-t-il.

Cette phrase lui fit plaisir. Maxime ferma son casier et se retourna pour partir.

- Alors pourquoi on ne te voit pas avec des blondes ? s'enquit-elle.
- Tu as mis la barre très haut, c'est dur de passer après toi.

Elle en resta figée de bonheur.

- Alors que dirais-tu de dîner avec moi ce soir, puisqu'après tout, aucune n'est à la hauteur ?

Maxime fit une moue dubitative.

- Ta proposition n'est que modérément « convenante », je dois y réfléchir. Je te contacterai quand j'aurai choisi.

Il se retourna et partit. B resta au milieu du couloir, stupéfaite et insatisfaite, sa réponse ne lui convenait pas. Puis Maxime revint sur ses pas une dizaine de secondes plus tard.

- Je viens de consulter mon horoscope, je dois tout accepter aujourd'hui. Je serai ravi de dîner avec toi, accepta-t-il.

- Tout ? reprit-elle en s'approchant de ses lèvres.

- Vraiment tout.

Elle l'embrassa, ou il l'embrassa. Difficile de savoir lequel des deux en avait le plus envie, en tout cas ils recommencèrent à flirter dans tous les coins du lycée. Le bon vieux temps était revenu, l'atmosphère n'était plus électrique, ou seulement de désir ou d'amour. Au final après des difficultés et des chagrins à surmonter, le plan avait marché. Et c'était grâce à moi.

*

Une eau bien chaude, des bougies parfum vanille, un bain moussant senteur chocolat et la B.O d'un film que je ne citerai pas de peur de vous saouler. Un bon bain quoi. Et mon téléphone qui sonne pour ne rien changer.

- Julie, je t'adore ! Merci d'exister, me remercia Clownie à voix basse.

- Moi aussi je t'adore Maxime.

- Grâce à toi, je suis dans les draps de B, et elle est dans mes bras. Elle est trop mignonne quand elle dort.

Donc c'était pour ça qu'il chuchotait.

- Merci encore. Je te laisse, je veux profiter encore un peu de ce moment.

Ah… c'était trop cool, mon et ma meilleure amie : un cocktail explosif de beauté, de sexy et de style très classe… J'eus une subite envie de sortir de mon bain où j'étais immergée pour partager ce bonheur. Le seul souci ? B était dans les bras de Maxime, D n'était pas au courant des manigances qui avaient été faites, A non plus et les autres girls ne méritaient pas de le savoir, car pas assez proches. Habituée à la présence d'un garçon comme d'une vraie amie, de toute manière je n'avais pas envie d'être avec une fille, mais avec un garçon, je fis ce qu'il ne faut pas faire : j'appelai un mec super riche, super blond, super convoité, qui (pour sa couverture hétéro) me courait après (quand ce n'était pas après une autre).

- Salut Richard, ou plutôt bonsoir ! Ça te dirait de manger avec moi ? Si tu es libre bien sûr.

- Certainement, à quelle heure je passe te prendre ?

- Tout de suite, renseignai-je. Dès que je serai sortie de mon bain.

- Tu m'appelles dans ton bain ? s'étonna-t-il.

Clownie avait raison, j'appelais souvent les gens quand j'étais dans mon bain. Un fantasme vu à la télé que je rêvais de faire depuis, et je n'arrêtais pas finalement.

- Avec des bougies et de la mousse jusqu'au menton ?

Exactement… Attendez, stop ! Est-ce que ça voulait dire qu'il m'imaginait prendre mon bain ? Ça m'amusa, c'était comme Maxime. C'était trop drôle parce que moi je n'avais pas de pectoraux, de poils sur les jambes ni de grosse voix. Je n'avais rien pour l'attirer alors, c'était vraiment hilarant. Plus je ne l'attirais pas et plus il m'attirait, parce que je pouvais être sûre à 100 % que je ne lui plaisais pas (du tout). La seule vraie différence avec Maxime, c'était que lui me faisait rire et il trouvait toujours quelque chose à dire quand je lui téléphonais en direct de ma baignoire. Mais peut-être que le petit british aussi…

- C'est… original. Je passe dans une demi-heure, c'est bon ?

Non… Clownie était Clownie et Richard était Richard. Lorsqu'il vint me chercher en limousine, il pensait aller au restaurant de son hôtel (encore une fois) qui comporte un menu diététique (après avoir connu l'atmosphère des Princess, obligé) ou tout autre… Mais c'était mal me connaître, ou plutôt connaître le nouveau moi sur lequel Maxime travaillait jour après jour.

- Bien, en route pour le McArfield ? m'offrit-il.

233

- Plutôt dans une bonne pizzeria, corrigeai-je. J'ai envie d'une part de pizza avec du fromage et des champignons.

- Julie Rosenfield veut manger une pizza ? Tu es sérieuse ?

- Chut !... Tais-toi ! m'exclamai-je en me penchant vers la fenêtre de son côté pour la fermer. La fenêtre est ouverte, tu veux tuer ma réputation ?

Il sourit. Nos regards se croisèrent quelques secondes, nous étions très proches. Cette situation aurait été gênante s'il n'était pas gay. Je me remis à ma place correctement et on alla dîner. Ma mère en serait morte d'une crise cardiaque, stupéfaite si je lui avais dit, mais le fait que je sois en compagnie du petit british l'aurait sûrement fait ressusciter.

CHAPITRE 46 : Opération espionnage…

Message top secret : rdv à 10 h 30 en face de l'hôtel E***.
*Nouveaux détails sur l'élève et sa prof fautive. **Rdv** torride*
entre les deux tourtereaux, si vous ne voulez pas rater ça (et
vous ne le voulez pas) soyez là. Prenons-les sur le fait.
Bise à mes chéries, B

Alors à 10 h 30 tapantes :
- Waouh… ça c'est une tenue pour passer inaperçue…
D me regarda et nous nous esclaffâmes de rire. B avait l'air de sortir tout droit d'un film des années 30 : elle portait un trench noir avec le col remonté pour cacher une partie de son visage et d'énormes lunettes de soleil foncées. Ça marchait peut-être dans les films, mais dans la réalité, elle se faisait remarquer plus qu'autre chose. C'est vrai que la plupart des gens s'habillent dans cette couleur et dans la masse on ne vous remarque pas, mais vêtue comme ça…
- Mon détective – pas du tout canon d'ailleurs – a de nouvelles informations, confia-t-elle. Ils se retrouvent à cet hôtel une fois par semaine et y passent la journée, parfois le week-end. Il suffit de quelques clichés et on les prendra la main dans le sac. Ou plutôt l'un contre l'autre.
Elle n'avait pas besoin de cette fausse vraie histoire maintenant pour se changer les idées, mais ce secret était des plus palpitant. On se posta en face en scrutant leur arrivée. D'abord, une blonde débarqua, Mlle Stevens pour être exacte, qui est très jolie, puis un mec du lycée qu'on connaissait de vue. De là où on était, on ne voyait pas s'il avait les yeux gris, B sortit des jumelles.
- Tu nous fais la totale, là ? m'amusai-je.

- Quand on joue un rôle, il faut le faire à fond. Alors… oui, yeux gris perle, très jolis au passage.

- Fais voir, dit Daphné en lui prenant son outil de petit détective en herbe. Ce n'est peut-être pas lui, après tout là on s'étend à tous les mecs de New York qui pourraient avoir des yeux de cette couleur.

C'était vrai, en plus on ne les avait pas vus arriver ensemble, tout était possible, même que Mlle Stevens soit là pour une autre raison ou que l'homme qu'elle allait voir soit plutôt un sexagénaire.

Ils passèrent tous les deux à la réception, ce qui voulait dire qu'ils voulaient une chambre, et pourquoi vouloir une chambre à New York si on habite à New York ?

B voulait le suivre pour savoir quelle chambre ils avaient prise. Arrivé devant la porte (et nous cachées tout au bout du couloir, penchant à peine la tête pour voir ce qui se passait) il frappa (alors qu'il avait la clé), elle s'ouvrit et une main (portant un bracelet de perles bleues qu'on connaissait très bien) l'attira à l'intérieur. Le sourire de Jack en disait long, à croire que les relations prof-élève étaient devenues banales.

- Zut ! Qu'est-ce qu'on fait maintenant ? chuchota D. De toute façon on ne peut pas entrer, et puis je n'ai aucune envie de les surprendre en plein ébat à deux mètres de moi. Et si on écoutait à la porte pour savoir s'ils sont là pour ça ou pas ?

- Bien sûr qu'ils sont là pour ça, rétorqua B. Qui prendrait une chambre d'hôtel un samedi avec une fille si c'était pour aller faire les magasins ? Prenons une chambre nous aussi pour patienter.

- Quoi ? m'exclamai-je à voix basse. Tu comptes passer la journée, ou pire le week-end ici pour une seule photo compromettante ? Mais au fait, pourquoi on chuchote ? Ça fait un moment qu'il est entré.

- C'est vrai, dit B d'une voix normale en se relevant, qu'on a l'air stupides dans ce couloir. Bon… prenons une chambre qui soit en face de la leur, on aura peut-être des moments intéressants.

Le bâtiment était fait d'une telle façon que nous en trouvâmes une légèrement au-dessus et dans le bon axe. En entrant, nous allâmes directement sur le balcon pour voir si on distinguait quelque chose. Distinguer n'est pas le mot exact, à notre grande surprise ils n'avaient pas tiré les rideaux et on voyait tout très clairement. Ils avaient pris la précaution d'avoir quatre murs autour d'eux (avec tout le confort nécessaire) dans un lieu où on ne les connaissait pas, mais avaient laissé les rideaux ouverts. (En même temps, ils ne pouvaient pas se douter qu'au vingtième étage il y aurait des « voyeuses » qui en plus étaient en train de rater les rabais chez *Dior*). Pour l'instant ils ne faisaient que boire un verre.

Blair prit une chaise et la posta devant la fenêtre. Il ne se passait rien d'intéressant, ils ne s'embrassaient même pas, ils buvaient et parlaient.

- On ne peut même pas prendre de photos pour ça, se désola-t-elle. À moins que ce ne soit pour alcool à mineur.

Dans ce cas-là, il faudrait coffrer toutes les Princess et la moitié de la ville. Une photo de cette scène ne valait rien, bien qu'il faudrait être stupide pour ne pas comprendre le pourquoi de ce qu'ils faisaient là. La situation s'éternisait et ça faisait bientôt une heure que nous étions là. À croire qu'ils n'étaient pas pressés de se déshabiller.

- Franchement, je commence à douter, soupira D allongée sur le lit double. Peut-être qu'il est là pour des cours.

- Un samedi dans un hôtel ? Tu es folle !

D tourna la tête et remarqua les chocolats déposés sur les oreillers.

- Oh, des chocolats… Vous ne m'en voudrez pas si je les mange, mais il faut que je m'occupe.

- Tant que tu ne deviens pas comme mademoiselle Pâtisserie, rit B. Eh… Venez voir, ça y est ! Le film commence !

D sauta du lit, moi de ma chaise et nous nous précipitâmes à la fenêtre. B avait toujours ses jumelles. On lui empruntait de temps à autre. Ils enlevèrent leurs vêtements, virèrent les couvertures du lit et n'ouvrirent pas de livre, non, mais ils furent très occupés. B prit deux ou trois photos, allez savoir ce qu'elle allait en faire ? J'espérais qu'en tout cas ce n'était pas pour aller voir la police. Nous n'étions pas vraiment des « voyeuses », nous n'avons regardé que quelques secondes et B vérifiait de temps à autre qu'ils étaient toujours là.

- J'ai faim ! s'écria D. J'appelle le service d'étage. Qu'est-ce que vous voulez ?

Nous nous fîmes monter le déjeuner pour ne pas mourir de faim. B avait ce qu'elle voulait, mais nous étions encore à l'hôtel. Je crois que cette situation nous amusait. B resta près de la fenêtre à comparer les voitures de luxe qui passaient et les tenues des girls, D et moi étions sur le lit en train de regarder la télé. Elle se leva des couvertures très confortables et alla prendre une mini bouteille d'alcool dans le mini bar.

- Combien ? demanda-t-elle à B.
- Trois.

Non, elle ne parlait pas du nombre de voitures, les plus belles qu'elles avaient vues, ni de combien d'heures nous étions là, mais de combien de galipettes ils avaient fait dans la chambre juste en face de la notre.

- Il doit certainement faire du sport, pensa D, pour avoir une forme pareille.

- Attends, je n'ai pas dit que chaque fois avait duré très longtemps, précisa Blair. Enfin, vu que ce n'est pas la performance qu'elle recherche, elle doit être amoureuse.

Nous éclatâmes de rire, oui, les mecs très jeunes ne sont pas connus pour leur performance spectaculaire. Vers dix-huit heures, nous y étions encore, les tourtereaux n'avaient pas bougé. Après avoir sauté sur le lit comme des folles, regardé toutes les chaînes dans toutes les langues et s'être fait chacune des tresses, je commençais à m'ennuyer. Heureusement que Maxime m'appela.

- Si tu savais dans quoi m'a entraînée ta copine.
- Un meurtre ? Elle t'a obligée à l'aider à cacher le corps et maintenant tu es complice ? Pas de bol.
- Pire que ça. Elle m'oblige à rester enfermée dans un hôtel pour une mission top secrète.
- Tu es une *spice-girl* ? demanda-t-il feignant d'être sérieux. Je n'en reviens pas que tu m'aies caché ça. Tu pourras me prêter tes lunettes à rayons X ?

- Arrête, dis-je en riant. Ça ne t'arrive jamais d'être sérieux ?

- Pas après ce que tu viens de me dire. Je t'appelais pour un pari : trouves-en un pour moi et j'en trouverai pour toi.

Ça c'était la meilleure chose pour ne plus s'ennuyer ! Je donnai rendez-vous à Maxime dans une heure, lui me demanda un poulet-frites pour le dîner. Je raccrochai en sautant du lit, j'avais déjà hâte. D était assise par terre, près du mini bar ouvert. Et vidait encore une bouteille d'alcool, on s'éclate comme on peut quand on est cloîtré dans une chambre d'hôtel (à 400$ la nuit, mais quand même).

- Je rentre, informai-je. Et vous devriez aussi, avant que D ne vide le mini bar. D lâche cette bouteille avant d'être saoule, ajoutai-je pour elle, ce n'est pas du champagne. Va prendre une douche fraîche pour te réveiller.

Elle y alla à contrecœur. B, quant à elle, récupéra son portable et se mit en tête d'envoyer les photos par MMS à son détective pour qu'il les présente à la police. Oh Mon Dieu, ce que je craignais allait arriver. Et j'étais totalement entraînée dedans.

- B… m'abasourdis-je, tu ne vas quand même pas donner ces photos à la police, ils sont amoureux, tu te rends compte de ce que tu vas faire ?

- Afficher des photos sur les casiers au lycée, alors ? avança-t-elle. J, laisse-moi m'amuser, cette histoire a occupé mon esprit pendant que Maxime draguait des brunes, des rousses, des châtains…

C'était vrai… Je faillis céder, mais… non, je ne pouvais pas faire ça. Elle dégaina son téléphone portable et commença à regrouper les photos sous un seul nom. Je me précipitai vers elle pour lui arracher. Elle le tenait fermement. Autant que moi.

- Blair ! Ils sont amoureux tu l'as dit toi-même, tu ne peux pas faire ça ! Tu sais ce que c'est que d'aimer, tu ne vas pas juste gagner la chasse lancée par Ambre, tu vas détruire leur couple, gâcher leur vie… Ne le fais pas, B. Casse-toi la tête à trouver comment préserver leur secret, plutôt que de tout détruire entre eux.

Elle desserra la main, son regard était déjà moins décidé.

- D'accord. Tu as raison. Enlève-moi ce téléphone des mains avant que je ne change d'avis.

Je lui pris et j'effaçai toute trace compromettante de cette histoire qui, je l'avais décidé, n'avait jamais existé. Tout ça était de ma faute… Blair s'en remettrait, mais elle était frustrée, au final on avait passé la journée dans cette chambre d'hôtel pour rien. Autant ne jamais y être allées. Daphné sortit de la salle de bains.

- C'est bon, on y va, annonça-t-elle.
- Tu n'as pas oublié quelque chose ? interrogeai-je.

B éclata de rire, elle eut du mal à s'arrêter. D baissa la tête et remarqua qu'elle n'avait pas son jean.

- Comment tu as pu mettre tes escarpins et oublier ton jean ?
- J'ai vidé la moitié des bouteilles d'alcool dans le mini bar je te rappelle.

Elle sortit donc de l'hôtel habillée décemment et me donna un conseil avant de partir sous la surveillance de B à garder dans les mémoires : « J, n'oublie pas, ne bois pas plus de deux mini bars dans une bouteille d'alcool, ça ne réussit pas vraiment ». Apparemment la douche fraîche n'avait pas gardé ses effets très longtemps.

J'arrivai chez moi une demi-heure plus tard. Maxime voulait un poulet frites, il l'aurait. Maria prépara en express ce repas pas du tout prévu. Nous montâmes à ma chambre (avec son assiette remplie à ras bord). Il ne m'avait pas encore dit en quoi consistait son pari, mais ça n'allait pas tarder.

- Tu vas manger avec moi, décida-t-il. La seule chose que tu n'aies pas prévu c'est que cette fois ce n'est pas juste une frite ou deux, on fait moitié-moitié.
- Maxime, dis-je.
- Quoi ?
- Si tu crois que je vais refuser et que tu vas avoir l'assiette pour toi tout seul, tu rêves.

Il éclata de rire. Ce genre de pari ne me faisait plus peur, il avait raison on se sent plus vivant quand on dépasse les interdits, mais surtout la nourriture est faite pour ça (être mangée et savourée, sans complexe, sans remord). Si Maxime m'avait appris une chose essentielle cette année-là, c'était celle-là. Et j'adore l'entendre rire.

Nous mangeâmes tous les deux du poulet bien doré et des frites bien croustillantes. Quel régal, malgré ce que ma mère disait, c'était quand même meilleur que des légumes vapeur, mais ne le dites pas, je tiens à fêter mes trente ans.

C'était à mon tour de lui faire un défi. J'allai quelques minutes dans la salle de bains pour préparer « THE » pari. Je mis de la crème dans un bol et je remuai avec un pinceau, c'était un masque hydratant. Quand je revins, Maxime s'assit sur le lit et je m'approchai pendant qu'il était de plus en plus méfiant. Et quand il vit ce que c'était, il recula pour être le plus loin possible de ce que ce bol contenait d'ultra-féminin. Une seule chose sortit de sa bouche : « Pas question ». Vu sa résistance, je me dis qu'il fallait que j'emploie les grands moyens. Je montai sur lui sans lui demander l'autorisation, tenant toujours le bol.

- Arrête, dit Maxime en riant pendant que j'essayais de lui mettre. C'est hors de question !

- Tu n'as pas peur d'un bol de crème, quand même ? Il y a quatre murs autour de nous, personne ne le saura, assurai-je.

- Ma virilité va descendre en flèche.

Je réessayai de lui mettre pendant qu'il me tenait les poignets en tournant la tête pour éviter le pinceau.

- Non, Julie ! protesta-t-il en riant. Tout, mais pas ça !

C'est sur cette phrase et nous dans cette position, que ma mère entra dans ma chambre. Nous ne la remarquâmes pas tout de suite, Clownie trop occupé à se défendre, moi à essayer de le badigeonner de masque hydratant. Nous nous arrêtâmes, un peu mal à l'aise d'être surpris dans cette situation.

- Julie, qu'est-ce que tu fais sur ce jeune homme ? demanda poliment ma mère.

- On… s'amusait. Tu te rappelles de Maxime ? m'enquis-je en descendant du lit, suivie par Clownie, qui lui serra la main.

C'est à ce moment qu'elle remarqua l'assiette avec quelques frites suspectes restantes.

- Qu'est-ce que cette assiette fait là ? Tu as mangé des frites Julie ? s'horrifia-t-elle.

- Bien sûr que non, tu me connais. Maria a fait du poulet et des frites pour Maxime. J'ai mangé des légumes.

C'était vrai : elle me connaissait, mais la fille que j'étais avant de rencontrer Clownie et au fond, les pommes de terre sont des légumes. Rassurée, elle me pria de la voir une minute dans le couloir.

- Un Wellford ? s'enchanta-t-elle. Ce n'est pas une mauvaise chose.

- Maman, on n'a rien fait, on n'est pas ensemble.

- Il est beaucoup mieux placé que Vince, chérie. Je ne suis pas du tout contre.

À noter : Vince était un bon choix, Maxime passait devant, et Richard était toujours le premier choix. Je revins et je fermai la porte. Il récupéra le bol pour le garder loin de mes mains.

- Ma mère veut que je me marie avec toi, lui appris-je.

- Quoi ? Mon compte en banque y serait-il pour quelque chose ?

- C'est ce qu'elle veut, alors fais-lui plaisir et offre-moi une jolie bague de fiançailles, plaisantai-je.

- Je te promets de t'épouser quand je serai devenu architecte et que j'aurai suffisamment d'argent pour ne pas faire honte à ta famille.

Nous nous regardâmes avant d'éclater de rire.

- Je t'ai raconté que l'autre jour ma mère voulait à tout prix que je reste seule à la maison ? Je ne comprenais pas pourquoi, et là Richard débarque, s'excuse en voyant mon étonnement et me dit qu'il avait prévenu ma mère et m'invite à dîner.

- Et là, tu lui as fermé la porte au nez ? compléta Clownie presque convaincu.

- Détrompe-toi, je suis allée dîner avec lui.

- Mais ta mère ne sait toujours pas qu'il préfère les hommes ?

- Tu veux qu'elle fasse une crise cardiaque ?

- Ah... soupira-t-il, je ne me passerai de toi pour rien au monde.

Il me prit la main avec affection. Il commençait à se faire tard, nous étions tous les deux allongés. Ce n'était pas vraiment correct qu'il dorme là, du moins dans la même chambre, mais ce n'était pas nécessaire que j'avertisse ma mère puisque selon elle Maxime n'était pas « une mauvaise chose ». Elle s'imaginerait qu'on aurait couché ensemble, ça ne la gênerait pas.

Nous nous installâmes sous les couvertures, je tapai dans les mains pour éteindre la lumière (pratique quand on est trop fatigué pour se lever), ça l'amusa, il ne s'y attendait pas. Puis il remonta les couvertures, il sait que je suis frileuse, et me prit dans ses bras. Nous nous endormîmes l'un contre l'autre ; nous avions beaucoup de tendresse l'un pour l'autre, même si nous ne nous connaissions pas depuis longtemps, c'était tout comme.

CHAPITRE 47 : Mariage, mariage !

- Tu prends encore un bain ?
- Tant pis pour la planète.

Le petit british m'avait téléphoné. J'étais sa couverture du moment et ça ne me gênait plus. J'espérais toujours qu'il m'avoue son secret, ça nous permettrait de partager plus de choses.

- C'est la B.O de « Le temps d'un automne » ?
- Oui…

Des oreilles encore plus réglées pour capter ce genre de musique tu meurs. Il me proposa sans surprise de dîner en sa compagnie à l'extérieur et je l'invitai à la maison pour éviter d'être forcée de me faire maquiller et coiffer pendant deux heures. Après un dîner léger (qui le surprit d'ailleurs en comparaison de la pizza de la dernière fois), je lui offris de regarder un peu la télé. Un film maison était moins cher qu'un film au ciné, et je lui faisais l'économie d'une soirée très chère.

- Qu'est-ce que tu voudrais voir ?
- J'aimerai bien "Le temps d'un automne".

Seigneur… C'était sûr qu'il ne se doutait pas que je savais ? À sa place, j'aurais choisi un film bien viril, avec plein d'action, des filles en maillot et des voitures. Et lui, il choisissait "Le temps d'un automne". Je mis celui-là dans le lecteur DVD et je le rejoignis sur le canapé. Impossible de faire plus sérieux, il semblait être à une réunion, à croire qu'il se forçait à être là, je ne lui avais rien demandé moi. Ou possible qu'il se préparait (puisqu'étant « légèrement » émotif à cause de son statut, il ne voulait pas se retrouver avec le nez rouge et les larmes aux yeux en plein milieu du film). À mon avis, il regrettait déjà d'avoir laissé échapper ces cinq mots.

- C'est une histoire touchante.

Ça faisait une vingtaine de minutes qu'on ne se parlait pas, il me fit sursauter.

- Effectivement, confirmai-je.

Sa voix trahissait une certaine émotion. Je tournai la tête et il s'éclaircit la gorge. Je l'imaginai soudain dans un salon de beauté avec un masque et deux tranches de concombre sur les yeux, une esthéticienne s'occupant de ses ongles, une autre d'un massage du cuir chevelu, quelle image ! Ça me fit sourire, mais ça ne dura pas longtemps. Au moment le plus émouvant, je ne pus retenir mes larmes, zut, en plus j'avais oublié les mouchoirs !

- Julie… s'attendrit le petit british.

Il me tendit un mouchoir en soie sorti de la poche de son veston. Ce qui évita de ravager mon maquillage (léger, que j'avais fait le matin, mais quand même) ; mais ça n'arrêta pas les larmes. Argh ! Pourquoi fallait-il que je pleure devant lui ? Et pourquoi pleure-t-on quand on sait que ce qu'on voit est faux ? D'accord, ça paraît très réel et les acteurs sont très bons, mais tout de même… Et pourquoi pleure-t-on si l'on sait déjà comment ça finit ? Parce qu'on sait que c'est triste et ça nous touche comme si c'était la première fois, oui bon, ça va !... Mais quand même…

Ému que je ne sois pas une Princess au cœur de pierre (ou comme celles qui en font toujours trop et pourraient remplir un seau avec leurs larmes de crocodile) il me prit dans ses bras pour me calmer. Je n'avais jamais été aussi proche physiquement de lui, c'était étrange. Sa chemise sentait le frais et son cou était parsemé d'un parfum doux et discret. Je me sentais bizarre tout à coup. Il caressa mes cheveux et ça me fit frissonner. Qu'est-ce qui se passait ? Ça ne me faisait pas ça avec Maxime. Bon, en même temps, Clownie n'avait jamais essayé de me séduire et je n'avais pas découvert ensuite qu'il était gay, alors ça ne me paraissait pas étrange. Mais j'étais bien dans les bras de Richard… enfin, je crois.

- Bleu alors ?
- Non ce sera blanc ! Une mariée est toujours en blanc !

On essayait de se mettre d'accord dans la boutique de futures mariées. Les Princess plus que n'importe quelle femme savent ce qu'elles veulent, de quelle couleur et de quelle forme. La vendeuse qui s'occupe de nous n'est là que pour apporter un cappuccino et porter à notre place les vêtements qu'on choisit, tout en étant très bien payée (salaire + pourboire généreux). C'est comme ça.

A était assise avec moi sur un moelleux canapé de style ancien, mais créé récemment bien entendu. Il aurait très bien pu entrer dans la déco de ma chambre. Blair et Daphné étaient debout, débattant sur le plus beau jour à venir de notre amie. Et pour B, une femme ne peut se marier qu'en blanc, les couleurs sont adaptées si on a déjà été mariée.

- Laisse-les faire, chuchotai-je à Ashley, elles vont se mettre d'accord.
- A n'est plus vierge, remémora D.
- Et alors, tu comptes te marier en bleu toi peut-être ? répliqua Blair.
- Moi je n'ai pas un père pasteur.

Il est vrai que 99% des femmes qui se marient ne sont plus vierges, mais le blanc reste de mise. C'est la couleur du mariage par excellence. B se retourna vers nous, désespérée. Ashley lui rappela qu'elle serait enceinte de huit mois le jour J et que, bien qu'elle aurait adoré se marier en blanc, ce n'était pas possible du tout. Il fallait trouver autre chose.

- Moi qui voulais que ma Ashley se marie en blanc, dit à regret B.

Elle la serra contre elle comme pour faire le deuil d'une robe blanche jamais portée. Nous nous décidâmes alors pour un mélange de rose et blanc. Je ne lui demandai pas quelle couleur, car quand on est une Princess, on aime le rose (pas en total look parce qu'on n'est plus une petite fille), mais oui.

- Bonjour mesdemoiselles, dit la vendeuse tout sourire en arrivant. Je suis Anna et c'est moi qui vais vous servir aujourd'hui. Alors, qui est la future mariée et quel style de robe voulez-vous ?

247

- C'est elle, informa B en désignant Ashley et on en voudrait une dans les tons blanc-rose.

- Elle ne se marie pas en blanc ? s'étonna Anna.

- Après ça, répondit D en montrant le ventre nettement arrondi d'A, ça va être difficile.

- Ah... je vois. Alors dans ces couleurs-là, j'ai celle-ci, présenta-t-elle. Chic et simple.

A alla l'essayer. Quand elle sortit, nous restâmes toutes béates en poussant des « ah... » de ravissement. La robe arrivait jusqu'au sol avec une traîne d'un mètre cinquante, la taille était marquée, les manches étaient courtes et portées sur les épaules. Elle était blanche et la partie haute était couverte d'un voile rose jusqu'à la taille.

- Je ressemble à un bonbon, pensa A. Il ne me manque qu'un nœud rose.

- Mais tu seras le plus joli bonbon qu'on n'ait jamais vu, répondis-je.

Ce n'est pas le résultat rêvé pour un mariage, cependant la robe était magnifique et Ashley respirait le bonheur et la santé.

- Si je pouvais être plate, s'attrista Ashley en caressant son ventre. Je voulais me marier toute mince et toute belle avant que mon corps s'arrondisse.

- Arrête, protesta gentiment B, des futures mariées enceintes aussi jolies que toi il n'y en a pas beaucoup. Tu n'as pas pris de poids, il n'y a que ton ventre qui s'est arrondi, ce qui est normal vu que tu attends un bébé.

- On rêve toutes d'être comme toi quand ce sera notre tour, approuva Daphné.

Très important de rassurer une femme enceinte – et en plus future mariée – (surtout quand c'est vrai). C'était décidé, ce serait celle-là, il n'y avait plus que quelques retouches à faire et ce serait parfait. Nous allâmes ensuite nous occuper du gâteau, et profiter de faire nos difficiles pour en manger plus (mais chut !) et Ashley utilisa même son statut de femme enceinte pour en demander d'autres.

Pour ce qui était du plan de table, nous travaillâmes dessus une fois à la maison avec une petite maquette qui avait tout de la vraie salle avec ses petites tables et ses petites chaises, c'était trop mimi, ça donnait envie de refaire mumuse avec nos anciennes maisons de poupées. D mettait des mini étiquettes pour disposer les invités.

- Eric à droite de B ? proposa-t-elle.
- Tu es folle ? dis-je. Tu te rappelles comment elle l'a jeté ?
- Philippe alors, proposa A.
- Non, là c'est D qui n'a pas été très gentille avec lui, rit B.

Eh oui, quand on est une Princess il y a plein de mecs avec qui on a eu une histoire (qui ne s'est pas toujours bien finie d'ailleurs), alors ça complique toujours un peu le plan de table. Un conseil : si votre relation se termine mal (voir très mal, avec mouchoirs, larmes, portes claquées, cris et envie de vengeance) éliminez cette personne définitivement de votre vie.

- On ne pourrait pas dupliquer Maxime ? plaisanta B.

Mon Clownie ? Non, d'abord c'était mon idée, je vais poser mon brevet dessus. Et puis non, hors de question, je le garde pour moi toute seule, c'est mon Clownie à moi. Nous finîmes par trouver : le petit british. Il ne connaissait pas vraiment A, mais ça ne la gênait pas. Et puis il fallait quelqu'un de neutre, parce qu'avec tous les garçons avec qui nous avions fait un brin de route au temps du lycée…

- Richard t'a fait de nouveaux cadeaux ? me demanda A.
- Pas vraiment, à la place il m'invite souvent à dîner.
- Il pourrait t'offrir des trucs quand même, s'exaspéra Blair. Je ne le comprends pas, allez savoir à quoi il pense, il n'est vraiment pas dégourdi pour son âge.
- Arrête, il fait ce qu'il peut, après tout ça ne doit pas être évident pour lui.
- D'accord, mais quand même… Un petit sac par-ci, un petit parfum par-là, ce n'est pas grand-chose tout de même.

C'était vrai qu'il ne m'avait rien offert quand il était venu dîner, même pas des fleurs. Mais je me rappelai que nous devions au départ prendre notre repas à l'extérieur, donc ça ne me choquait pas. La seule chose qui me faisait réfléchir, c'était quand il m'avait prise contre lui spontanément. Je n'avais pas l'habitude d'avoir ses bras autour de moi, ça m'avait donné une impression bizarre. Comme un sujet tabou qu'on n'aborde jamais entre amis et qui est mis sur le tapis tout à coup. Pourquoi ça me chamboulait à ce point ? Ça n'arrêtait pas de m'occuper l'esprit… Est-ce que c'était parce qu'il était gay ?… Non… ça ne pouvait pas être ça, j'ai toujours eu des gays dans mon entourage, ça ne me gênait pas. Alors pourquoi ? Peut-être qu'au fond ça blessait ma fierté qu'il ne s'intéresse pas réellement à moi. Oui, ça devait être ça, et ce n'était pas très reluisant.

CHAPITRE 48 : Remise en question

- Qu'est-ce que je vois ? Julie, tu ne manges rien ?

Qu'est-ce qu'elle me voulait celle-là ? Je n'étais pas d'humeur. Toujours les éternels affrontements du déjeuner.

- Tu ne serais pas enceinte, par hasard ? Il paraît que ce genre de chose se transmet comme une maladie infectieuse, continua Ambre. Ça commence souvent par les nausées.

- Ferme-la, mademoiselle Pâtisserie.

- Ça se reconnaît aussi par le taux d'hormones qui monte. À moins que ce soit la période critique du mois.

Mais elle allait la fermer cette grosse cruche ?! Je ne sais pas ce qui me retenait de lui envoyer mon plateau de soupe à la figure.

- Oui, c'est ça, maintenant va t'en, répondis-je exaspérée.

- Alors enceinte ou pas ? insista Miss Rideau.

Ça ne risquait pas… Il ne s'était encore rien passé avec mon chéri d'amour, la routine quoi : baisers, caresses, dodo ensemble, mais c'était tout. Quant à elle, depuis qu'elle avait un jour fait du « presque » quarante-deux, plus un seul garçon ne la touchait. Le truc qui m'énervait encore plus, c'était que je ne trouvais rien à dire, je pouvais faire des réponses cinglantes dans ma tête, mais quand ma voix s'élevait dans la pièce, je ne trouvais rien. J'étais trop préoccupée par ce qui se passait, ou plutôt ce qui s'était passé avec Richard.

- Trouve-toi une vraie vie et va t'acheter un muffin, rétorquai-je.

Que dire d'autre ?

- Manges-en plutôt deux, c'est la seule chose qui puisse te faire fermer ta grande bouche.

Ça y est, j'avais trouvé. Quand il faut, on trouve toujours une phrase. Je vidai mon plateau et je quittai le réfectoire direction le couloir principal. Maxime me rejoignit.

- Qu'est-ce que tu as ? me questionna-t-il. Je me demandais quand tu allais lui sortir une de tes phrases qui lui fait regretter de croiser ton chemin. Dis-moi ce qui se passe.

- Est-ce que tu trouves que je suis nombriliste, narcissique ? m'inquiétai-je.

- Qu'est-ce que tu racontes ? dit-il en riant.

- Depuis que je sais que Richard est gay, je me suis sentie soulagée, enfin c'est ce que je croyais. J'essayais de me convaincre que c'était cool, qu'on pouvait vraiment se voir en amis, mais en fait c'est faux, tout ça est faux, ça me rend folle que je ne lui plaise pas. Qu'est-ce qui ne va pas chez moi ?

- Mais tout va bien chez toi, me rassura-t-il. Il n'y a rien de plus normal que ça te blesse qu'il ne te trouve pas attirante. Ceci dit, maintenant je te rappelle qu'il n'est pas du même bord que toi, alors crois-moi si tu ne lui fais pas tourner la tête c'est qu'il n'est vraiment pas hétéro. Un homme normal tomberait à la renverse en voyant ma Julie, dit Clownie en me prenant dans ses bras.

C'était gentil. Quand c'était lui qui me serrait contre lui, ça ne me faisait pas d'impression bizarre, où était le problème avec le petit british ? Est-ce que j'avais un égo si gros que ça ?

- Ma Julie est canon, continua Maxime, c'est l'une des plus belles filles de ce lycée, que dis-je, c'est la plus belle. Quelle importance qu'il ne s'intéresse pas à toi, ça ne doit pas te troubler, tous les mecs se retournent sur toi quand tu passes dans la rue, et tous les mecs ici bavent sur toi. Le seul fou qui ne te regarde pas et ça te vexe, en plus il est gay.

- Alors pourquoi ça me paraît étrange quand il me prend dans ses bras ?

- Moi aussi ça me paraîtrait étrange si un gay me prenait dans ses bras, rit-il.

- C'est vrai, concédai-je.

252

Ce n'était pas tous les jours qu'un blond canon considéré comme le parti numéro 1 de New York à épouser qu'on pouvait maintenant qualifier de blonde ravissante me serrait sur son cœur. Il ne manquait plus qu'on devienne de super amies… Après tout pourquoi pas… mais il fallait d'abord que je m'habitue.

*

Un dîner en amoureux, c'est toujours top. Et quand on fait partie du monde des Princess, on aime bien en faire beaucoup. Vince avait réservé un restaurant rien que pour nous. Il y avait deux grandes bougies blanches sur la table, la lumière était très tamisée et deux musiciens jouaient du violon. C'était trop romantique. Si nous nous étions projetés dix ans plus tard, j'aurais pensé qu'il voulait me demander de l'épouser.

- Tu sais combien je t'aime ? murmura-t-il en me prenant la main.

C'était sûr ? Oh Seigneur, il n'allait pas me demander en mariage…

- Tu as quelque chose à me dire ?
- Oui…

Oh mon Dieu ! Ce n'était pas vrai, ce n'était pas ça ?...

- Je tiens énormément à toi Julie.

C'était tout ? C'était ça ? Un restaurant loué et toute une équipe de cuisine pour me dire ça… Ça me fit éclater de rire, que c'était drôle, ah quelle blague… Et quelle imagination fertile pour seize ans…

- Ça te fait rire ? s'étonna Vince.
- Non, pardon mon cœur, ce n'est pas toi, assurai-je en riant.

Pas de demande en mariage ce soir-là, après le dîner, nous prîmes sa voiture pour rentrer. Sur le chemin, je remarquai mon deuxième salon de beauté (le premier était au C.C évidemment). Allez savoir pourquoi, je pensais de nouveau à Richard. Je l'imaginais avec un masque et deux tranches de concombre sur les yeux, se faisant limer les ongles. Et moi, lui lisant les dernières rumeurs sur Posh et Lilo. Ça me fit sourire.

Mon amoureux me serra contre lui doucement, je posai ma tête sur son épaule, la vitre entre le chauffeur et nous était ouverte. Je dis à Vince qu'en ce moment je voyais souvent Richard (chose impensable depuis que je le connaissais). Au fond ça ne le gênait pas, tant que le petit british ne me « convoitait pas sérieusement » et qu'il allait et venait faisant la cour autant à moi qu'aux autres. Je dirai plutôt qu'il ne me convoitait pas du tout. Peut-être qu'il convoitait Vince… Et si quand il me voyait c'était pour le voir lui… Ou Chad… Je commençais à inverser mes idées toutes faites et à chercher pour qui il était là aux soirées mondaines, pas pour les femmes, pour leurs maris. Ou leurs amis. Tout New York devenait gay tout à coup ! Mais combien d'hommes de la jeunesse dorée jouaient à ça ?... Soudain j'eus une vision d'horreur : est-ce que mon Vince était gay, se servant de moi pour ne pas mettre sur le devant de la scène sa vraie vie privée ?... Mais qu'est-ce que je racontais moi, n'importe quoi ! Gay, et puis quoi encore, roux ?! Enfin puisque j'étais avec mon chéri, j'essayai d'éclaircir ce qui se passait avec Richard, peut-être aurait-il une idée. Mais non… Il n'était pas ravi d'en parler. Il soupira et s'écarta.

- Pourquoi tu t'énerves ? demandai-je. J'essaie juste de comprendre ce qui se passe, je me suis dit que j'y parviendrai peut-être ce soir avec toi.

- Et moi j'avais l'intention de faire l'amour avec toi ce soir.

Ce n'était pas la peine que son chauffeur le sache tout de même ! J'appuyai sur le bouton de séparation, indignée. Quelle impudeur, dire ça devant lui comme s'il parlait du dernier plat à la mode. Ceci dit, c'était certain, il n'était pas du tout gay.

- Alors, tu as réservé le restaurant et les musiciens pour que je couche avec toi ce soir ? m'abasourdis-je.

- Non, pour faire l'amour, ce n'est pas la même chose Julie. Je t'aime et j'ai envie de toi, où est le mal ? Ça fait plus d'un an que nous sommes ensemble.

Quelque part, c'était vrai. Mais ça ne me plaisait pas trop qu'il monte une sorte de stratagème en vue d'arriver à ses fins, ça ce n'était pas très romantique.

- Que tu veux que je te dise ? répondis-je. Je crois que tout ça me perturbe, ma mère qui me cherche un futur héritier à tout prix, cherchait, rajoutai-je (oups !), cette tradition stupide de perdre sa virginité l'année de ses seize ans… Je ne supporte plus du tout ce qu'on attend de moi, je voudrais juste être moi.

La vraie moi, celle que Maxime révélait au grand jour, jour après jour et je ne pouvais être réellement moi qu'avec lui. Marre de mentir, de prendre l'air béat de sœur sourire, de compter des calories qui n'existent que dans notre imagination, d'être toujours pomponnée comme une poupée parfaite, marre d'être une Princess certains jours.

- Je ne veux pas te mettre la pression, reprit gentiment Vince, tu sais que j'attendrai que tu sois prête, mais je croyais que tu l'étais.

- Je ne sais plus Vince, je suis désolée, je crois que je ferai mieux de rentrer.

- Non, dit-il en me prenant la main avec tendresse, tu vas venir dormir à la maison et je te prêterai un t-shirt pour dormir, comme on aime le faire quand ce n'est pas prévu. Tu restes ma Julie, que l'on fasse plus que dormir ensemble ou pas.

CHAPITRE 49 : Un week-end très Clownie

- Tu vois cette femme ? Je veux que tu ailles la voir et que tu lui dises que ça te ferait plaisir de promener son chien gratuitement.

C'était samedi et je passais le week-end chez Maxime, loin des contraintes des tours vertigineuses et de toutes les Princess. Je n'étais pas maquillée et je portais un ensemble détente bleu en velours. Et j'étais bien comme ça.

- C'est un travail de domestique, protestai-je. En plus, tu veux que je le fasse pour rien et que je lui dise que ça me fait « plaisir » ? Tu rêves ?

- Il n'y a pas de domestiques ici, je te rappelle que tu n'es pas du bon côté de la ville. Vas-y, je t'attends.

- Tu me le paieras très cher.

Je traversai la rue et y allai. La dame était très contente que de nos jours les jeunes soient encore si serviables (quelle horreur). Elle me prêta la laisse et me confia son yorkshire. Je le promenais donc le long de la rue pour lui faire prendre l'air en espérant que personne que je connaisse ne se retrouve là par hasard. Bon après tout, c'était presque impossible, car le quartier n'était pas le plus luxueux, mais ça ne m'empêcha d'y penser tout le long en attendant que le petit chien fasse sa « commission ».

Puis je revins tranquillement en suivant la vitesse des petites pattes. Clownie restait sur le trottoir d'en face, assis sur son perron, pour ne pas rater ce moment. Une Princess qui promène un chien (qui n'est pas à elle de plus) pour la première fois, c'est à ne pas manquer. D'ailleurs, il sortit un appareil photo. Je traversai la rue à toute vitesse et je lui sautai dessus pour lui arracher.

- Qu'est-ce que tu fais ? me demanda-t-il. J'immortalise ça.

- Hors de question, donne-moi cet appareil !

Je dus lui monter dessus pour avoir un minimum de maîtrise, c'est un garçon quand même. Mais pour mon plus grand malheur c'était un appareil instantané, la photo était déjà sortie : moi en tenue maison, promenant un petit yorkshire. Il la tenait dans sa main, trop occupée à récupérer l'objet du délit je ne l'avais pas vue.

- Donne-la-moi.

- Non, celle-là est pour moi, refusa-t-il. C'est notre première photo pour immortaliser notre week-end ensemble.

Je lui tirai la langue et il me prit encore en photo, décidément il était plus rapide que l'éclair. Je lui pris et fis une photo de nous tirant la langue à l'objectif, avec en arrière-fond le petit chien de la dame d'en face.

À midi sa mère nous prépara du poulet et du riz avec une délicieuse sauce blanche, et pour le dessert une tarte aux pêches.

- Ta mère cuisine trop bien.

- C'est clair. Ma femme devra cuisiner très bien parce que j'aurai du mal à me passer des bons petits plats de ma mère.

Il ne la trouvera sûrement pas chez les Princess. Désolée B... Après le déjeuner, je l'entraînai à sa chambre. Il s'était bien amusé, maintenant c'était mon tour et il était loin de s'imaginer ce qui l'attendait. Ce que les hommes détestent : les crèmes hydratantes, les gommages, mais avant tout l'épilation ! L'activité qu'ils trouvent la moins masculine du monde. Or j'avais remarqué que Maxime avait quelques poils près du nombril. C'était un sacré défi, mais je n'étais pas cruelle à ce point-là, il n'en avait pas beaucoup, donc ça ne ferait pas très mal. Bien entendu, il avait déjà refusé le masque hydratant la dernière fois, mais après ce qu'il m'avait fait faire tout à l'heure, il ne pouvait rien dire. Avec le temps, nous ne nous demandions plus vraiment l'autorisation pour tous les défis. Je me rendis à la chambre de Lisa pour avoir ce qu'il fallait.

- Non ! Qu'est-ce que tu vas faire ? interrogea-t-elle stupéfaite. Les jambes, les bras ?

- Le ventre. J'ai besoin de cire, c'est un garçon et ils sont plutôt douillets côté douleur. Comme ça, ça enlèvera tout en même temps.

Elle me prêta un pot de cire que je chauffai au micro-ondes et elle me suivit jusqu'à la chambre de Maxime. Je m'assis près de lui et je relevai son sweat.

- Julie, si elle reste là, je refuse de le faire, avertit-il en regardant sa sœur.

- Ce n'est pas juste, souffla Lisa, à chaque fois qu'il y a quelque chose d'intéressant, je n'ai pas le droit de rester.

Elle ferma la porte derrière elle. Je descendis le pantalon de Maxime pour pouvoir l'épiler, puis je saisis un peu de cire avec la spatule et je l'étalai sur son ventre. Il ferma un œil, attendant le supplice que s'infligent toutes les filles. Je comptai jusqu'à trois et j'arrachai la cire d'un geste rapide en maintenant sa peau bien sûr (le pauvre, quelle idée j'avais eue !).

- Aie ! cria-t-il.

- N'exagère pas, ça picote un peu.

- Ça fait mal !

Je lui fis un bisou sur sa peau toute épilée, bobo guéri. Puis je pris un tube de crème hydratante que j'avais apporté, pour lui mettre. Il ne protesta même pas (forcément ça apaisait la « douleur »). Il regardait les photos que nous avions faites le matin pendant que je le tartinais de crème.

- Tu sais que tu es jolie naturellement ? Pourquoi tu te maquilles ?

- Une Princess ne sort pas sans être maquillée, rappelai-je.

- Tu ne l'es pas aujourd'hui.

- Aujourd'hui je ne suis pas une Princess, précisai-je, je suis juste Julie.

Le soir arriva, nous regardions un film d'horreur. « Vendredi 13 », un classique. Ses parents rangeaient la cuisine et faisaient la vaisselle. J'étais sous la couverture, la peur, ça ne se contrôle pas. Maxime était à côté de moi sur le canapé, serein, comme s'il regardait les infos de 20 heures. Pendant un passage où il n'y avait rien qui pouvait justifier que j'étouffe sous la couverture en tenant la main de Clownie et sursautant toutes les trois secondes, j'en profitai pour manger un peu de pop-corn. Lisa vint regarder avec nous. Tout à coup, elle nous regarda bizarrement.

- Vous allez vraiment dormir dans le même lit, sous la même couette, l'un à côté de l'autre, ce soir ? questionna-t-elle.

- Ben quoi ? dit-on en même temps, la bouche à moitié pleine de pop-corn.

- Les parents vous laissent faire ça ? Moi je ne peux pas, ce n'est pas juste, bouda-t-elle. Je n'ai jamais invité de garçon à dormir, ajouta-t-elle en partant.

- Oui, et si tu le fais je le tue et je t'enferme dans ta chambre jusqu'à tes trente ans, cria Maxime pour être certain qu'elle l'entende.

Un classique entre frère et sœur. On dit toujours que les parents ont du mal à voir grandir leurs enfants, il faut croire que c'est fortement pareil pour les grands frères.

- Tu le ferais réellement ?

- Si je trouvais un garçon dans la chambre de ma sœur ? Je lui arracherais la tête, m'affirma-t-il. C'est ma sœur, pour moi elle aura toujours six ans.

C'était trop mignon, je ne savais pas qu'il était protecteur.

- Ça s'est arrangé ton problème avec Richard ? changea-t-il de sujet.

- J'ai trouvé la solution : partager mon tube de crème pailletée avec lui.

Il éclata de rire et prit une poignée de pop-corn. Puis il sourit et mit la couverture autour de moi.

- Prépare-toi, c'est bientôt la scène dégoulinante de sang du film.

CHAPITRE 50 : Une bêtise stupide

- Tu savais que Lilo avait été arrêtée pour avoir séché une séance aux A.A ?
- Oui, j'ai appris ça. La voie de la guérison, c'est pas pour demain.

D et B avaient passé la soirée chez moi, elles étaient dans le hall sur le point de partir. On sonna à la porte, j'ouvris : Richard. Oh non, je n'avais pas encore résolu le problème, à savoir comment le fréquenter sans gêne.

- Oh… murmura B en souriant. Bon, on y va. On vous laisse les amoureux, amusez-vous bien.

Et elles nous quittèrent, nous étions gênés comme jamais. J'allai la tuer quand je la croiserai au lycée demain. Mes yeux se posèrent sur un petit sac qu'il tenait. Ah ah, retour des cadeaux… Sac, étole, bijou ?

- Je t'ai pris un parfum. Je sais bien que tu dois en avoir une dizaine, soupira-t-il. C'est ridicule, excuse-moi.
- Pas du tout, j'adore les parfums. Je n'en ai qu'un en fait et je l'aurai bientôt fini. Je suis sûre que tu l'as bien choisi.

Sincèrement, je priais pour que ce soit le cas, parce que si le flacon contenait une odeur immonde, j'allai devoir porter cette horreur tous les jours. Surtout que les parfums, c'est toujours subjectif. Je le vaporisai avec précaution sur mon poignet et le sentis. C'était un parfum doux dont le cœur était composé de fleurs, assez sucré sans en faire trop, qui embaumait à chacun de vos passages.

- Il sent très bon. Tu l'as choisi tout seul ?

Quelle question, un gay a-t-il besoin des conseils d'une vendeuse pour choisir quelque chose ? Ils ont un sens inné de tout ce qui est beau et bon.

- Oui, je suis resté un moment dans la boutique, j'ai dû sentir une dizaine de parfums…

Il baissa les yeux, paraissant perdu.

- Ça va ? demandai-je.
- Je me trouve stupide, je ne devrais pas être là.
- Ne dis pas ça. Viens, l'entraînai-je au salon.

Il n'était plus vraiment l'heure de dîner, il accepta de regarder la télévision, en l'occurrence le film du soir le plus intéressant : "L'homme au masque de fer". Détendue, je posai ma tête sur son épaule. Il parut surpris, il me sembla qu'il respirait plus fort. Est-ce que je le mettais mal à l'aise ? La dernière fois c'était lui, mais on était tout de même amis, non ? Peut-être pas comme avec Maxime, mais quand même…

- Tu vas bien ? Tu sais, tu n'es pas obligé de mentir avec moi, expliquai-je, je sais ce que tu essaies de cacher.
- Vraiment ?
- Oui, assurai-je en me blottissant contre lui. ça ne me gêne pas.

Il hésita à me prendre dans ses bras (ce n'était réellement pas comme avec Clownie).

- N'hésite pas, j'ai un peu froid.
- Ah bon ?

Oui, JE SUIS FRILEUSE, ce n'est pas nouveau. Quelques fois, c'est la bataille entre mon père et moi : je monte le chauffage, il le baisse. Et là, j'avais oublié de le remonter. Il me réchauffa, j'étais encore entre le chaud et le froid, ça me donnait des frissons. Je sentis à nouveau son parfum, je me sentais envahie tout à coup par cette senteur, presque agressée. Je m'écartai légèrement, il me regarda, je lui souris. Il me caressa les cheveux tendrement. Ses yeux étaient vraiment bleus, doux, mais pétillants, c'est une drôle d'alliance. Ne comprenant même pas ce que je faisais, ni pourquoi, j'approchai mes lèvres des siennes et je l'embrassai. Il hésita une seconde et finalement participa à ce baiser. Ce rapprochement fini, il se leva. Oups ! Qu'est-ce que j'avais fait ? Décidément, mon égo froissé avait encore pris le dessus, il fallait que je lui prouve que j'en valais la peine, que j'essaye de l'attirer, comme s'il n'était pas assez déstabilisé !

- Je suis désolé, s'excusa-t-il, je suis allé trop loin.

- C'est moi qui t'ai embrassé. Excuse-moi, je ne sais pas ce qui m'a pris, tu m'en veux ?

- Bien sûr que non. De toute façon, c'est ma faute, j'aurai dû arrêter avant de faire un faux pas. Je suis vraiment navré Julie, pardonne-moi, ajouta-t-il en partant.

Finalement, nous n'avions pas besoin d'avoir cinq ans pour faire des bêtises stupides. Atterrée, je montai à ma chambre avec le parfum qu'il m'avait offert. J'avais encore le sien sur moi. Je m'assis sur mon lit « seizième siècle ». Cette idée ne me quittait plus, pire que cette sensation que je ne parvenais pas à décrire, ce baiser. Il avait les lèvres douces et chaudes et m'avait embrassée avec douceur. Il sentait bon. ça m'énervait quelque part qu'il soit parti comme ça, d'accord c'était ma faute. Mais j'avais envie de plus… comme si ça ne m'avait pas suffi. Qu'est-ce qui m'arrivait ?... Ah… qu'il sentait bon, qu'il était doux. Oui effectivement, moi aussi je me dis qu'il y avait un problème : aimer embrasser un gay. Rien de plus étrange. Pourtant, j'aurai voulu qu'il m'embrasse encore, ou plutôt qu'il se laisse à nouveau embrasser.

Ça avait dû lui faire bizarre d'embrasser une hétéro. Peut-être même que les gays ont une façon différente d'embrasser… Je ne sais pas, je pourrai peut-être lui demander. En même temps, il n'y avait plus beaucoup de chances pour qu'il me parle. Mais tant pis, j'irai le voir s'il le fallait, ce serait moi qui le harcèlerai gentiment cette fois. Je ne pouvais pas ne plus le voir, j'étais habituée, j'aurai un manque comme les drogués. Droguée à Richard ! J'avais envie de le revoir. J'avais envie de regarder encore la télé avec lui. J'avais envie de dîner encore avec lui. J'avais envie encore de ses lèvres.

Waouh… Quand on laisse ses pensées vagabonder, on peut vraiment s'étonner toute seule de ce qu'on pense réellement, de ses pensées profondes. Voilà où j'en étais : ce n'était pas de l'égo, c'était pire que ça. Encore pire que ce que je croyais, incroyable, inimaginable, impensable : il ne me plaisait pas, j'étais amoureuse. Amoureuse de Richard. Julie Rosenfield amoureuse de Richard McArfield. Qu'est-ce qui s'était passé ? Si je me rappelais bien, je ne l'aimais pas au début de l'année scolaire, il y avait même des jours où je le détestais. Il ne me plaisait pas quand il était encore officiellement hétéro et maintenant qu'il était gay, j'étais love de lui. Quelle révélation ! Cette impression bizarre n'était pas de l'égo, « juste » de l'amour. Il était beau quand même, il était le fils d'un Princess très belle. Voilà que je fantasmais sur un gay. Mon avenir était désespéré.

*

- Toi, je vais te tuer ! menaçai-je B en m'asseyant à notre table du réfectoire, le lendemain.
- Ne fais pas ça, protesta Maxime, j'ai encore besoin d'elle et puis avec qui tu parlerais chaussures ?
- Il me reste D, lui remémorai-je.
- Bon, qu'est-ce que je t'ai fait ? reprit Blair.
- Tu m'as laissée dans une situation des plus délicates avec Richard, il s'est senti mal à l'aise, il était perdu j'ai dû le réconforter.
- Très bien, désolée, je t'offrirai une nouvelle paire de chaussures pour les deux heures de psy que tu as dû faire par ma faute.

Bon, ce n'était vraiment pas sa faute, c'est vrai. C'était la mienne. Rien ne m'obligeait à l'embrasser pour le réconforter. Ou *me* réconforter, mais de quoi ? Pourquoi j'avais fait ça ? Dans tous les cas, j'étais dans une jolie situation… Voilà la preuve qu'on peut aimer deux personnes à la fois, mon cœur battait pour le petit british pas du tout du « même bord » que moi, et Vince… Oh mon Dieu, Vince ! Qu'est-ce que j'allai lui dire ?… Non, il ne fallait pas qu'il sache ! Et puis ce baiser ne voulait rien dire, embrasser un mec gay, c'est comme embrasser son frère. N'est-ce pas ?…

CHAPITRE 51 : It's over…

Le soir venu, B vint à la maison pour me parler (non, pas du petit british). Elle tournait autour du pot et ne disait toujours pas pourquoi elle était là : elle m'avait verni les ongles des mains, les ongles des pieds, m'avait fait un massage des mains, des tempes, avait testé des gloss et m'avait emprunté deux jupes et un pull.

- B, si tu me disais pourquoi tu es venue.
- OK, j'ai besoin de tes conseils.

Elle prit une lime et commença à me limer les ongles des mains.

- Tu aurais peut-être dû commencer par ça, dis-je, maintenant qu'ils sont vernis…
- Chut, j'ai besoin de parler.

B ne limait peut-être pas aussi bien qu'Elise du C.C, tant pis, si elle avait besoin d'aligner ses mots et ses idées…

- C'est à propos de Maxime… Je ne sens plus vraiment notre histoire. Je sais, ce n'est pas drôle, admit-elle en voyant ma tête, mais tu es la seule à qui je peux le dire, tu es sa meilleure amie, tu le connaissais avant moi. Je ne sais pas pourquoi, mais c'est différent entre nous, ça n'est plus aussi bien.

Oh, non. Là, c'était Clownie qui allait me tuer. C'était moi qui l'avais poussé dans ses bras, j'avais insisté pour qu'il la conquérisse, et voilà : j'allai le ramasser à la petite cuillère pour la deuxième fois, une fois qu'il aurait fini de m'étrangler.

- Eh bien… Parle-lui, la conseillai-je, très gentiment. Dans ce genre de situation, il ne faut pas laisser traîner les choses. Si tu es sûre que tu veux arrêter, dis-lui.
- Ça ne va pas être facile, pensa B, je tiens quand même à lui. Tu sais combien c'est difficile de quitter quelqu'un pour qui tu as des sentiments…

Non, je ne le savais pas, mais dans ces moments-là il faut répondre « bien sûr », le reste, elle ne voulait pas l'entendre. Et moi, ce que je voulais entendre c'était « je l'aime », « je suis folle de lui ». « Comment vivre sans lui ? »... Non, là par contre j'allais peut-être un peu loin. Oh... Maxime, j'étais tellement désolée, il serait effondré.

*

- Je crois qu'on a vécu tout ce qu'on avait à vivre, ce n'est pas grave.

Finalement peut-être pas. Le lendemain, c'était Maxime qui avait débarqué chez moi, impossible de faire plus bizarre dans les coïncidences. La veille, j'avais longuement parlé avec B, ma seule peur était qu'elle me demande de l'annoncer à Clownie à sa place, mais heureusement elle ne le fit pas.

- Je crois que ce n'est ni elle, ni moi. Je crois qu'il n'y a plus le désir du début de notre relation, nous avions très envie de profiter l'un de l'autre et nous l'avons fait. Peut-être trop intensément, s'expliqua-t-il, trop vite. À mon avis, nous avions tellement envie de finir dans le lit de l'autre... ceci dit, de ce côté-là, on a bien profité.

Pourquoi ils se sentaient obligés de me parler de leur vie intime ? D'accord, là c'était en général, mais je ne voulais pas savoir. Ça ne me gêne pas quand c'est n'importe qui, mais pas quand B me parle de mon meilleur ami et quand Clownie me parle de B.

- Tu ne l'aimes plus ? m'enquis-je.

- Je l'aimerai toujours, c'est Blair, mais plus comme au début. J'aurai de l'affection pour elle, quoi qu'il arrive.

Bon. Ils allaient se séparer, en bons termes en plus... C'était étonnant que ça arrive aussi vite, mais si c'était fini, c'était fini.

- Tu penses qu'elle m'en voudra ? s'inquiéta-t-il. Il me semble qu'elle ressent la même chose de son côté.

Oh que non, elle serait plutôt soulagée que ça ne le blesse pas, une relation qui ne finit pas dans les cris et dans les larmes, c'est rare.

- Maintenant, c'est moi qui ai besoin de tes conseils, confiai-je. J'ai un gros problème : je suis amoureuse…J'aime toujours Vince, mais je suis amoureuse de quelqu'un d'autre. Et… c'est impossible de ne pas le voir, il fait partie de mon entourage.

- Si tu l'aimes vraiment, tu devrais lui dire, si on aime une personne c'est qu'il y a bien une raison.

- C'est impossible, disons qu'il n'est pas libre, expliquai-je.

- Oh, je vois, il a déjà quelqu'un… mais belle comme tu es, je suis certain que tu auras le dessus sur sa petite amie. Je sais, ce n'est pas très classe, mais en amour c'est chacun pour soi, surtout s'ils sont ensemble depuis peu de temps.

Le problème n'était pas le temps, il devait être gigantesque, genre dans les 1 m 80 et blond. On ne lutte pas contre 80 kilos de muscles et de virilité.

- Autrement, oublie-le, me suggéra Maxime.

Facile à dire, un mec inaccessible qui vous plaît occupe et hante vos pensées que ça vous plaise ou pas, alors un gay… On se dit qu'il y a quelque chose qui ne tourne pas rond chez nous, on se demande pourquoi on l'aime. Mais surtout qu'est-ce qui avait changé, et quand ? Je ne le savais pas, mais ça me tracassait de ne pas avoir de ses nouvelles, j'avais peur qu'il m'en veuille, je lui avais dit que je savais, alors il devait se demander pour quelle raison je l'avais embrassé. Il devait aussi mourir de peur que je révèle son secret.

Alors une fois Clownie parti, je décidai d'aller lui rendre visite à sa chambre d'hôtel (ne vous imaginez pas des choses, je n'allai pas lui sauter dessus), ma mère avait glissé « négligemment » son numéro dans la conversation. Il m'ouvrit avec surprise, la chemise légèrement ouverte (eh non, il n'était pas avec un homme et je n'allai toujours pas lui sauter dessus).

- Bonsoir Julie…

- Je n'ai pas de tes nouvelles depuis deux jours. Est-ce que tu es… en colère contre moi pour ce que j'ai fait ? avançai-je

- Comment je pourrai être en colère contre toi ? Et puis je te l'ai dit, c'était ma faute.

C'était vrai, il me faisait la cour, il m'offrait des cadeaux. Il devait bien s'attendre à ce que ce soit possible que je succombe à son charme, surtout en étant un héritier ayant déjà une fortune considérable (assez pour être rentier trois fois de suite). Tout ça était pour sa couverture, mais il faut se douter que ça peut arriver (environ 10 chances sur 10) pour qu'une Princess tombe amoureuse, ou du moins ne repousse pas ses avances.

Sa chemise était toujours entre-ouverte et d'accord, j'avoue, j'avais du mal à arrêter de fixer la partie de son torse visible. Il le remarqua et s'excusa de sa tenue, en la refermant.

- Richard, je t'assure que ça ne me gêne pas. Je voudrais qu'on continue à se voir et qu'on devienne de vrais amis, pas juste par politesse, précisai-je.

- Ce ne sera pas facile pour moi, mais j'en serai ravi, se réjouit-il.

- Bien. Les vrais amis font des trucs ensemble : ils font les magasins, regardent des films, dînent ensemble et font des câlins.

- Pardon ?

- Ils se prennent dans les bras, expliquai-je. Viens, j'ai subitement envie d'un câlin avec mon nouveau vrai ami.

Quoi ? Je pouvais en profiter un peu quand même. Je me blottis contre lui une nouvelle fois et il me prit dans ses bras. J'en profitai pour sentir son parfum ; je regrettais qu'il ait reboutonné sa chemise, j'aurai pu respirer sa peau un peu plus. Vince ne serait pas très content s'il le savait, et encore moins s'il savait que j'aimais être dans les bras d'un autre homme, en plus un gay. Mais il n'avait pas à le savoir, après tout je n'allai pas coucher avec lui. Ça ne risquait pas, il préfèrerait sûrement se couper les deux bras que de toucher une fille.

Il caressa mes cheveux (oui, encore une fois), apparemment il adorait ça. Et moi aussi.

- Je dois avouer que j'ai adoré t'embrasser, repris-je, en passant ma main sur sa chemise.

- Je dois alors t'avouer que moi aussi. J'ai aimé t'embrasser Julie, ça n'aurait jamais dû arriver, mais je ne peux pas le nier.

Ah bon ? Il était bi alors ? J'avais peut-être une chance.

- Je sais bien que je ne devrai pas, continuai-je, je devrai même m'excuser auprès de Vince.

268

Il était fou, il voulait détruire mon couple ou quoi ?

- Alors, tu veux bien qu'on devienne de super amis ? lui deman-
·dai-je.

- Bien sûr. Sauf si je meurs d'envie de goûter à nouveau tes
lèvres, plaisanta-t-il.

Oh la la, rien qu'avec cette phrase j'avais envie de lui. La seule
chose qui me ramena à la réalité, c'était qu'il avait fait le genre de
plaisanterie que pouvait faire Maxime, pour cette fois, mes deux
relations avec eux se ressemblaient, sur ce point du moins. L'autre,
c'était que je trompais mon chéri mentalement, ce n'était pas une
trahison charnelle, mais ce n'était pas bien pour autant. C'était
avant tout ridicule, parce que notre sexualité n'était pas la même.

- J'ai loué un film, on peut le voir si tu veux. Et vu qu'il est
tard… tu pourrais dormir ici ce soir.

Mon Dieu… il me proposait de dormir là, dans sa chambre, avec
lui… Est-ce que je pourrai être sage, même si je savais son secret ?

- Tu peux prendre la chambre que tu veux bien sûr.

Finalement, non.

- Ou… dormir ici, je prendrai le canapé, ajouta Richard.

Oui, je préférais ça. Je savais que ce n'était pas correct de le faire,
mais je le fis. Eh oui, non pas l'amour avec lui, mais je regardai le
film, bien au chaud dans ses bras, sur le lit et je dormis avec lui,
dans le même lit. Richard avait oublié ses bonnes manières trop
éduquées et ne méritait plus ce soir-là le surnom de « petit british »,
mais plutôt celui de « petit américain ».

CHAPITRE 52 : Que de révélations…

Le matin, je partis sur la pointe des pieds, j'avais cours. J'étais chez moi depuis à peine cinq minutes quand je reçus un message sur mon téléphone :

J'ai passé une très bonne soirée, j'aurais voulu prendre le petit déjeuner en ta compagnie.
Promets-moi que dimanche matin nous le prendrons ensemble, je t'embrasse.

Richard

Je le rappelai en même temps que je préparais mes affaires pour le lycée.

- Heureux que tu m'appelles Julie. Tu es d'accord pour dimanche ?

- Évidemment. Oh, hier j'ai oublié de te dire, pour ton secret, je ne le dirai pas tu n'as pas à t'inquiéter.

- Il vaut mieux, je pourrai avoir des ennuis.

C'était certain, avec sa réputation toute faite et toutes les Princess qui lui couraient après, après une telle nouvelle, plus personne ne voudrait l'approcher, ça cassait le mythe comme on dit. Mais il y aurait bien au pire 8 ou 10 héritiers bien faits prêts à lui faire oublier ce moment difficile.

- OK, je te laisse, je dois courir en cours, l'informai-je, ou plutôt voler.

- Très bien, je ne voudrais pas que tu sois en retard, je t'embrasse fort.

- Moi aussi Richard.

Le petit américain, MON petit américain. J'étais folle de lui ! C'était si soudain, si subi et j'adorais ça. J'avais l'impression de ressentir ça pour la première fois, de n'avoir jamais aimé aussi fort (d'un côté, ce n'était pas faux, je n'avais jamais aimé un gay aussi fort). J'avais aimé d'autres garçons avant Vince, pourtant c'était comme si c'était une nouvelle façon d'aimer. Comme si je n'avais pas encore connu l'amour. Le vrai amour. Et j'étais amoureuse d'un homme qui aimait les hommes, il n'y avait rien de plus paradoxal.

Est-ce que je l'aimais plus que Vince ? C'était une grave question tout de même. Une question que je ne devrais pas me poser. Ce n'était pas prévu comme ça, Richard ne faisait pas partie de mes plans, pour moi il ne faisait pas partie de ma vie. Lui et ses remontrances, lui et ses ordres, parfois il se comportait plus comme un père que comme un homme qui me faisait du charme. Ses manières trop soignées nous énervaient les filles et moi, ses cadeaux m'exaspéraient, ses appels pour vérifier qu'ils me plaisaient m'insupportaient. Maintenant qu'est-ce que je ne donnerai pas pour retourner en arrière quand je croyais encore qu'il était hétéro, pour avoir des présents à mon réveil, avec une petite carte signée et écrite de sa main avec son éternel « je t'embrasse », sentir mon cœur battre la chamade en attendant de recevoir son appel succédant ses cadeaux, pouvoir profiter de sa politesse soignée au possible… J'étais vraiment accro…

Si ma mère savait que je m'intéressais réellement à Richard, elle sauterait de joie, mais si elle savait que c'était maintenant que je savais qu'il n'était pas pour moi… ça tuerait tous ses espoirs et ses projets pour moi. C'était justement peut-être parce qu'il ne s'intéressait pas à moi que je m'étais intéressée à lui ; possible que je croyais qu'il me tournerait autour toute ma vie, que j'aurais toujours ses faveurs, possible que ça m'ait titillée qu'il se détourne de moi et cette histoire avait dû commencer par un problème d'égo.

Ah… je crois que je l'aimais plus que Vince, je ne m'étais jamais posé autant de questions sur mes sentiments à propos d'un garçon, en même temps rien ne force plus à se poser de questions qu'un gay pour qui vous avez de l'intérêt. C'était dur à admettre, mais mon histoire gentillette était loin de ce que pouvait m'offrir le Richard hétéro, et mon cœur ne battait pas de la même façon pour Vince que pour Richard. Je connaissais enfin le vrai amour, avec Vince c'était une amourette d'ado, de jeunesse comme on dit, avec le petit british c'étaient de vrais sentiments purs, bien définis, un amour d'adulte. Si le petit british pouvait soudainement se transformer en hétéro, avoir une révélation, ou découvrir qu'il était bi. Bien que cette histoire n'avait aucune chance, ça m'avait amenée à un raisonnement et à me poser un problème : puisque Vince n'avait que des sentiments niais pour moi, est-ce que je devais le quitter ?

*

- Alors c'est faux ?
- À cent pour cent.
- Incroyable, quand je pense que tout le lycée s'est passionné pour cette histoire pendant des semaines.

B avait fait circuler le bruit comme quoi l'histoire prof-élève était inventée de toutes pièces, rien ne pouvait être vrai puisque l'élève qui avait soi-disant succombé au charme d'une personne ayant autorité sur lui avait quitté le lycée depuis longtemps, comme ça leur relation serait préservée. Nous étions tout de même passées à deux doigts de la catastrophe avec B qui avait failli appuyer sur le bouton de son téléphone portable. Pour étayer ses dires, elle avait dit qu'elle avait contacté un détective privé pour prouver tout ça. Tous les élèves qui s'y étaient intéressés (plus des trois quarts) furent très énervés : tout ça pour rien. Ambre, autrement dit Mlle Pâtisserie, fut désignée fautive et à la base de cette histoire, ils s'en prirent donc à elle. Non, je n'y étais pour rien, promis, Blair non plus. Elle était tellement en bas du tableau en ce moment que tout le monde fut persuadé qu'elle avait lancé cette rumeur pour redorer son image et remonter dans les premières places, mais non, elle était toujours dans les dernières. Ce n'était pas immérité…

B et Maxime étaient séparés, et s'entendaient très bien. Ils n'étaient pas malheureux, pas mélancoliques, ils s'étaient parlés, expliqués, et tout allait bien. Ils n'étaient pas gênés d'être l'un à côté de l'autre. C'était comme si rien n'avait changé, à part leur complicité plus grande.

*

Dimanche matin je retrouvai Richard à son hôtel, pour prendre le petit déjeuner ensemble. Nous nous fîmes servir un breakfast assez copieux dans sa chambre : des pancakes avec de la confiture, des croissants, des fruits secs, du jus d'orange, des toasts beurrés. Je ne vous cache pas sa surprise.

- J'ai du mal à croire que tu manges tout ça tous les matins, je pensais que tes petits déjeuners étaient rapides et courts.

Combien de petits déjeuners, loin des sempiternels smoothies, je pris cette année-là ? Et malgré les avertissements et l'éducation de ma mère, ça ne changea pas ma ligne.

- Je profite de ne pas avoir ma mère sur le dos pour me faire plaisir. C'est notre secret. D'ailleurs, le tien m'a étonnée aussi, je n'aurai jamais cru que tu étais gay.

Il éclata de rire, tant mieux, apparemment ça ne le gênait pas d'en parler avec moi.

- Quoi ? Qu'est-ce que tu racontes ?

- Ce n'est pas la peine de mentir, je te l'ai dit, je resterai ton amie, lui rappelai-je.

- Julie, je croyais que nous nous étions entendus là-dessus… je suis attiré par toi, je ne suis pas gay. Qu'est-ce qui a pu te faire croire une telle chose ?

… ???

- Eh bien… tu as… tu as repoussé Blair… je pensais que….

- Un homme qui refuse une relation avec Blair n'aime pas pour autant obligatoirement les hommes, fit remarquer Richard.

Mon Dieu, alors il n'était pas de l'autre bord ! Waouh… Quel énorme quiproquo ! Pendant tout ce temps il me parlait de son attirance pour moi et moi de son homosexualité inexistante !

- Alors… je te plais ? demandai-je.

- Tu le sais bien, répondit-il.

Voilà ce que je ne voulais pas entendre, et ce que j'espérais aussi entendre. Encore plus compliqué maintenant qu'une relation difficile avec un ex-hétéro officiel et devenu mon ami, Richard libre et voulant de moi, n'attendant que ça.

Je terminai mon petit déjeuner le plus rapidement possible, je ne pouvais plus rester dans cette pièce avec lui, l'atmosphère était trop étouffante, pleine de questions auxquelles je ne voulais pas répondre. Je ne pouvais pas rester parce que s'il tentait quelque chose, voulait m'embrasser, me prendre dans ses bras, je n'aurais pas la force, la volonté en fait, de le repousser. Je m'essuyai la bouche et je me levai.

- Je suis désolée, mais j'avais complètement oublié que j'avais un devoir à faire pour demain, inventai-je. Donc je vais y aller. Passe une bonne journée.

Il se leva à son tour. Pourvu qu'il ne me retienne pas par le bras, ou pire : la main.

- Julie, est-ce que j'ai fait quelque chose ?
- Non, c'est moi qui… excuse-moi, dis-je en partant.

Je rentrai chez moi. Pas de devoir. J'aurais bien voulu, je n'aurai peut-être pas pu, mais ça m'aurait occupé un minimum l'esprit. Qu'est-ce que je fis ? Je pleurai de désespoir et de ne pas savoir quoi faire toute la journée. Je ne mangeai pas, je ne dormis, c'était comme si j'avais disparu de la planète, comme si ma vie était entre parenthèses (le seul bon côté, c'était qu'on pouvait considérer que j'étais plus jeune de quelques heures, inutile à seize ans, mais toujours intéressant à partir de trente). Je dormis tout de même un peu la nuit venue parce que j'étais épuisée de pleurer. La nuit serait quand même longue, et mon sommeil troublé par des rêves et des larmes.

CHAPITRE 53 : Mieux vaut tard que jamais… l'essentiel c'est de comprendre

Lundi matin sonna. Je sauvai mes yeux gonflés avec une crème rafraîchissante magique et deux sachets de thé placés quelques minutes au frigo, et mon nez rouge avec une base verte. Je consolai mon humeur défaillante avec une robe tunique *D&G* et un jean *Chloé* noir que j'adorais. Pour consoler mon cœur, je nouai autour de mon cou l'étole que Richard m'avait offerte, en dessous le collier et le dernier sac qu'il m'avait achetés.

À la pause du matin, j'allai au pipi-room pour vérifier le désastre qu'avait provoqué la révélation du siècle : le petit british hétéro, mais en fait gay, mais en fait hétéro et fou de moi. B entra pour retoucher son gloss et recoiffer ses cheveux. Elle remarqua ma tête.

- Ça va ma chérie ?

- Non. Tu ne me croiras jamais, je viens d'apprendre le secret de la semaine, du mois, de l'année, *du siècle* : Richard n'est pas gay.

- Oui. Et alors ? répondit-elle indifférente. Je ne comprends pas, ça fait longtemps qu'on sait qu'il aime les femmes.

- Qu'est-ce que tu dis ? C'est toi qui m'as dit qu'il était gay, lui remémorai-je. Aux Caraïbes, il ne voulait pas faire l'amour avec toi et il y a eu cette conversation devant les toilettes de l'hôtel que tu nous as racontée.

- J, je n'ai jamais dit ça, je plaisantais quand je disais qu'il était peut-être gay. Je croyais que tu savais que je rigolais quand on parlait de lui comme ça, reprit B, déconcertée.

J'étais totalement perdue… En plein brouillard !

- Je ne parlais pas de sa sexualité, mais du fait qu'il t'aime, révéla-t-elle. Il ne voulait pas faire l'amour avec moi parce qu'il est amoureux de toi. C'est Julie Rosenfield qu'il veut, pas Blair.

J'avais soudain l'impression que ma tête allait exploser. Comment un quiproquo peut aller aussi loin, fausser ce que vous avez vécu les mois qui viennent de s'écouler ? Oh, non. Donc quand il me serrait contre lui, qu'il me regardait, ce n'était pas de l'amitié ou quoi que ce soit d'autre, c'était de l'amour. J'étais bien maintenant (PS : c'est ironique bien entendu), qu'est-ce que j'allai faire ? Je pouvais rêver du petit british quand il était encore gay à mes yeux, les psys disent que ce n'est pas mal, car ce n'est qu'irréel et c'est bénéfique parce que ça préserve le désir. Mais là je ne savais plus... Il me plaisait encore, il était encore amoureux de moi, est-ce que ça voulait dire qu'il fallait aller plus loin ?

Au déjeuner j'accompagnai A voir s'entraîner Casey. Je ne fus pas de très bonne compagnie, je l'avoue, je pensais encore à mon petit problème qui était devenu une catastrophe nucléaire. Le seul point qui posait souci se résumait en un mot : Vince. Je n'étais pas seule, tout se compliquait alors que tout devenait évident pour moi. Peu importait le choix que j'allai faire, je ferai souffrir un des deux. Sauf qu'en fait le choix à faire ne se posait pas : j'étais avec Vince, je n'avais pas ne serait-ce qu'à imaginer pouvoir être avec un autre. C'était comme pour une femme mariée, lorsqu'elle a la bague au doigt, elle ne peut plus regarder d'autres hommes, revenir en arrière, encore moins le tromper ou le quitter. Elle l'avait choisi, un serment est un serment. Je regardai cet anneau invisible à mon annulaire. Mon serment à moi était tacite, il n'en était pas pour autant moins important.

Je repensai à la bonne dans « Roméo et Juliette » qui conseille à la jeune fille d'épouser Tybalt et de garder Roméo comme amant. C'était stupide. Je n'avais pas de choix à faire, je ne devais pas faire de choix. Sauf que je l'aimais. Lequel ? Les deux. Mais mon amour pour Richard était plus grand et plus fort, c'était exactement tout ce que j'attendais de vivre. Je serai malheureuse en restant comme ça.

Vince arriva. C'était peut-être un signe... Il m'embrassa et s'assit près de moi.

- Je voulais passer cinq minutes avec ma petite puce avant de reprendre les cours.

C'était gentil. C'était adorable en fait. Et pourtant, je ne rêvais que du petit british qui prononce ces deux mots d'affection. Il pouvait bien m'appeler comme il voulait, tant qu'il m'aimait, et il m'aimait.

Vince me prit la main et l'embrassa. Ça ne me faisait plus rien, je ne songeais qu'aux mains de Richard, à ses lèvres… C'était incompréhensible : il y avait encore trois semaines je ne pensais qu'à Vince, je ne vivais que Vince, je ne respirais que Vince, qu'il m'embrasse partout m'aurait rendue folle, et pourtant j'adorais ses lèvres. Mais je ne rêvais encore une fois que de celles qui appartenaient à un certain McArfield. Et depuis que je savais qu'il n'était pas de l'autre bord, Vince ne me faisait plus ressentir la même chose, alors que penser ?

Il finit par me laisser, mais je n'avais pas encore cours. Puisque Ashley était là, autant profiter de ses conseils en dissimulant le pourquoi de mes questions bien évidemment.

- A, dis-moi, est-ce que tu penses qu'on peut savoir qui est la bonne personne ? Je veux dire, en amour.

- Je pense qu'on peut le croire à chaque homme que l'on rencontre et avec qui on a une relation sérieuse, mais on le ressent comme une conviction quand on sait que c'est lui, réfléchit-elle.

Oui… Mais comment on le sait ? Il ne pourrait pas y avoir une croix rouge sur son front pour qu'on ne se trompe pas ? Ou que mon âme sœur se promène avec une pancarte accrochée à son t-shirt disant « homme réservé à Julie Rosenfield ».

- Ça sonne comme une évidence, continua A.

Une évidence… Je me rappelais m'être dit qu'avec Richard tout devenait évident.

- Comme Vince et toi.

Vince et moi ? Non… ça n'avait pas été une évidence, c'était un flash, un coup de foudre. Mais un coup de foudre c'est toujours physique pour 90 % des gens. Et quel intérêt de tomber amoureux d'un corps, d'accord ça compte un minimum, mais on a beau dire ce qu'on veut, la personnalité et l'âme de la personne comptent beaucoup plus, c'est la seule chose qui touche vraiment. Aimer réellement quelqu'un c'est aimer ses défauts, les voir moins grands qu'ils ne sont, sentir le vide autour de soi, mais surtout dans son cœur quand l'être aimé n'est pas là, il est notre soleil qui réchauffe l'atmosphère, fait s'envoler toutes nos craintes, tout n'est rien que bonheur avec lui et rien ne peut nous atteindre. Richard représentait tout ça pour moi : j'adorais ses défauts maintenant, il me manquait comme jamais, j'avais besoin de lui, il était mon soleil quand il était près de moi.

Vince aussi à vrai dire. Mais seulement à un dixième de tout ce que je ressentais pour mon petit américain adoré. Oui, il était là, assis tout à côté de moi, maintenant il était parti et je ne ressentais plus ce vide. C'était vrai qu'il était apparu au moment où je me posais des questions, mais après mûre réflexion on ne pouvait pas considérer que c'était un signe, c'était stupide. Il avait cours dans le même lycée que moi, non, ce n'était pas un signe. Un signe, ça aurait été Richard qui débarque ici alors qu'il a arrêté le lycée depuis cinq ans, et en plus pour me voir. Là je verrais la croix rouge sur son front. Et je la voyais : c'était lui. Si je devais faire un choix, ce serait Richard, parce que c'était mon évidence, ma pancarte accrochée au t-shirt.

Je me relevai, j'avais une chose très importante à faire.

- Tu as l'air heureuse, me dit A.

- J'étais dans le noir, mais ça y est, j'y vois très clair. Il fait beau et c'est une belle journée qui commence pour moi. Je suis heureuse.

Fini les larmes et les questions. Je donnai rendez-vous à Vince dans une salle de classe après les cours. Avant le bonheur à embrasser sans regret, je devais faire la chose la plus difficile. Il arriva tout sourire et m'embrassa, mais je le repoussai doucement. Il me sourit et m'embrassa alors dans le cou, pensant que je préférais cet endroit. Je dus le repousser à nouveau. J'avais réfléchi toute l'après-midi à comment lui annoncer, mais je n'avais pas vraiment trouvé. Et puis on ne parvient jamais à dire ce qu'on avait prévu dans ce genre de situation, il vaut mieux le faire comme on le ressent au moment venu.

- Je dois te parler de quelque chose d'important Vince... À propos de nous... Je me suis rendue compte qu'entre nous ça ralentissait beaucoup au lieu d'évoluer, on restait au même point, comme s'il n'y avait plus rien à attendre de notre relation. J'ai toujours eu l'impression au fond de moi qu'il manquait quelque chose.

- Julie… Qu'est-ce que tu veux dire ? Tu me fais peur…

- Ce que je veux te dire, repris-je, c'est que si nous ne sommes pas allés plus loin, c'est peut-être qu'il y a une raison, peut-être que les gens et les imprévus n'y sont pour rien, peut-être que je ne suis pas la bonne personne pour toi et que tu n'es pas la bonne personne pour moi.

- Tu veux essayer avec d'autres garçons pour voir si tu es mieux avec un autre ? me questionna-t-il.

Je ne pouvais pas lui dire qu'il ne me faisait presque plus d'effet, pour se séparer autant se séparer en douceur. Si possible. Et c'est vrai qu'il avait toujours été attentionné et super envers moi. Ceci dit ça ne devait plus suffire, j'avais besoin de quelque chose de plus grand, de plus adulte. Comme lui, j'avais toujours pensé que nous passerions notre vie ensemble, mais j'avais seize ans, l'imagination est très fertile à cet âge-là et les désirs souvent inatteignables.

En tout cas, Vince voulait savoir qui était le chanceux qui le remplaçait d'un coup de balai, brisant au passage son petit cœur. J'étais bien obligée de lui dire…

- McArfield ? s'emporta-t-il. Lui et ses cadeaux, ses dîners… Je n'aurai jamais dû le laisser te tourner autour… La dernière fois que nous étions ici, je t'ai demandé si on pouvait effacer des années de relation, tu m'as répondu « bien sûr que non ».

- Et je le pense toujours. Je n'efface pas ce qu'on a vécu, je ne le rends pas moins important non plus, assurai-je. J'aime Richard, j'ai besoin d'être avec lui, tu comprends ?

Il ne s'était pas passé des lustres entre le début de mon couple avec Vince et ma prise de conscience envers Richard, mais il y a tellement de changements quand on est au lycée et plus on est jeune, plus ces changements nous semblent importants et grands, car ce sont les premiers et ils sont essentiels pour grandir.

- Tu seras heureuse avec lui ? s'inquiéta-t-il.

- Je le pense.

- D'accord. Ce que je veux, c'est que tu sois heureuse. J'aurai voulu que ce soit avec moi et j'espérais ne jamais entendre ça. Eh bien, tu as ma bénédiction. Je veux qu'il prenne soin de toi, avertit Vince, dis-lui que je l'aurai à l'œil.

- Très bien, me mis-je à rire.

Il me prit contre lui, dernier câlin, en toute amitié. La fin de l'année scolaire était très proche, mes dix-sept ans approchaient et une nouvelle partie de ma vie commençait. Je ne tombai pas dans les bras du petit british ce jour-là, après une rupture ce n'était pas le moment. Mais mon petit blond ne perdait rien pour attendre.

CHAPITRE 54 : Vive l'amour !

Le soir même, je pris un bain pour me détendre et « matérialiser » en quelque sorte ce changement dans ma vie, de sorte que lorsque je sortirai ma tête de l'eau et que je sortirai de ce bain, je serai une nouvelle Julie.

Comme de coutume Maxime me téléphona, plus du tout surpris que je décroche dans ma baignoire. Quand il me demanda comment avait été ma journée, je ne pus pas m'empêcher d'évoquer mon envie de me mettre avec Richard et avant tout, que j'allai le faire. Naturellement, ça le fit beaucoup rire, car il ne me crut pas. Impensable il y avait quelques mois ! Tellement impensable que je sidérai Clownie sur place.

- Je ne comprends pas, aux dernières nouvelles il était gay, se stupéfia-t-il.

- Figure-toi que B plaisantait. Il n'a rien de gay et il embrasse très bien, j'ai vérifié ça il y a quelques jours, racontai-je.

D'ailleurs, ça semblait à la fois proche, parce que j'y pensais tout le temps, mais très lointain, parce que je désirais recommencer. Les lèvres de Richard devenaient une véritable obsession.

- Tu ne me l'avais pas dit. Alors, c'était lui dont tu étais amoureuse… C'est bizarre, mais pourquoi pas. Après tout, tu vas faire le bonheur de ta mère, elle sera sur un petit nuage. Mais… tu ne l'avais pas en horreur il n'y avait pas si longtemps ?

- Si. Ne me demande pas ce qui a changé, je ne le sais pas moi-même, admis-je.

Et je ne voulais pas savoir, de toute manière quelle importance ? Je l'aimais, l'amour n'a pas de raison, puisqu'après tout, l'amour a ses raisons, que la raison ne peut pas comprendre.

Le lendemain soir, je retrouvai Richard au bar de l'hôtel. Il donnait des instructions au barman. J'avais cours le lendemain, il était tard, je me fichais de l'heure à laquelle j'allai me coucher et de celle à laquelle je devais me lever le matin, rien ne comptait à part le moment que j'allai passer avec Richard.

- Salut, dis-je le cœur battant, les mains tremblantes et des bouffées de chaleur insupportables.

C'était certain, j'étais amoureuse.

- Je voulais te dire… te dire que je t'aime. J'ai quitté Vince et j'ai envie d'être avec toi. Je serai très heureuse d'être ta petite amie. Si tu veux toujours de moi.

Il resta un moment interloqué, puis il s'avança vers moi.

- Si je veux de toi ? répéta-t-il. Évidemment, ça fait si longtemps que je rêve de t'entendre dire ça.

Je me fichais des gens autour, rien ne comptait, rien d'autre n'existait. C'est le genre de moment où il n'y a que vous et l'être aimé, comme si vous ne voyiez réellement plus les personnes autour de vous. Chose qu'on ne croit pas tant que ne l'a pas vécue et inexplicable quand on le vit.

Il caressa mes cheveux, je commençais à m'habituer. Mais j'aurai bien voulu plus, qu'en plongeant ses yeux dans les miens il me prenne par la taille ou pose ses mains sur mes hanches. C'est ce qu'il fit. Je lui redis que je l'aimais, encore une fois. Ce n'est pas une chose que l'on dit facilement au début d'une relation, encore moins la première fois (ou la deuxième).

- Je t'aime moi aussi, ma chère Julie, ma tendre Julie.

Cette fois, c'est lui qui pressa ses lèvres contre les miennes. Il n'était pas gay, il n'était pas bi, il était juste à moi. Peu importait les gens qui nous regardaient, il n'y avait que lui, que ses magnifiques yeux bleus. Nous dînâmes en amoureux dans sa chambre. Je remarquai à peine ce que je mangeais. Tout était parfait, tout était comme dans un conte de fées.

Ce soir-là, nous ne regardâmes pas de film, nous nous allongeâmes l'un à côté de l'autre sur son lit moelleux et confortable. Nous nous regardâmes sans rien nous dire, non pas que nous n'avions rien à nous dire, seulement qu'il n'y avait rien à dire, nos yeux et nos mains parlaient pour nous, nous n'avions pas besoin de mots pour exprimer ce qu'on ressentait à cet instant-là, nous nous comprenions. Il passa la nuit la main dans mes cheveux, à m'embrasser et moi j'en profitai pour caresser sa peau très douce (B avait raison) légèrement dorée, qui avait un peu gardé le bronzage des Caraïbes.

Il ne se passa rien de plus. Nous parlâmes toute la nuit et dormîmes le peu d'heures qu'il restait. Fatiguée, mais heureuse, je finis par aller au lycée, j'avais beau être amoureuse, il fallait travailler, les A ne s'obtiennent pas tout seuls.

C'est sautillante et rayonnante comme jamais que j'entrai en salle de cours. Le professeur n'était pas encore là, B, D et A eurent le temps de me questionner un peu ; je les avais mises au courant la veille, avant d'aller voir mon petit blond.

- Alors, alors, alors, raconte-nous ! Qu'est-ce qui s'est passé ? s'empressèrent-elles. Dans le lit ou le jacuzzi ?

- Attendez, dis-je en souriant, on parle du petit british et de ses bonnes manières. À quoi vous vous attendiez ? Nous nous sommes mis ensemble seulement hier soir.

- Oh, soupira B déçue, à ce rythme-là il y en a pour six mois. Depuis le temps qu'il craque sur toi, on s'attendait à plus.

Moi je trouvais ça tout à fait naturel, elles totalement ahurissant.

- Bon, d'accord. Mais vous allez vous rattraper, décida Blair. Allume-le, parce qu'on en a marre d'attendre que tu aies une vie sexuelle, continua-t-elle en riant. Ça te fera du bien, ça évacue les tensions.

Oui… si ça se trouvait, je n'aurais même plus besoin des quelques fois où je mangeais un chocolat. Possible que je n'aurai plus besoin de MON chocolat : Maxime. Et puis non, j'aurai toujours besoin de mon Clownie.

*

Les dîners et les rendez-vous se succédèrent pendant la semaine. C'était une semaine de rêve. Ma mère n'était pas encore au courant, autant garder cette nouvelle un minimum pour moi. L'un des meilleurs dîners de cette semaine-là était celui que nous avions pris au restaurant de son hôtel : je me fis plaisir côté nourriture et côté yeux. Et à vrai dire, lui aussi, je mettais un soin particulier à me préparer quand je savais que j'allai le voir.

- Tu es vraiment ravissante ce soir. On dirait un ange, me complimenta-t-il.

C'était sûr, après trente minutes de brushing, une heure et demie de soins de pédicure et manucure, un masque du visage et des cheveux, une crème hydratante pour une peau toute douce, et une houppette de poudre pailletée légèrement passée sur mon décolleté, je pouvais bien être ravissante et ressembler à un ange. Je dois dire que lui aussi était très charmant ce soir. Ou alors c'était moi qui le trouvais de plus en plus beau, plus je tombais amoureuse.

- Et si nous prenions le dessert dans ta chambre ? proposai-je.
- Très bien, répondit mon petit british avec un léger sourire.

Nous montâmes à sa chambre après avoir commandé deux mousses au chocolat, mais nous n'y touchâmes pas. Je l'entraînai sur le lit pour l'embrasser. J'avais pris une chemise de nuit, j'avais prévu de passer la nuit avec lui.

- Tu portes la robe blanche que je t'avais offerte pour la Fashion Week, constata-t-il.
- Je porte en ce moment tout ce que tu m'as acheté. Il ne me manque que de la lingerie, lui chuchotai-je.

Il sourit légèrement et me parut un peu gêné. Il était encore plus beau quand il souriait. Je comprenais, nous n'en étions qu'au début de notre relation. Il s'éclaircit la gorge.

- J'y remédierai. Tu n'as qu'à me dire quel genre tu aimes et j'irai en acheter… Cependant, je ne pense pas te voir en sous-vêtements dans l'immédiat.
- Richard, si tu me fais le coup de « je veux attendre » comme avec B et que tu es réellement gay, je le prendrais très mal, prévins-je.
- Non, non, rit-il, je ne suis pas gay je t'assure. Je suis juste fou de toi et je ne veux pas tout gâcher par des ardeurs.

Bien, je ne m'inquiétais pas vraiment en fait, mais j'avais tout de même besoin d'être *un tout petit peu* rassurée.

- Très bien, je te crois, mais ne soyons pas prudes. J'ai mis une robe décolletée et tu peux m'embrasser ailleurs que sur les lèvres, l'autorisai-je.

Il approcha donc sa bouche de mon cou (après s'être assuré que je n'allai pas le gifler) et déposa des baisers de ses lèvres chaudes et douces un peu partout. Puis il descendit un peu plus bas sur les clavicules, puis à la naissance des seins. À ce niveau-là, ça me fit des chatouilles, c'était marrant, je n'avais jamais essayé. Mais il n'eut pas l'audace de descendre encore plus bas – il trouvait ça déplacé (du moins au début de notre histoire), eh oui mon petit américain était toujours le petit british.

CHAPITRE 55 : Un week-end très farine

- C'est quoi après ?
- Les raisins secs.

Samedi, Clownie m'invita chez lui pour faire des cookies. Après mon expérience, j'étais une experte. Ou presque. Lisa voulait des cookies aux raisins secs, maman Maxime avec des pépites de chocolat, et MON chocolat à moi avec des amandes. Avec tout ça, nous n'étions pas sortis de l'auberge, ils auraient pu se mettre d'accord... Mais bon, c'était plus drôle comme ça et puis nous avions un livre de recettes gentiment prêté par maman Maxime (ou piqué en douce). À deux, ça allait plus vite et on s'amusait. Voyez-vous, une Princess qui se décide à faire trois sortes de cookies, c'est plutôt rare.

Lisa avait passé la commande la première, nous préparâmes donc les siens en premier. Nous lui en piquâmes trois ou quatre pour nous et nous nous remîmes aux fourneaux.

- Alors, tu es avec le petit british ? s'enquit Maxime.
- Oui, on ne se lâche plus à vrai dire.
- Lui je comprends, mais toi pourquoi ? Serait-ce à cause de son monstrueux compte en banque rempli à ras bord de billets ?
- Tu sais bien que je ne peux sortir qu'avec des mecs ultras riches, plaisantai-je. Il faut bien satisfaire mes envies de cadeaux et de voyages de luxe.
- Ah, attends, dit-il en s'approchant de moi, tu as de la farine sur le nez.

En fait, je n'en avais pas, c'est lui qui m'en mit. Je me vengeai, je lui en mis sur la joue. Nous éclatâmes de rire. Au lieu de faire des cookies, c'est nous qui avons terminé en cookies. Clownie prit un paquet de farine et se cacha derrière le plan de travail, je pris l'autre et on se couvrit réciproquement de farine par intervalle. Au final, mon Clownie ressemblait vraiment à un clown, il ne lui manquait que le nez rouge. Nous étions blancs de la tête aux pieds. La cuisine aussi. On eut droit à la corvée de nettoyage, après tout c'était normal. Nous avons tout de même fini les cookies pour le plus grand bonheur de tout le monde.

Ensuite, nous montâmes à la salle de bains pour nous nettoyer. Nous tapotâmes nos vêtements pour faire tomber la farine. Seulement, nous en avions aussi sous les vêtements. Alors, je me déshabillai (pas entièrement bien sûr), Maxime m'avait déjà vue en maillot, des dessous c'est la même chose et puis on voit souvent plus de choses à la plage. D'ailleurs, il fit pareil. Je sais ce que vous vous dites ou ce que vous êtes en train d'imaginer, mais vous avez tort : c'était Clownie, nous n'étions pas attirés l'un par l'autre, on peut être un garçon et une fille, en sous-vêtements, sans que ça finisse obligatoirement au lit.

Nous prîmes juste une douche ensemble (oui, toujours en dessous), nous nous amusâmes à nous savonner, à nous lancer de l'eau. Je lavai avec précision mes cheveux pleins de farine. Cette fois, c'est la salle de bains qu'on dut nettoyer : le sol était parsemé de poudre blanche et avec l'eau que nous avions jetée accidentelle-ment dans nos jeux, cela s'était transformé en une sorte de pâte. Alors voilà, la salle de bains n'avait jamais été aussi brillante et nickel.

- C'est bien, constatai-je en regardant son ventre, ça n'a pas encore repoussé.

- Ne pense même pas à le refaire, parce que là, tu rêves.

Que c'était drôle. De toute manière, je ne me voyais pas lui faire une épilation toutes les trois semaines.

- Depuis que tu t'es lavé les cheveux et le visage, me fit-il remar-quer avec un sourire, tu as gagné trente ans.

Oh oui, il fallait nous voir avant la douche avec nos chevelures blanches et nos visages pâles comme des morts, on aurait dit deux vieillards, même Richard n'aurait pas voulu de moi dans cet état !

CHAPITRE 56 : Aimer complètement

Le mariage d'A et Casey était proche, il fallait vérifier les détails à tout prix. B avait sa liste des « choses faites et choses à faire ».

- Gâteau de mariage ?
- Choisi, confirma D.

Blanc à la crème, avec une décoration de fraises, sur chacun des sept étages, une vraie gourmandise ! Blair checka sa liste.

- Et qui lance les pétales de roses avant l'entrée de A ? poursuivit-elle.
- Je ne sais pas, répondit Daphné.
- Comment ça tu ne sais pas ? D, c'est toi qui devais t'en occuper ! Ce n'est pas difficile de trouver une enfant aux boucles blondes avec un panier de pétales !

Chez les Princess, c'est vrai, c'est très facile.

- Cette liste est ultra précise, expliqua B, ce point devait être réglé pour aujourd'hui, et même pour hier, si tout n'est pas parfait la cérémonie ne pourra pas avoir lieu.

Le mariage est censé être le jour le plus important de la vie d'une Princess, d'où ce stress, la plupart ne vivent que pour ça. Mais ce n'était pas B qui se mariait et je savais que pétales de roses ou pas sur le tapis, A épouserait quand même Casey. Quand on est enceinte de huit mois, il y a des choses plus importantes. Comme le gâteau.

Alors, je laissai B à ces imprévus de dernière minute « insurmontables » et j'envoyai un message à mon petit blond pour passer à des pensées plus agréables :

Bonjour mon chéri.
J'espère que je ne dérange pas en plein travail, je voulais te proposer une soirée rien que tous les deux.
Julie.

Je sais, nous n'arrêtions pas de nous voir, il vaut mieux éviter d'étouffer l'autre, surtout au début d'une relation, mais justement nous étions au début et je voulais profiter de lui et de tous les moments que j'avais manqués. Il m'appela quelques minutes plus tard, je passai à côté.

- Excuse-moi, dit-il, je réglais un problème avec un client très exigeant... J'adore quand tu m'appelles comme ça, tu sais.

Moi aussi. J'essayais de passer des relations enfantines à une relation d'adulte, alors exit les noms gentillets et guimauves.

- Ce n'est rien. À quelle heure veux-tu que nous nous voyons ? lui demandai-je.

- Eh bien, à vrai dire, je suis navré, mais ce ne sera pas possible. J'ai une réunion pour améliorer les services de l'hôtel, expliqua-t-il. Mais je te propose, pour me faire pardonner, de prendre le petit déjeuner avec toi dimanche.

Je raccrochai après avoir consenti, qu'à moitié heureuse. Tant pis, ce ne serait pas pour ce soir, mais j'avais la promesse de croissants au beurre et de chocolats chauds à deux.

Je revins, B avait fini sa crise et la liste était terminée. Elles arrêtèrent de parler quand j'entrai, plus discret tu meurs...

- Alors, c'était le petit McArfield ? questionna D. Qui l'aurait cru ? dit-elle à B. On se serait presque battues pour l'avoir, et c'est J qui l'a entre ses filets, alors qu'elle ne l'a jamais désiré, elle n'a même jamais levé les yeux vers lui.

- Vous êtes jalouses ? m'amusai-je.

- Bien sûr que oui, c'est Richard McArfield, répondit B, qui ne rêve pas de lui avec ses hôtels aux quatre coins du monde, sa beauté légendaire et évidemment sa fortune, sans oublier celle que son cher papa lui laissera ?

- Je ne vous parle pas de tout ça, je vous parle d'amour, précisai-je.

- Eh oui, soupira A, notre petite Julie est de surcroît amoureuse, quelle chance tu as. Ne le laisse pas s'échapper.

- Tu plaisantes ? Il y est il y reste, on ne se débarrasse pas de moi aussi facilement.

Samedi soir, j'étais dans ma chambre, seule, accompagnée d'un magazine people. Pour lire, il suffit de mettre la page face à ses yeux et de suivre les phrases de gauche à droite. Et ainsi de suite. Mais c'est plus facile à dire qu'à faire, j'avais envie d'être avec le petit british. Vous connaissez cette sensation qui s'empare de vous quand vous ne pouvez être avec l'être aimé, et le sentiment que le temps est une éternité à chaque minute qui s'écoule quand on fixe le réveil ? Ah, une sensation que je déteste. Mais qui en même temps vous fait ressentir l'amour comme jamais. C'est dans ces moments où l'on ne peut pas tenir en place, que notre cœur bat à vive allure et que nos pensées sont tournées vers celui qu'on aime sans pouvoir s'en détacher, que l'on est sûr d'aimer et de ne jamais pouvoir oublier ou arrêter. C'est dans le feu de l'amour qu'on se sent vivant. Rien ne vous fait plus ressentir la vie que l'amour. Je tentai de me concentrer sur Posh, sur Nicole, et les Brangelina évidemment, mais sans succès. J'eus beau faire tout ce que je pouvais, je ne parvenais pas à me concentrer. Sur rien. Le lendemain matin était si loin pour mon cœur… Et Richard était si loin de mes bras…

Pourquoi attendre ? Il n'y avait pas de raison, quand on veut faire quelque chose il faut le faire, non ? On ne vit qu'une fois. J'enfilai ma plus belle robe rouge (celle que j'avais mise pour mon seizième anniversaire – qui avait fait sensation d'ailleurs), je n'avais pas oublié les conseils de ma mère sur les couleurs qui séduisent. Je lui assortis mes superbes escarpins carmin et mes boucles d'oreilles rubis. Pour parfaire le tout, je fis glisser sur mon poignet le bracelet de diamants hors de prix qu'il m'avait offert pour Noël et le sac couleur caramel. Un châle pour mes épaules suffit. J'allai directement à sa chambre, sans le prévenir, pour lui faire la surprise. Le dîner était passé, j'avais dit à Maria que je passais la soirée à une fête avec les filles et qu'ensuite je dormirai chez l'une d'elles. Je ne voulais pas que mes parents s'inquiètent de mon absence et je ne voulais pas qu'ils sachent où j'étais, ce moment n'était qu'à moi. Du moins, jusqu'au lendemain.

Je frappai comme une lady à la porte. Il fut étonné en ouvrant – beaucoup plus par ma tenue que par ma présence. Il resta un moment interloqué (et moi ravie de lui faire cet effet).

- Julie… Tu es… incroyablement belle… Tu l'es vraiment : je ne vois pas une jeune fille, je vois une femme.

Merci maman, tu avais infiniment raison ! Quel compliment… Voilà, nous passions d'une relation enfantine à une relation d'adulte.

- Le rouge te plaît ? demandai-je en entrant, avant de refermer la porte derrière moi.

- Beaucoup, j'ai l'impression que tu es un présent, très joli présent d'ailleurs, rajouta-t-il. Mais je croyais que nous devions prendre le petit déjeuner ensemble demain matin ?

- Je suis là pour ça. Mais d'abord, je veux passer la nuit avec toi : déballe ton présent.

Je laissai glisser mon châle de mes épaules qui tomba à terre. Il s'approcha et caressa mon bras ; il avait une façon si douce de faire. Je le poussai doucement à reculons vers le lit et je déboutonnai sa chemise. Il me laissa faire, tout en continuant à m'embrasser le cou. Il s'était décidé à ce qu'il m'appartienne et vice versa. Je débouclai sa ceinture.

- Serait-ce le bracelet ? dit-il avec un sourire.

- Ne reconnais-tu pas les cadeaux que tu m'offres ? m'amusai-je.

- Je n'oublie jamais les cadeaux que je choisis pour toi.

Il se remit à m'embrasser pendant qu'il descendait la fermeture de ma robe, et il la fit glisser jusqu'à la taille. N'oublions pas les précautions : les présas. Il alla les chercher à ma demande, il vaut mieux les avoir près de soi dès le début, que devoir aller les chercher en pleine action. J'ôtai ma robe et mes chaussures, sans oublier mes boucles d'oreille. Il revint et sourit. Je lui enlevai sa chemise et son pantalon (et il pensa à enlever ses chaussettes, merci, parce que quel tue l'amour !). Je m'allongeai sur le lit et il me rejoignit en déposant la boite de préservatifs sur la table de nuit près de lui.

- Ça fait si longtemps que je suis amoureux de toi, je croyais que jamais tu ne me regarderais, confia-t-il.

Sincèrement, moi non plus. On m'aurait dit ça au début de l'année, j'aurai bien ri.

- Et moi je suis heureuse que ma première fois soit avec toi, confessai-je.

- Ta première fois ?... répéta Richard. Tu veux dire que tu n'as rien fait avec Vince ?

Oups ! Problème en vue... et de taille. Mon petit british fit un blocage. Il pensait que j'aurais dû lui dire. Nous ne pouvions pas aller plus loin. Son argument numéro un était que ça ne se fait pas n'importe comment, c'est une chose très importante. J'étais d'accord, mais le faire avec celui qu'on aime, ce n'est pas faire n'importe quoi. Puis le nombre de jours, ce n'est qu'abstrait, non ?

Richard craignait que je lui reproche plus tard de ne pas m'avoir raisonnée, et de n'avoir pensé qu'à lui. Qu'est-ce qu'on dit à un homme qui refuse de faire l'amour ? Surtout qu'il m'opposait de vrais arguments. Mais généralement ce sont plutôt les femmes, avec le coup de la migraine. Maintenant que je le regardais enfin, qu'il n'était plus gay à mes yeux et que je voulais être avec lui, c'était lui qui hésitait.

- Si je suis là, c'est que je suis prête, Richard, lui assurai-je, je l'étais avant d'être avec toi, mais je n'étais pas avec la bonne personne. J'ai confiance en toi et c'est avec toi que je veux le faire. Est-ce que je dois aussi te dire que j'ai très envie de toi ? m'enquis-je en souriant.

Il me regarda un moment sans rien dire, semblant réfléchir, puis me prit par la taille.

- Et puis tu m'as promis un petit déjeuner pour te faire pardonner le dîner que tu ne pouvais pas accepter, ajoutai-je, amusée.

- C'est vrai, admit-il avec un sourire. Je suis prêt à faire ton bonheur si c'est ce que tu veux.

Gagné ! Il m'embrassa à nouveau avec tendresse et caressa ma peau en remarquant avec plaisir que je portais le parfum fraîchement offert. Oui... J'avais décidé de ne plus lâcher cette fragrance. Et Richard non plus. Il resta un long moment à couvrir mon corps de baisers à la fois brûlants et tendres, parfois l'un après l'autre. Et avant de passer aux choses sérieuses, il retira doucement mes dessous. Je lui aurais bien proposé de lui mettre le présa, mais vu que c'était ma première fois je ne voulais pas mal faire, mieux valait attendre d'avoir plus d'expérience et ne pas paraître ridicule. Il le fit donc tout seul (sur ce domaine-là, il savait mieux faire que moi) et prit le soin de m'embrasser tendrement avant de commencer. Il prêta attention à ce que je ressentais, en me demandant régulièrement si ça allait. Et ça ne fut jamais aussi bien pour une première fois. À la fois doux et intense, bon et enivrant. Son souffle sur moi me faisait presque défaillir.

Il avait été plein d'attentions et de caresses ; finalement, c'était bien qu'il ait un petit côté british. Une fois l'ivresse passée, mais qui continua tout de même un moment après, il me serra dans ses bras. J'étais contre lui, ma tête posée sur son torse qui se relevait, légèrement essoufflé. C'est le genre de moment où on ne peut pas penser, ou seulement à ce qui vient de se passer. Après l'étude des émotions ressenties, je me dis que tout avait été parfait : je n'avais pas eu de bougies, de CD de musiques romantiques (il l'aurait évidemment fait si je le lui avais demandé), mais je n'avais pas eu besoin de tout ça, lui seul me suffisait. Même le fait que ce soit arrivé dans une chambre d'hôtel ne me perturbait pas le moins du monde, comme quoi les préjugés peuvent changer, une suite n'a rien d'impersonnel tant qu'on est avec quelqu'un qu'on aime. Oui, tout avait été parfait. Il me pressa un peu plus contre lui.

- Je t'aime mon ange, me chuchota-t-il à l'oreille. Tu ne regrettes pas ? s'inquiéta-t-il.

- Pas le moins du monde. On peut recommencer autant de fois que tu veux.

Il rit, déposa un baiser sur mon front et éteignit la lumière. Ça ne me gênait pas d'être nue dans ses bras, je n'avais aucune peur, aucune appréhension, j'étais juste amoureuse.

*

Le lendemain matin, j'eus droit à mon petit déjeuner en amoureux. J'avais bien envie de rester avec mon petit blond adoré, mais je devais rentrer. Et le temps que j'allai passer loin de lui me ferait ressentir l'impatience et le manque légèrement insupportable, qui sont tout de même un peu agréables. À vrai dire, ce sont deux émotions essentielles à éprouver en amour, car à force de trop rester avec l'être qu'on aime, c'est comme lorsqu'on passe devant un objet tous les jours : on finit par ne plus le voir. On n'éprouve plus vraiment le sentiment d'aimer, car c'est comme une constante, quelque chose d'acquis que l'on ne ressent plus s'il n'y a rien pour le contrarier.

J'arrivai chez moi assez tôt, l'horloge n'indiquait pas encore neuf heures. J'entrai dans le hall sur la pointe des pieds et je retirai mes chaussures. J'étais sur le point de monter les marches quand ma mère les descendit. Oups !...

- Ma chérie, d'où viens-tu ?

- Eh bien... je...

???

- Maria ne vous a pas prévenus ? demandai-je.

- Oh, si, mais pourquoi rentres-tu si tôt ? Et en robe de soirée et sans sac de rechange ? s'étonna-t-elle.

Décidément, elle avait l'œil plus affûté qu'un aigle ! J'inventai avoir oublié mon sac de rechange à la maison. Ça c'était un mensonge gros comme une maison : une Princess n'oublie pas ses affaires de rechange, son maquillage, sa brosse. J'avais d'ailleurs pris le strict nécessaire dans mon sac à main.

- Bien. Alors pourquoi tu as retiré tes escarpins ? continua ma mère. Julie... j'ai bien compris que tu n'étais pas avec D, B et A hier soir. Tu n'as pas à avoir peur de me le dire : tu as passé la nuit avec Vince ?

Bon, j'étais démasquée ! Autant dire la vérité, non ?

- En fait... je n'étais pas avec Vince, j'étais avec Richard.

- Quoi ? s'exclama-t-elle. Ma fille a passé la nuit avec Richard McArfield ! Mon rêve devient réalité !

D'excitation, elle me prit dans ses bras.

- Mon tout petit, dit-elle attendrie. Je savais bien qu'un jour vous alliez finir ensemble, et je suis fière d'y être pour quelque chose.

Pour quelque chose, non quand même pas… À moins qu'elle ait soufflé l'idée à quelqu'un de me faire croire qu'il était gay pour que ses avances ne m'exaspèrent plus et que je me rapproche de lui, pour qu'ensuite mon amour-propre soit (un tout petit peu) titillé et que je tombe amoureuse finalement, Dieu seul sait comment.

Mon père descendit à son tour et s'enquit de ce qui se passait, en voyant la tête ravie de ma mère. Contre toute attente, elle annonça que j'avais quelque chose à lui dire. C'était étonnant, j'étais sûre qu'elle allait lui dire elle-même et le crier sur tous les toits. Mais non, elle n'était peut-être qu'à moitié réveillée…

- Je suis avec Richard, informai-je mon père.

- Vraiment ?... Eh bien, que te dire ?... Il n'est pas un peu vieux pour toi ?

- C'est le meilleur parti de la ville, s'offusqua ma mère.

- Julie n'est pas sur le point de se marier, et de plus je ne suis pas d'accord à ce qu'elle s'arrête à ce genre de détails pour choisir son mari. Bien que tu feras ce que tu voudras évidemment, rajouta-t-elle avec un sourire.

Ah s'il y avait plus de pères comme ça chez les Princess, elles seraient plus épanouies, je crois.

- Je sais qu'il a vingt-et-un ans, répondis-je à mon père, mais je l'aime. S'il te plaît, ne m'interdis pas de le voir.

- Je ne t'interdirai pas de le voir, que puis-je faire si tu l'aimes ? soupira-t-il. Je préfère le savoir, de toute manière tu le verras quand même quoi que je dise.

Pour répondre aussi vite, il avait dû réfléchir à la question il y avait longtemps, ou voir en compagnie de ma mère ce genre d'émission où les ados s'enfuient quand leurs parents leur interdisent de voir leur amoureux. Dans les deux cas, il était sûr de sa réponse et il connaissait Richard, ce qui le rassurait également.

- Merci papa, le remerciai-je en lui sautant au cou.

Je lui donnai un baiser sur la joue et je montai les marches en sautillant, aussi légère qu'une plume. Je me jetai sur le lit, soulagée et heureuse. J'étais la petite amie de Richard. Est-ce qu'on se sent différente le lendemain matin ? J'étais toujours la même : j'adorais faire les boutiques, me faire faire les ongles et des massages, piquer les frites de Clownie et manger un plat de lasagnes avec lui, mais il y avait quelque chose de changé. En moi, ça ne pouvait pas se voir. Pas forcément femme, ce stade final n'a rien à voir avec ça, on l'atteint quand on peut physiologiquement faire des bébés, pour d'autres ça arrive psychologiquement plus tard avec la maturité.

Ce qui avait changé, c'était l'apparition d'un nouveau domaine dans ma vie, très banal : le sexe. Sujet tabou, mais pourtant au même niveau que la nourriture pour l'Homme, c'est une de ses activités principales. Ça fait partie de la vie d'un adulte, je n'étais pas une adulte, mais je connaissais enfin la manière entière d'aimer quelqu'un, d'être au plus proche de lui, de faire vraiment partie de sa vie, d'être un vrai couple. Qu'est l'amour sans cette fonction principale ? Quelque chose de décoloré, dans les tons pastel, fades. Et quand on laisse quelqu'un nous aimer entièrement, les couleurs deviennent vives, passionnées, vivantes. Je ne ressentais pas un grand changement en moi, juste un épanouissement, une connaissance de l'amour qui pouvait enfin aller jusqu'au bout.

CHAPITRE 57 : Pour le meilleur… mais surtout pour le pire

- Ça va ? Tu ne vas pas accoucher aujourd'hui ? Si tu sens des contractions, essaye au moins de te retenir jusqu'au « oui ».

Le mariage de A était à la une des tabloïds des Princess. Tout le monde savait qu'elle se mariait, mais tout le monde n'était pas invité : comme toutes les mauvaises langues qui avaient dit des méchancetés sur son couple. Dommage pour eux, parce que c'était une des cérémonies du siècle, nous nous étions occupés de tout, cela avait été fatigant, mais ça en valait la peine. Donnez un mariage à préparer et à gérer à une Princess, retombée en enfance avec ses barbies, elle s'amusera comme une petite folle.

- Aaron ne pointera pas le bout de son nez aujourd'hui, promit A, ne vous en faites pas.

- Eh, tu nous avais caché ça, protesta B, une chose aussi importante !

- Il ne l'a accordé qu'hier, expliqua A, et avec tous les préparatifs de dernière minute, vous ne m'avez pas laissé une seconde pour vous l'annoncer.

- Alors comme ça il l'a accordé ? m'amusai-je. Je crois qu'il n'a pas compris qu'il n'avait pas le choix sur le prénom, et sur beaucoup de choses en fait. Après neuf mois et un accouchement des plus douloureux, c'est à la femme de décider, comme si c'était Casey qui l'avait porté pendant des mois !

C'est quelque chose qui revient souvent dans les disputes de couples quand on a des enfants, du genre « après douze heures de travail et des vergetures, c'est comme ça que tu me remercies ? » ou « oui, tu parles, trois minutes montre en main pour neuf mois de

contrariété », ou encore quand un homme veut un autre enfant :
« mais bien sûr, tu vas prendre ton pied et après moi je devrai sup-
porter la fatigue de neuf mois de grossesse et de l'accouchement,
les nausées, les kilos, pendant que toi tu n'auras qu'à attendre que le
bébé arrive, tu rêves ! ». C'est pour ça que les hommes intelligents
parlent du prénom et de l'éducation avant l'arrivée du bébé, car sur
le moment, vu la douleur ressentie, la femme a bien le droit de
choisir et même de changer d'avis et le mari ne pourra pas protester.

- C'est clair, renchérit B, après les nausées, la fatigue, le mal de
ventre, un bébé de trois kilos à porter et des vergetures – mais Dieu
merci tu n'en as pas – les hommes n'ont pas leur mot à dire.

Elle arrangeait les plis de la robe d'Ashley pendant que D peaufi-
nait le bouquet de mariée.

- Bien, tout est parfait, approuvai-je, on va te laisser, il faut qu'on
aille se placer avant ton entrée. Fais ce que tu veux en attendant la
mélodie, mais ne pars pas en courant de l'église.

- Promis, dit-elle en riant.

Nous allâmes rejoindre les invités. Richard était là, nous évitions
de nous montrer trop proches, il avait tout de même vingt-et-un
ans et l'église était pleine de parents qui n'auraient pas trouvé ça
très correct. (Ou qui auraient aussi été jaloux que ce ne soit pas leur
fille). Nous nous fîmes la bise, lui m'embrassa très près de la bouche. J'étais heureuse qu'il soit là, j'avais prévu qu'après le gâteau et
le champagne nous ne resterions pas très sages…

- Tu es ravissante, me complimenta-t-il.

- Toi aussi, mais je te préfère sans tes vêtements, lui chuchotai-
je à l'oreille.

Il réprima un sourire et me pressa doucement la main un instant
avant d'aller s'asseoir. Maxime arriva. Tout allait bien avec B, ils ne
s'en voulaient pas. Elle fit un signe de la main à un garçon à l'autre
bout de la nef. Clownie lui dit bonjour.

- Habillée comme ça, tu vas faire des ravages, dit-il. Je te
conseille de ne pas trop boire ce soir, tu vas séduire plus de garçons
que tu n'as de doigts.

- Et moi je te conseille aussi de ne pas trop boire, parce que si tu entrouvres ta chemise, elles vont toutes te sauter dessus et tu ne te rappelleras même pas combien.

On rit bien, mais le plus marrant, ça aurait été qu'après une coupe de champagne de trop, ils finissent dans les bras l'un de l'autre (mais ça ne s'est pas passé, et ça n'est jamais arrivé par la suite. Il ne vaut mieux pas remettre le couvert avec un ex – sauf si sexuellement c'était bien et que les deux parties sont d'accord pour dire que ce n'est que pour une nuit).

Vince était là aussi, nous n'étions pas en mauvais termes, mais il nous regardait Richard et moi et faisait attention à tous les gestes qu'il avait pour moi et qui passaient pour anodins pour les autres. Casey était très élégant avec son costume ; les parents de A semblaient ravis et ils l'appelaient déjà « mon cher beau-fils ». Quant à nous, nous portions des robes de demoiselles d'honneur couleur saumon en soie très fluide et près du corps.

Comme à tous les mariages, les Princess faisaient des pieds et des mains pour être invitées, uniquement pour le gâteau ; peu importe si nous connaissons les futurs mariés ou pas, l'essentiel c'est d'y être vu, et pour les amoureux d'avoir certaines personnes importantes à son mariage, coutume oblige. Mais le plus important pour les filles est le gâteau de mariage à la crème et à plusieurs étages, car c'est un jour autorisé de plus et elles peuvent manger une gourmandise sans avoir honte puisque tout le monde le fait. Ah, pauvres Princess... quand moi j'ai envie d'un morceau de gâteau (ou d'un poulet frites, ou d'un plat de pâtes à la bolognaise) je l'achète. Que voulez-vous, Maxime ne peut pas être partout !

Le piano commença à entonner la fameuse mélodie et tout le monde se mit en place. Deux demoiselles d'honneur c'est assez rare, mais trois, c'est presque du jamais vu (sauf chez certaines Princess qui, pour ne pas froisser leurs petits toutous « d'amies » les élisent toutes à ce titre là. Ambre aurait par contre sûrement une seule demoiselle d'honneur – son « amie » muette et presque invisible, mais encore fallait-il qu'elle trouve un mari !). Une petite fille blonde aux cheveux bouclés entra avec un panier de pétales de roses qu'elle jetait çà et là, suivi de A, magnifique en robe de mariée et tenant son bouquet de fleurs blanches – il y aurait au moins une chose entièrement de cette couleur, il fallait bien lui faire plaisir.

Elle s'avança avec grâce ; c'était la plus belle mariée enceinte du siècle. Elle arriva devant le pasteur, son père, et Casey lui prit la main, ils étaient trop mignons. Ils se jurèrent amour, fidélité et honneur quoiqu'il arrive, pour le meilleur comme pour le pire. Casey passa la bague au doigt d'Ashley (elle était belle, en argent et sertie d'un gros diamant – allez savoir combien de carats – et de plusieurs autres de plus petite taille de chaque côté). Je passai celle de Casey à A, qui forcément n'était pas aussi étincelante (c'est un homme quand même), mais c'était une très jolie bague en argent. Les deux portaient une inscription identique à l'intérieur : « à mon amour ». Eh oui, ils scellèrent leur alliance avec un baiser des plus tendres après le classique échange des vœux, des alliances et la promesse éternelle d'amour…

C'est ainsi que débuta leur mariage, comme la plupart des mariés, en étant sûrs qu'ils tiendraient leurs serments. Sauf qu'ils ne savent pas que le meilleur est maintenant et que le pire est à venir. Le pire ce ne sont pas les disputes précédant la rupture, non, ni la séparation elle-même, mais toutes les choses que l'autre est prêt à faire pour que son futur ex subisse le pire et ne s'en tire pas si facilement pour le divorce. Alors le meilleur, oui, mais tout de suite, et il faut en profiter rapidement.

Alors, ils pensent tous que leur mariage tiendra, qu'ils passeront leurs vies ensemble, mais ils ne savent pas encore qu'une fois le bonheur du mariage fraîchement célébré, vivre ensemble implique d'énormes concessions pour deux caractères différents, qu'après la joie et les années, on ne voit plus que les défauts de la personne et on a du mal à se rappeler ses qualités. Et que chaque dispute (que certains minimisent en disant que ça fait partie de la vie d'un couple), qui s'ensuit d'un silence toujours un peu plus long, aura au fur et à mesure de plus en plus de mal à aller vers la réconciliation.

Enfin, n'oublions pas qu'une Princess est une Princess. Les personnes qui réussissent à garder leur mariage intact, sans faille, soudé, accordons-le, c'est tout à leur honneur. Mais faire un mariage avec une Princess, ce n'est pas se marier avec n'importe quelle femme. Celle-ci aime les boutiques de luxe, les dîners dans des restaurants haut de gamme, une nouvelle robe offerte par son mari à chaque soirée, ne sachant même plus où les mettre, mais qu'importe ? Les bijoux et tous les cadeaux à lui faire régulièrement, même sans occasion spéciale sous peine de la crise du siècle, une carte de crédit illimité offerte au mariage, un régime strict imposé chaque jour et encore j'en passe.

Alors messieurs, si vous vous apprêtez à épouser une Princess réfléchissez-y à deux fois (même à trois, n'hésitez pas à prendre six mois de réflexion en plus), car ce genre de femme n'est pas facile à vivre, aucune femme n'est plus capricieuse en tout qu'une Princess, et une Princess reste toujours égale à elle-même. Rare est une Princess à ne se marier qu'une fois…

Le luxe, les rivalités féminines, les potins, les mecs, la vie d'une Princess n'est pas de tout repos, et ce n'est que le début…

www.ingramcontent.com/pod-product-compliance
Lightning Source LLC
Chambersburg PA
CBHW060428030726
47495CB00003B/787